KB044070

성보의 쉽게
배울 수 있는

명리학
교과서

성보 안종선 지음

들어가며

우리는 누구나 어려움이 닥치거나 위기를 느끼면 매우 민감한 운명론자(運命論者)로 변할 수 있다. 그렇지 않더라도 평소에 운명에 대해서 생각해 볼 수 있다. 미래가 불안하고, 현재가 안정적이지 않을 때 우리는 미래에 대한 의구심을 더 가지게 된다. 그래서 사람들은 미래를 예측하고 사려깊은 해석을 요구한다.

예나 지금이나 사람들은 자신의 미래에 닥칠 일들에 대해 알아보고자 여러 가지 행동을 하게 된다. 그 과정은 동서양을 막론하고 비슷하다. 즉, 주술사(呪術師)를 찾아가거나 무속인(巫俗人)을 찾아가 점(占)을 보고, 기도(祈禱)하고, 또 학문적으로 미래예측(未來豫測)을 하는 것이다.

한국 사회에서 미래를 예측하는 방법은 그리 많지 않다. 그럼에도 많은 사람은 여러 가지 이유로 미래를 알고자 한다. 그 방법으로 많은 사람이 선택하는 수단이 점을 보거나 사주(四柱)를 푸는 것이다. 흔히 점술(占術)은 무속인에게 의지하는 경우가 많다. 그리고 많은 사람들은 또 다른 미래예측의 학문인 명리학(命理學)에 의지한다. 재미있는 것은 사람들이 명리학과 무속의 신점을 정확하게 구별하지 못하고, 두 가지가 같은 것이거나 비슷한 것이라 판단하는 것이다. 물론 두 가지는 매우 다르다.

명리학은 신적, 심령적, 종교적인 것이 아니다. 이는 미래 예측을 하는 오래된 동양의 학문이다. 아주 오랜 시간 이루어진 학문이듯 배우는 데에도 많은 시간이 필요하다. 혹자는 10년 이상 배워야 다른 사람을 만나 겨우 상담할 수 있다고 말을 하기도 한다.

명리학은 배우기가 아주 어렵다. 대부분 그렇게 생각한다. 정말 어려운 것인지는 배우면서 생각할 일이다. 중요한 것은 이 학문이 단순하게 만들어진 것이 아니며, 생각처럼 쉽게 배울 수 있는 학문은 아니라는 것이다. 그러나 의외로 쉽게 적용하고 빠른 시간에 배울 수도 있다. 모든 학문은 기간이 필요한 것이라 하지만 배우기 나름인 것이다. 가르치는 사람을 잘 만나야 한다. 사람들은 그래도 어렵다고 말한다. 그럼에도 배우는 사람이 많은 것은 필요한 것이고 노력하면 배울 수 있기 때문이다.

필자도 배우는 방법에서 다양성(多樣性)을 가져 보았다. 수십 권의 책을 읽고, 여러분의 지도자와 마스터들을 만나 배우고 익히는 동안 점차 명리학이란 무엇인가 깨닫게 되었다. 문득 가장 편리하게 가르치고 배울 수 있는 책이 있으면 좋겠다고 생각했다. 물론 세상에는 무수한 명리학 서적들이 있다. 익히기 좋고 배우기 쉬운 책이 있는 것도 사실이다. 지나치게 고차원적인 서적도 있고 외국의 책을 번역한 서적도 있다. 그리고 연구를 통한 각각의 이론이 독특한 서적도 있다.

익히기 쉬운 내용으로 짜여진 교과서를 만들기로 했다. 사실 이 책은 필자에게 필요했다. 조금 더 쉽게 학생들을 가르쳐야 할 필요가 있었다. 아니, 지극히 교과서적인 책이 필요했다. 필자가 사용하기 위한 책이 필요했다. 시중에서 찾으면 충분히 가능하겠지만 차라리 필자가 편한 방식으로 정리하기로 했다. 그래서 그 동안 모아진 자료로 가르치기 편하도록 필자에게 필요한 형태의 교과서로 만들었다.

누군가에게는 이 책이 그다지 뛰어나지 않은 내용으로 보일 수 있을 것이다. 이 책의 내용은 학생들을 가르치기 위해 만든 것이다. 따라서 내용이 지나치게 세세할 수도 있을 것이다. 소위 명리학의 고수라고 한다면 이 내용이 지나치게 진부(陳腐)하거나 기초적이라 여길 수도 있을 것이다. 그러나 이 책의 내용은 초보자적인 내용에서 시작하여 타인(他人)의 사주를 간명(看命)하는 방법까지 줄기차게 설명을 할 것이다. 따라서 이 책은 명리학에서 지극히 교과서적인 내용으로 가득 찰 것이다.

이 책의 내용은 누군가를 가르치기 위한 것이다. 혼자 공부할 수도 있지만 근본은 차분하게 설명하기 위한 것이다. 이해시켜 사용할 수 있게 꾸미는 것이다. 가능한 자세한 내용을 적고 검토하고 실험하여 무엇을 익히고 배울 것인지 판단하게 할 것이다. 그 과정에서 서서히 명리학이 무엇인지 깨닫게 될 것이다.

이 책의 내용은 필자의 강의노트를 정리한 것이다. 특별한 내용이 부가되고 첨가된 것은 아니다. 그러나 기초적인 내용과 세부적인 내용, 그리고 간명을 하기 위한 가지가지 내용은 빠짐없이 모두 수록되어 있다. 그렇기 때문에 한국 사회에서 역학(易學)이라고 불리는 명리학을 배우고 싶은 사람이 있다면 많은 도움이 될 것이다. 아니, 깊이 읽고 익히고 반복하면 이 책으로 타인의 사주를 간명할 수 있을 것이다.

세상에는 수많은 명리학 서적이 있다. 이 책도 그들과 같은 명리학 책이지만 더욱 많은 사람들에게 읽히고 자료가 되며 도움이 되기를 원한다. 조금 더 도움이 되고 쉽게 공부하는 도구가 되기를 원한다. 필자는 오늘도 이 책을 가지고 설명을 할 것이고 배우고자 하는 사람들에게 강의를 할 것이다. 모쪼록 이 한 권의 책이 명리학을 배우고 익히고자 하는 사람들에게 길라잡이가 되기를 바란다.

轟轟軒에서 晟甫 安鐘善

차 례

제1장.

명리학

제1장. 命理學

1. 명리학이란?

전 세계를 통틀어 사람의 미래를 예측하는 학문의 종류는 많을 것이다. 흔히 점술학(占術學)이 그 범주에서 가장 널리 알려진 것이라 보인다. 한국 사회에서 많은 사람이 신점(神占)을 미래를 예측하는 최고의 기법으로 생각한다. 어찌 본다면 미래를 살핀다는 측면에서는 명리학도 그중의 하나이다. 그러나 명리학의 근본은 신점과는 다르다. 그것은 타인(他人)이나 타력(他力)에 의한 것이 아니고 본인의 출생 시기에 미친 우주(宇宙)와 지구(地球)의 영향력으로 이루어진 여러 요인을 가지고 따지기에 그렇다는 것이다. 이는 흔히 알려진 무속(巫俗)과는 관련이 없는 일이다.

명리학이 언제부터 시작된 것인지는 불분명하다. 아울러 언제부터 우리 땅에 들어와 민생(民生)에 널리 전파되었는지도 정확하게 알 수 없다. 여러 가지 이견과 이설이 있으나 분명한 것은 지금의 명리학은 인간의 운명과 화복을 풀이하는데 가장 유용한 방법으로 사용되는 방법 중 하나라는 사실이다.

명리학은 오랜 옛날부터 동양철학(東洋哲學)의 가장 근본이 되는 음양오행(陰陽五行)을 사람의 출생에 적용하여 합리적으로 해설한 것이다. 즉 인간이 태어나는 순간에 음양오행이 적용된 부호(符號)로 그 사람의 탄생을 기록한 것이다. 이 기록을 가지고 파악하는 것이 명리학이다. 음양오행은 우주 만물을 분석하는 의식체계를 정립한 것이며 넓은 생태계를 논하는 학문으로 발전 정립된 것이다. 이 음양오행을 인간의 출생 시기에 적용하여 변화를 분석하는 것이 명리학이다.

명리학은 인간의 운명을 분석함에 있어 각기 십간(十干), 십이지(十二支), 음양오행(陰陽五行) 등의 문자를 사용하여 설명하고 있다. 이것은 겉으로 글자이지만 대단히 부호적인 의미를 지닌다. 이 모든 것은 표면적으로 드러나는 것이지만, 사실은 내면을 끄집어내어 설명할 수 있는 부호체계와 같으며 자연 만물을 단순화시켜 설명 하고자 하는 일종의 가설을 세운 대명사라고 할 수 있다.

명리학은 단순하게 적용될 수 있는 학문은 아니다. 그 깊이 또한 쉽게 설명할 수 있는 것은 아니다. 그러나 역(逆)으로 생각하면 부호체계를 분석하고 체계화하여 지극히 단순하게 적용할 가치를 가지고 있는 것도 사실이다. 명리학은 표면적으로 1500여 년 이상의 역사를 가지고 정립되었는데 사실은 이보다 훨씬 긴 역사와 변화의 가설을 적용하며 이룩된 것으로 살필 수 있을 것이다. 이는 단순한 학문이나 단순한 공식으로 이루어지지 않았음을 역설하고 있는 것이기도 하다.

명리학은 사람의 운명을 추명(追命)하는 것으로 깊이가 있으며 숭고함이 깃들여져 있다. 누구나 접근하고 가볍게 인용하며 편하게 사용할 수 있는 학문은 아니다. 그러나 누구라도 배워 적용할 수 있다는 측면은 신의 힘을 필요로 하는 무속적 요소와는 다르다. 명리학은 오랜 역사의 흐름 속에 이루어진 것으로 이해하는 과정에도 깊이가 필요하다.

명리학은 인간의 사소한 일상의 측면을 보는 가벼운 학문이나 느낌으로 판단하는 사술(邪術)이 아니라 장기적인 기간의 경험 함축과 분석을 통하여 일생을 살피고 대승적(大乘的)으로 좋은 운과 나쁜 운을 미리 파악하여 대응하고 적응 측면의 방침을 세우는 데 그 의의가 있다. 명리학은 미래를 예측하고 대비하는 긍정적인 학문이며 인간 생활을 윤택하게 만들고자 발달한 학문이다. 따라서 명리학이 긍정적인 측면의 학문이라는 것은 매우 중요하다.

명리학은 운명학(運命學)의 폭 넓은 범주에 든다. 풍수지리(風水地理)나 점성술(占星術)과 같이 운명학으로 인간의 생을 윤택하게 하며 올바로 인식하고 옳은 방향으로 이끄는 미래학이다. 추명학이라는 이름으로도 불리듯 인간의 운명을 예측하는 것이다. 이는 올바르고 인간에게 유리한 상황을 만들기 위한 노력이다. 따라서 미래예측학(未來豫測學)이라는 이름이 붙은 이유가 타당성을 가진다. 이러한 이유 때문에 명리학은 단지 한 인간의 운명을 판단하는 데 목적이 있는 것이 아니고 한 사람이 걸어야 할 인생의 행로에서 올바르고 이익이 되는 운명의 운행 방법과 운행 방향을 알려주고 살펴주는 목적성을 가지고 있다. 즉, 명리학을 이용하여 겁을 주거나 위해를 가하거나 이익만을 위해 협박으로 사용해서는 옳지 않다는 것이다.

명리학에 대해서는 여러 가지 해석이나 해설이 가능하다. 그런데 명리학에서 가장 많이 사용하는 용어 중에 억부(抑扶)라는 말이 있다. 억제하고 도와준다는 말이다. 이는 사람이 살아가며 적응하는 방법이기도 하다. 명리학에서는 흔히 용신(用神)이라는 부분에서 사용하기는 하지만, 결국 명리학의 가장 중요한 부분을 보여주는 용어라 할 수 있다.

이 억부라는 용어는 강한 것은 억눌러 주고 약한 것은 보태준다는 말이다. 이는 인생 항로에서 필요한 것을 찾아 상호 균형과 기울거나 지나치지 않는 조화를 이루도록 도와준다는 의미를 지닌다. 따라서 명리라고 하는 단어는 사람이 살아감에 중용(中庸)의 도(道)를 지키도록 돕는 것이며 균형과 조화를 이루어 자연 법칙에 순응하는 방법을 적용시키는 학문인 것이다. 이를 중화(中和)라고 한다.

명리학은 자연의 법칙을 무시하지 않는다. 억지로 만들어내는 계획적인 틀도 아니다. 대부분의 동양 학문이 그러하듯 자연을 해석함에 그 기초를 두고 있다. 자연은 절기를 따라 변화한다. 변하기 때문에 절기라는 것이 생긴 것이다. 따라서 명리학은 절기(節氣)를 가장 중요하게 여긴다. 인간이 살아가며 계절 따라 느끼는 한열조습풍(寒熱燥濕風) 등을 분석하여 태어난 생년월일시(生年月日時)에 적용하여 음양오행으로 푸는 것이 바로 명리학의 기본 해석이 될 것이다.

인간의 삶을 헤아리다 보면 약한 부분과 강한 부분이 무엇인지 인식하게 된다. 삶 자체도 그러하거니와 몸의 발육

(發育)이나 영양상태도 그러하다. 한 사람이 지닌 장점과 약점도 알게 된다. 그것을 이해하고 모자라면 올바로 보충하거나 지나치면 억제시켜 주어야 한다. 그것은 중화를 이루는 과정이다. 이것이 '억부'라는 용어이다.

사람이 태어난 생년월일시를 비교하고 분석하여 강약(强弱)의 이치를 이해하는 것이 명리학이다. 즉 생년(生年), 생월(生月), 생일(生日), 생시(生時)의 강약을 따져 강한 것은 감(減)하고 약한 것은 보(補)하는 것이 이치이다. 명리학을 익히며 반드시 나오는 말인 용신에 흔히 하는 말 중의 하나가 바로 억부인데, 이는 중화라는 대전제를 바탕으로 한다.

명리학은 인간이 태어나는 순간에 주어진 우주와 지구의 변화를 푸는 체계이다. 즉 사람이 태어나는 순간에 지구와 우주로부터 여러 가지 기운을 받는데 이 기운이 부호로 정립된 것이 사주(四柱)이다. 이 사주를 푸는 것이 명리학이다.

사주를 해석할 때는 흔히 태어난 월의 천간(天干)과 지지(地支)를 파악하는 것으로 시작한다. 태어난 달을 월령(月令)으로 하여 자신과 자신을 돕는 세력의 힘인 득세(得勢), 안정감을 살피는 득지(得地) 등을 분석하여 강하고 약한 것을 판단하여 적용한다. 또한 각각의 생년월일을 구성하는 4개의 기둥을 이루는 여덟 개의 글자를 파악하여 상생상극(相生相剋)과 형충파해(刑沖破害), 합(合)과 각종 살(煞)을 파악함으로써 생(生)하고 극(剋)하며 합(合)하고 충(沖)하여 변화하는 과정을 깊이 있게 이해하여 풀이에 적용한다.

명리학을 일러 일본에서는 흔히 추명학(追命學)이라고 한다. 혹은 한국에서는 사주팔자(四柱八字)라고 이야기한다. 인간은 본인이 원하지 않아도 태어나는 순간부터 사주팔자가 정해진다. 스스로 정한 것이 아니라 자연적으로 정해진 것이다. 이를 원국(原局)이라 부른다.

그리고 살아가며 대운(大運)과 년운(年運)도 다가온다. 소운(小運)과 월운(月運), 일운(日運)과 시운(時運)도 파악할 수 있다. 이 다양하고도 시기 다른 운의 종류는 인간이 정한 것이 아니라 다가오는 것이라 피할 수 없는 것이다. 이를 운명이라 한다.

명리학은 이 사주팔자와 대운, 세운, 소운, 월운, 일운, 시운을 파악하여 미래가 어떻게 다가올 것인지 세밀하게 판단한다. 이 운을 파악하여 사주팔자인 원국(原局)에 적용하여 분석하고 적응을 모색하는 것이 바로 명리학이다.

인간은 우주 만물(宇宙萬物)에 적응하고 살아가지만 인간의 힘으로는 운(運)을 잡아당길 수도 없고 피해갈 수도 없다. 단 노력에 의해 그 폭을 증폭시킬 수는 있다. 운은 좋기도 하고 나쁘기도 하다. 명리학은 이 운을 미리 파악하여 좋고 나쁜 시기가 다가오면 이용하거나 피해갈 수 있도록 노력하거나 그 피해가 최소화 되도록, 혹은 그 기회를 극대화 할 수 있도록 준비를 할 수 있는 시간의 선택을 제공할 수 있다.

옛날부터 전해지는 말에 진인사대천명(盡人事待天命)이라는 말이 있다. 이 말은 노력을 다하고 하늘의 운명을 기다린다는 말이다. 노력을 하지 않으면 운도 다스리거나 편승 (便乘)할 수 없다. 문제는 그 편승의 방법이다. 사람이 자신 의 운명을 모른다면 진인사대천명이 가장 효율적인 인생의 방편이 되겠지만 운명의 흐름을 알고 있다면 기다리지 않 고 최소화 하거나 극대화 시킬 수 있는 노력을 기울을 것이 다. 따라서 이러한 과정을 통해 실패를 최소화 내지는 그 충 격을 최소화 하고 성공을 극대화 시킬 수 있을 것이다.

많은 사람들은 명리학을 점(占)이나 술서(術書)라고 생각 할 것이다. 물론 명리학을 점술로 발전시킬 수 있다. 아울러 명리학을 점술학으로 발전시킨 사실도 있다. 그러나 근본적 으로 명리학은 점이 아니고 운명학이다. 명리학을 알면 액 운(厄運)을 만나도 최소화 시킬 수 있는 방법을 찾거나 약 화시킬 수 있다. 운명을 미리 안다면 두려운 면도 있겠지만 인내심과 남을 탓하지 않고 효율적으로 대응하는 요령이 생길 것이다. 따라서 명리학은 일종의 술서(術書)가 아니고 수양서(修養書)라고 인식할 수도 있을 것이다.

2. 명리학의 기원

사주를 살피는 명리학은 사람의 운명을 살피는 학문이다. 무속인(巫俗人)의 신점(神占)과는 그 괘를 달리한다. 사주 학(四柱學)으로서의 명리학은 음양오행의 원리를 적용하여 인간의 출생년월일시에 대입하여 여덟 개의 글자를 정해 각각의 글자가 지닌 음양오행과 배치를 파악한다. 또한 여덟 개의 글자를 통해 생극제화(生剋除禍)와 왕상휴사(旺相休死)를 보고 길흉을 판단하는 지극히 통계학적 학문이다.

명리학은 기본적으로 음양의 조화와 오행의 균형(均衡)과 중화(中和), 상생(相生)과 상극(相剋)을 중요시하는 바탕에 하늘과 땅의 기운을 상징하는 여덟 개의 글자를 놓아 적용시켜 통계를 내는 학문이다. 명리학은 음양오행을 그 바탕으로 삼고 있는데 음양오행은 오랜 역사와 격랑의 시대를 거치며 여러 방면으로 발달되었다.

명리학이 언제 태동되었고 언제 완성되었는지 정확하게 알 수는 없다. 아마도 인간이 글자를 만들기 이전부터 다양한 방법으로 시작되었을 것이다. 그럼에도 증거가 없어 인간의 길흉화복을 다투고 분석하는 명리학이 언제부터 처음으로 만들어졌는지 정확하게 알 수는 없다. 단지 파악이 가능한 것은 학문으로 남은 기록일 뿐이다. 더구나 명리학에 대한 유적은 찾을 수 없다는 약점이 존재한다. 그러나 여러 문헌과 남겨진 학문으로 보아 대략 1,500년 이전에 창시된 것으로 보이고, 중국의 학자들도 이처럼 주장하고 있다.

명리학의 뿌리 중 하나는 음양오행설(陰陽五行說)이다. 동양 철학의 모든 사상에 깊이 뿌리를 내린 음양오행이 언제부터 중국과 동양 여러 나라에서 시작되고 적용되었는지는 부정확하다. 그러나 제자백가시대(諸子百家時代)에 음양가(陰陽家)가 있었던 것으로 보아 그 이전에 이미 성립되거나 이론의 부스러기들은 부유했을 것으로 보인다.

　　이 음양을 바탕으로 하는 음양가의 이론이 명리학의 기초를 마련해 주었다. 이 음양가의 이론을 유학(儒學)에서 받아들이지 않았다면 어쩌면 발전의 기회가 없었을지 모른다. 명리학의 단초로 보이는 여러 학설들은 당대(唐代)에 들어와 명리학의 비조격(鼻祖格)인 이허중(李虛中)을 만난다. 명리학은 이허중을 중흥의 중조(中祖)로 삼아 비약적인 발전을 하기에 이른다. 이 시기의 명리학은 지금과는 차이가 있음도 사실이다. 이 당시의 간명(看命)은 생년(生年)의 간(干)을 기초로 하고 있다. 현재도 일부 사용하는 납음오행과 신살을 위주로 하여 감명한 것으로 보인다.

　　이후 명리학은 비약적으로 발전을 거듭하게 되는데, 송대(宋代)에 들어오며 일대 혁신을 일으킨다. 현재 주종을 이루는 명리학을 일러 흔히 자평명리(子平命理)라고 한다. 이는 송대에 들어와 명리학을 일대 재집성한 서거이(徐居易)의 영향이다. 일명 자평(子平)이라 불리는 서거이는 지금까지의 생년(生年)의 간(干)을 중심으로 풀던 이치를 버리니 일대 혁신의 시작이었다. 아울러 서거이는 정오행(正五行)의 생극(生剋)을 기본으로 하는 풀이를 내놓기에 이르렀다.

이 시기에서 가장 중요한 것은 이제까지 생년을 중심으로 했다면 생일(生日)의 간(干)을 원국의 나로 하여 풀이가 행해지기에 이르렀다는 것이다. 이는 현재까지도 행하여지는 바로 명리학의 기초를 다시 세운 것이다. 과거의 명리학을 달리 당사주(唐四柱)라 한다면 서거이의 이론을 바탕으로 한 이론은 자평명리학이라 부른다. 오늘날의 명리학은 자평명리를 기본으로 하고 있다.

제2장.

음양오행

제2장. 陰陽五行

1. 음양(陰陽)이란?

사람이 있는 곳에 철학(哲學)이 있고 학문(學文)이 있었다. 동양은 동양에 어울리는 철학이 나타나고 서양은 서양에 어울리는 사고의 틀에 따른 철학이 생성된다. 이는 지형과 기후, 자연의 적용에 동서양이 다른 까닭이다. 철학이란 일정한 지역에 사는 사람의 생각과 행동 모델이 적용된 것이다. 음양에 관련한 이론은 모든 동양 사상의 기초가 되는 것으로 가장 동양적인 사고의 틀이라 할 것이다.

음양이라는 말에는 반드시 오행이 따라붙는다. 그러나 음양과 오행이 한 몸은 아니다. 편하게 붙여 부르기는 하지만 음양과 오행은 애초에 출발이 달랐다. 그러나 지금은 일반적으로 연관성을 인정하고 음양과 오행을 붙여 불러 마치 하나의 사상처럼 여겨진다.

인간사와 자연만물의 모든 현상을 음양(陰陽), 두 가지 원리로 설명하는 음양설과, 이 영향을 받아 만물의 생성소멸(生成消滅)을 목(木), 화(火), 토(土), 금(金), 수(水)의 변전(變轉)으로 설명하는 오행설을 함께 묶어 음양오행이라는 말이 생겨났다.

음양(陰陽)은 지극한 동양의 철학적 사고의 가장 기본적인 틀이다. 이는 마치 하늘과 땅과 같이 존재하는 모든 것의 시작이 되는 것으로 변화의 모든 시작점에 해당하는 틀을 제공하는 것이다. 따라서 음양이란 음양이 분리되기 이전의 혼돈에서 분리된 두 가지의 존재를 의미하는 것이기도 하다.

고대 중국인들은 지구는 물론이고 우주의 모든 현상도 음양을 대입하는 방식으로 해석했다. 이 방법은 지금도 변함없이 통용된다. 또한 이 사상은 동양을 대표하는 사상으로 여겨지고 있으며 또 그렇게 발전하였다. 특히 중국과 한국, 일본은 이 음양사상에 깊이 공감하고 공통된 사상으로 접근하고 있다. 음양의 사상이란 세상에 존재하는 모든 것이 음과 양으로 구분된다고 해석한 것이다.

음양이란 지극히 대립적인 사고이지만 하나가 없으면 반대도 없다는 이념을 생각하면 상호 보완적이다. 이는 존재라는 측면에서 단편적이 아니며 지극히 총체적인 것으로 볼 수 있다. 또한 음양의 이념은 세상의 모든 만물을 인간의 모습에 적용하였으니 음(陰)은 여성적인 요소로, 양(陽)은 남성적인 요소로 간주하였다. 대립과 상대성이라는 측면이 더욱 그렇다. 심지어 뒤이어 발달하고 정립된 주역의 괘(卦)도 이와 같은 음양의 이치로 만들어지기에 이르렀다. 따라서 음양은 중국과 일본, 한국을 위시한 동아시아 지역에 특유의 의미를 지닌 사상으로 인식되어 전파되기에 이르고 점차 중첩된 방법으로 확장되었고, 다양한 자연의 분류에 있어 기준과 현상은 물론이고 그 분류로 양분된 두 부분의 총칭이 되었다.

이처럼 음양이란 단순하게 적용하여 지구는 물론이고 폭

넓은 시선으로 우주의 이치를 포함하는 사물(事物)의 현상을 표현하는 것으로, 모든 사물을 포괄하여 귀속시키는 것이다. 이는 하나인 본질(本質)을 양면으로 관찰하여 상대적인 특징을 분석하는 것이다.

음양 사상을 집약한 것이 음양론(陰陽論)이다. 음양론은 동양의 철학 중에서도 가장 왕성하게 발전했다. 음양론은 스스로 발전한 것은 아니다. 하나의 학문으로 발전한 것도 아니다. 음양론은 제자백가 시대 이후 각각의 개별이론 속에 응용되고 적용되어 더욱 확장되었다. 특히 유교(儒敎)의 이념에 음양론이 매우 중요한 줄기를 형성함으로써 유교의 전파와 더불어 동양 철학은 물론 정치, 경제, 사상의 근간을 이루게 되었다.

음양론의 전파에 있어 유교라는 철학은 기둥과 같고 음양론 자체는 등나무와 같아서 유학이라는 사상의 등에 업힌 모습으로 최초에는 동양에 전파되었으나 이제는 전 세계의 철학으로 전파되었다. 음양론은 중국 역사에서 자연과학의 발전에 이론적 기초를 다져 놓았고 그 범위도 미치지 않는 곳이 없었다. 따라서 음양론은 농업과 밀접한 관련을 갖는 천문(天文)과 역법(曆法)은 물론이고, 수학까지 영향을 미쳤다.

음양론은 우주의 태동에서 적용을 모두 포함한다. 이를 음양의 기화론이라 부르기도 한다. 우주의 모든 만물과 인간의 흥망성쇠가 음양의 원리로 구성되어 있다는 사상이다. 해와 달, 하늘과 땅, 남과 여, 물과 산, 많은 물체와 속성들이 음과 양으로 이루어져 대립하고 있는 것으로 보이지만 실제로는 상쟁(相爭)의 조화(造化)를 이루고 있다. 즉 음양은 표면적으로 대립의 관계이지만 지극함 속에서는 조화의 관계인 것이다.

음양은 어디까지나 기(氣)의 두 가지 측면으로 살필 수 있다. 즉 혼돈(混沌)에서 시작하여 나누어진 두 개의 기다. 두 개의 기는 각각 상대적인 개념을 가지고 있으며 표면적으로 음과 양으로 대별되는 것이다. 음양은 서로 대립하고 때로는 조화 속에 의존하면서 태동의 기운을 미치거나 사물을 만들고 성립시키는 생성과 존립의 원리를 유지하고 있다. 대립이 없다면 조화도 없다. 표면적으로 음양은 대립하지만 극단적으로는 조화의 기운을 지닌다. 각각 존재하는 하나의 의미가 없다면 다른 하나의 의미도 존재하지 못한다. 서로 순환하고 전환하는 변화의 원리라는 두 개의 원리로서 작용하여 왔다.

즉, 혼돈을 시작으로 하여 태극(太極)에서 음양이 생성되고, 음양의 작용으로 오행이 생겨나는 것이다. 세상에 존재하는 모든 사물은 오행의 작용으로 생성되고 쇠락하는 것이다. 눈에 보이지 않는 모든 기도 사물의 기와 다를 것이 없다. 음양은 대립의 관계이지만 포괄적으로 보면 서로 보합하고 상관(相關)하는 관계이다. 음이 없으면 양도 없고 음이 약하면 양이 보충을 한다. 서로 배합되고 조화를 이루는 것이 음양이다.

2. 오행(五行)이란?

오행은 가장 기초적인 자연(自然)이며, 이념(理念)이며, 또 사상(思想)이다. 오행은 지구를 포함하여 우주 만물을 형성하는 다섯 가지 기운인 원기(元氣)를 말한다. 곧 '목, 화, 토, 금, 수'의 다섯 가지를 이르는 말인데, 이는 오행의 상생(相生)과 상극(相剋)의 관계를 가지고 사물의 상호관계(相互關係)와 보합관계(保合關係), 또 그 생성(生成)의 변화를 해석하기 위해 방법론적 수단으로 대체하여 응용한 것이다. 따라서 이 오행도 일종의 부호 같은 역할로 인식된다. 즉 목(木)이라 해서 반드시 나무를 의미하는 목(木)이 아니다. 목이란 목의 성질인 것이다. 이를 목질(木質)이라 한다. 따라서 목이라 하면 반드시 나무를 의미하는 글자를 의미하는 것이 아니라는 것이다.

오행이라는 말에서 오(五)는 각기 목(木), 화(火), 토(土), 금(金), 수(水)의 다섯 가지 기(氣)를 가리키며, 행(行)은 '순환'이란 의미를 나타낸다. 결국 오행이란 다섯 가지의 기운이 순행하거나 역행하는 것을 말한다.

목(木)은 나무이다. 나무의 성질이다. 나무가 지니는 성질이다. 나무만을 의미하는 것은 아니지만 나무가 대표적인 물상이다. 따라서 목질(木質)이며 목기(木氣)이다. 굽거나 곧게 뻗어 자라는 것이니 자라남이다. 위로 자라고 올라가는 습성을 지니고 열매가 익어 신맛을 낸다. 목질의 성질을 대표하는 풀과 나무의 색은 녹색이다. 그래서 목의 색은 녹색이다.

화(火)는 불이다. 불의 성질이다. 불이 지니는 성질이다. 따라서 화질(火質)이다. 정확하게 말하면 화기(火氣)이다. 반드시 불만을 이야기하는 것은 아니다. 불의 성질을 지닌 모든 것이다. 화기는 타오르면서 사방으로 번지듯 퍼진다. 위로 올라가며 몸을 부풀려 태우고 나니 쓰다. 타오르는 불은 붉은 색이다. 물론 가장 온도가 높은 불은 백색이지만 화기는 붉은 불의 색을 표방한다.

토(土)는 흙이다. 흙의 성질이다. 흙이 지니는 성질이다. 흙만을 의미하지는 않지만 흙이 대표적인 물상이다. 따라서 토질(土質)이고 토기(土氣)이다. 흙은 다른 오행과 달리 다른 오행을 모두 수용하고 있으며 대자연의 순환을 나타낸다. 토는 숨기는 것이며 토는 단맛을 낸다. 흔히 흙은 황토라고 한다. 모든 흙이 황색은 아니지만 이미 땅을 의미할 때는 황색이라는 색을 포함하고 있다.

금(金)은 쇠붙이다. 쇠의 성질이다. 쇠가 지니는 성질이다. 쇠만을 의미하는 것은 아니지만 쇠가 대표적인 물상이다. 따라서 금기(金氣)이며 금질(金質)이다. 불을 만나 변화하므로 변화무쌍하다. 금의 성격은 변화되는 것이며 매운맛을 낸다. 옛날의 쇠는 대부분 무쇠다. 겉은 검지만 바닥에 치거나 부딪쳐 부러지는 부분은 흰색을 낸다.

수(水)는 물이다. 물의 성질이다. 정확하게는 수기(水氣)이다. 물만을 의미하는 것은 아니지만 대표적인 것이 물이다. 수질(水質)이다. 자연의 이치에 따라 물은 낮은 곳으로 흘러내리는 일정한 성질을 가지고 있으며 흘러내리면서 자연 만물에 영양분을 공급하고 바다에 도달하니 짠맛이 남는다. 물은 맑은 색이라 투명하고 색이 없는 것처럼 보인다. 그러나 깊은 물을 바라보면 검은 색이다.

각각의 오행은 각각의 색과 성질, 각각의 숫자와 각각의 사상을 가지고 있다. 이 다섯 가지의 기운이 때로 대립하고 때로 도와주며, 때로 견제하며 어울린다. 오행상생(五行相生)은 오행의 운행에 따라 서로 다른 것을 낳는 관계이며 이는 생조(生造)하는 것으로 풀이된다. 곧 목생화(木生火), 화생토(火生土), 토생금(土生金), 금생수(金生水), 수생목(水生木)이 된다. 오행상극(五行相剋)에는 억제(抑制), 저지(沮止)의 뜻이 내포되었고, 그 상호관계는 목극토(木剋土), 토극수(土剋水), 수극화(水剋火), 화극금(火剋金), 금극목(金剋木)으로 되었다.

음양오행은 유구하고 발전성도 무궁하다. 또한 동양 철학의 뿌리다. 음양오행에 대한 이해 없이 동아시아 문명을 연구한다는 것은 어불성설이다. 지나친 말일 수 있지만 유교와 음양오행설은 동아시아 문화를 주도한 중국 문화의 양대 지주이다. 음양오행이 언제부터 유학의 뿌리가 되었는지 알 수 없다. 유학이 태동하기 이전에 오행사상은 이미 태동되었다. 그러나 유학이라는 사상을 만난 후에야 화려하게 꽃을 피웠다. 유학자들은 음양오행을 그들의 기본 이론 체계로 받아들였다. 즉, 유교가 전파되며 음양오행 사상도 전파되었지만 음양오행 사상이 없었다면 유교의 사상은 지금처럼 중국의 사상으로 발전하지 못했을 것이다.

오행은 상생과 상극 작용으로 만물을 만들고 변화시킨다. 오행은 색상(色常), 시간(時間), 계절(季節), 방향(方向), 행성(行星), 신체기관(身體機關)은 물론이고 풍수지리(風水地理), 의학(醫學) 등과 같은 여러 학문이나 동양 여러 국가의 국가명(國家名)과 같은 사항들과 관련되어 있으며, 서로를 돕기도 하고, 해하기도 한다.

특히 상생은 모든 사물의 성장이나 변화와 깊은 관계가 있다. 예를 들어 나무가 자라는 데에는 물이 필요하므로 목(木)과 수(水)는 서로의 기운을 보완해 주는 상생(相生)관계이다. 그러나 나무의 뿌리가 흙을 파헤치기 때문에 목(木)과 토(土)는 서로 상극(相剋)관계이다. 이렇게 오행은 서로 상생과 상극의 상호작용을 통해 우주 만물을 다스린다.

오행의 상생(相生)은 계절과도 깊은 관계가 있다. 즉 봄, 여름, 가을, 겨울의 자연적 공전이 끊임없이 이어지는 과정과 같다. 이를 오행의 윤전(輪轉)이라 정의하고 싶다. 즉, 오행의 기는 정지되어 있거나 고착되어 있는 것이 아니고 반복적이며 순환적이며, 다시 돌아옴이다. 이는 절기(節氣)라는 일정한 순환을 만들어 낸다. 이런 자연의 법칙은 오행의 에너지로써 순환 상생이 영존하게 된다.

오행의 작용은 상생과 상극으로 구분한다. 상생이란 오행이 서로 화합하며 도와 주는 작용을 말하며 상극이란 서로 충돌하여 피해를 입히는 작용을 말한다. 자연을 포함하는 모든 사물, 만물은 오행의 성분을 나누어 지니고 있으며 다른 사물에 대하여는 서로 상생하거나 상극의 관계를 가지고 있다. 심지어 인간이 만든 모든 사물을 포함한다. 흔히 사람과 사람 사이를 말하는 궁합도 이와 같은 것이다.

음양오행이 서로 상생하고 상극하는 관계에 의해서 모든 사물이 생하고 육하며 멸하고 몰(沒)하는 것이다. 음양오행의 상극과 상생의 원리는 동양철학의 기본적인 요소로 양택(陽宅)을 일컫는 가상(家相)은 물론이고 음택(陰宅), 관상(觀相)과 수상(手相), 점술(占術)에도 적용되고 한방의학(韓方醫學)에까지 적용되고 있다.

1) 상생(相生)

목생화(木生火) : 나무는 불을 잘 타게 해준다. 불은 나무가 없으면 존재할 수가 없다. 그러나 지나치게 많은 나무는 불을 꺼지게 한다.

화생토(火生土) : 흙은 불이 없으면 형체를 변경할 수 없다. 불로 흙을 구워 토기를 만든다. 그러나 흙이 지나치면 불을 덮어 꺼트린다.

토생금(土生金) : 흙 속에 광물이 들었다. 금은 땅 속에서 나온다. 그러나 흙이 지나치게 많으면 금을 덮어버린다. 이를 토다금매(土多金埋)라고 한다.

금생수(金生水) : 광물질이 많은 암반에서 좋은 생수가 나온다. 돌이 있는 곳에는 이슬이 맺혀 물을 생성한다.

수생목(水生木) : 물은 나무에 양분을 공급하여 준다. 나무는 물이 없으면 살지 못한다. 그러나 지나치게 물이 많으면 나무의 뿌리를 썩게 한다.

2) 상극(相剋)

목극토(木剋土) : 나무는 땅 속에 뿌리를 박고 살기 때문에 흙을 괴롭힌다.

토극수(土剋水) : 흙은 물을 못 흐르게 막아 버릴 수 있어 물을 지배한다.

수극화(水剋火) : 물은 타오르는 불을 꺼버릴 수 있다.

화극금(火剋金) : 불은 금을 녹여 형체를 바꾸어 버린다.

금극목(金剋木) : 쇠(금)로 만든 톱이나 칼로 나무를 베어낸다.

▶ 오행의 상생 (相生)
▶ 오행의 상극 (相剋)

구분	木	火	土	金	水
자연	화초, 섬유	太陽, 火	沓, 田	金屬, 鐵物	江, 湖水
천간	甲, 乙	丙, 丁	戊, 己	庚, 辛	壬, 癸
지지	寅, 卯	巳, 午	辰戌, 丑未	申, 酉	亥, 子
숫자	3, 8	2, 7	5, 0	4, 9	1, 6
색상	靑, 綠	赤	黃	白	黑
방위	東, 東南	南	東北, 西南, 中央	西, 西北	北
계절	春, 春分	夏	四季節	秋, 秋分	冬
기운	生氣	熱氣	止氣	殺氣	冷氣
의미	생성, 시작	기쁨, 열정	中間, 停止	完成, 秋收	沈, 默
오상	仁	禮	信	智	義
동물	靑龍	주작, 날짐승	螣蛇	白虎	玄武
가족	長男, 長女	中女	老母, 少男	老父, 少女	中男
팔괘	巽, 辰	離	艮, 坤	兌, 乾	坎
질병	肝, 膽	心腸, 小腸	胃腸, 脾臟	肺腸, 大腸	腎臟, 膀胱
소리	角	徵	宮	商	羽

■ 연습 1

목생화(木生   )　　　금생수(金生   )

화생토(火生   )　　　목생화(木生   )

토생금(土生   )　　　수생목(水生   )

금생수(金生   )　　　화생토(火生   )

수생목(水生   )　　　토생금(土生   )

■ 연습 2

목극토(木剋   )　　　토극수(土剋   )

토극수(土剋   )　　　화극금(火剋   )

수극화(水剋   )　　　금극목(金剋   )

화극금(火剋   )　　　수극화(水剋   )

금극목(金剋   )　　　토극수(土剋   )

32. 성보의 명리학

◨ 연습 3

수생목(水生　)　　　토생금(土生　)

금극목(金剋　)　　　토극수(土剋　)

수극화(水剋　)　　　금극목(金剋　)

금생수(金生　)　　　화생토(火生　)

화생토(火生　)　　　목생화(木生　)

화극금(火剋　)　　　수극화(水剋　)

목생화(木生　)　　　금생수(金生　)

토극수(土剋　)　　　화극금(火剋　)

토생금(土生　)　　　수생목(水生　)

목극토(木剋　)　　　토극수(土剋　)

제3장.
천간지지

제3장. 天干地支

1. 천간(天干)

천(天)은 하늘의 변화하는 이치와 기(氣)의 움직임을 나타낸다. 간(干)은 나무줄기라는 의미를 지닌 간(幹)에서 온 것이다. 즉 천간이라는 말은 하늘로 표방되는 기가 변화하는 거대한 줄기라는 의미다. 천간의 기를 표현하는 글자는 총 10개로써 달리 십간(十干)이라 부른다. 또 십천간(十天干)이라고도 칭한다.

천간은 열 가지로 이루어졌다. 갑(甲), 을(乙), 병(丙), 정(丁), 무((戊), 기(己), 경(庚), 신(辛), 임(壬), 계(癸)의 열 가지이므로 달리 십간(十干)이라 부른다. 변화와 이치의 기를 표현하는 천간에 대비되는 것으로 지지(地支)가 있다. 천간은 하늘을 의미하는 것처럼 위에 위치하고 지지는 땅을 의미하니 아래에 위치한다. 어떠한 경우에도 천간이 지지의 자리에 위치하는 경우는 없다.

변화는 짝을 지음으로써 실천력으로 강화된다. 즉 10개로 이루어진 십간과 12개로 이루어진 지지를 서로 연결하여 짝을 이루면 60개가 된다. 이 60짝으로 60갑자를 이루는데 상부에 위치하는 것은 당연히 천간이 자리하고 하부는 지지가 된다.

천간과 지지는 각각 드러내는 바가 다른데 천간은 기의

흐름에 따른 의미를 나타내는 것으로, 기(氣)를 관장하고 있으며 천간과 지지의 관계 속에 음양 중에 양기(陽氣)이며 동적(動的)이고 남(男), 부(父), 부(夫)를 관장한다.

사주를 구성하는 것은 네 개의 기둥이다. 네 개의 기둥이기에 사주이다. 이 때 사용하는 글자는 기둥을 의미하는 기둥 주(柱)자이다. 이 사주를 구성할 때, 열 개의 글자에서 상부를 구성하는 연간(年干), 월간(月干), 일간(日干), 시간(時干)의 4자를 각기 천간이라 한다.

사주팔자라고 불리는 이유는 천간의 4자와 지지의 4자로 이루어지기 때문이다. 이 때 사주에 적용 측면의 천간은 거(去)하기 쉽고 경(輕)하다고 해석한다. 각각의 천간은 음양과 오행이 적용되어 해석되며 경하고 거하다는 것은 각각의 간에 적용되는 오행이 갖는 의미가 약하여 거하기 쉽다고 보는 것이다. 즉, 천간의 오행은 지지의 오행에 비교하여 의미가 약하고 작용도 약하다. 그럼에도 불구하고 지지에 통근(通勤)하고 있는 것은 중(重)하고도 강하다. 통근이란 천간의 글자가 의미하는 오행이 지지에 자리하고 있는 것을 말한다.

1) 천간의 음양오행 배정

천간을 이루는 열 개의 글자는 각기 양(陽)과 음(陰)의 성질에 배속된다. 모든 글자가 각기 음양 중 하나에 해당한다. 이에 갑, 병, 무, 경, 임(甲丙戊庚壬)이 양에 속하고 을, 정, 기, 신, 계(乙丁己辛癸)는 음에 속한다. 천간은 순서대로 적용하여, 각각 두 개씩 짝을 지어 같은 오행의 성질을 지니지만 음과 양의 성질 또한 나누어 가진다. 양은 볕 양(陽)자가 의미하듯 위로 올라가는 가볍고 맑은 기운이고, 음은 축축하다는 뜻의 음(陰)자를 사용하듯 아래로 가라앉는 무겁고 탁한 기운으로 대별되지만 이러한 구별 또한 절대적인 것은 아니다.

천간	甲	乙	丙	丁	戊	己	庚	辛	壬	癸
오행	木	木	火	火	土	土	金	金	水	水
음양	양	음	양	음	양	음	양	음	양	음

2) 천간의 음양오행 배정과 건강

동양철학의 음양오행은 단순히 문학이나 철학에서 끝나는 것이 아니라 동양의학(東洋醫學)에도 지대한 영향을 미친다. 음양오행설과 오운육기설(五運六氣說)은 동양의학으로 집대성되어 적용되고 임상을 하며 그 결과가 기록으로 체계화되는 과정을 겪는다. 중국의학을 비롯한 동양의학의 병인론(病因論) 내지 건강관(健康觀)은 음양오행설 내지 오운육기설과 밀접한 관계를 맺어 왔다.

동양의학의 집대성격인 ≪황제내경(黃帝內經)≫에 의하면 "사람의 음양은 밖이 양, 안이 음이 된다. 사람 몸의 음양은 배(背)가 양이 되고 복(腹)이 음이 되며, 장부(臟腑)는 장이 음이 되고 부(腑)가 양이 된다. 간(肝), 심(心), 비(脾), 폐(肺), 신(腎) 등의 오장이 음이 되고, 담(膽), 위(胃), 대장(大腸), 소장(小腸), 방광(膀胱), 삼초(三焦)의 육부가 모두 양이 된다. 양 중의 양이 폐(肺)요, 양 중의 음이 심(心)이다.

음 중의 음이 신(腎)이며, 음 중의 양이 간(肝)이며, 음 중의
지음(至陰)이 비(脾)이다."

3) 천간의 의미

甲	大林木	큰 나무, 寅木, 고목, 사목, 목재, 원목, 송목, 대들보
乙	花草木	작은 나무, 卯木, 화초, 덩굴식물, 꽃, 채소, 잎사귀, 등나무, 칡, 나팔꽃
丙	太陽火	태양, 큰 불, 午火, 밝은 불, 허풍, 허황됨, 타오름, 용광로
丁	燈燭火	작은 불, 巳火, 달, 촛불, 등촉, 불씨, 전등불, 호롱불
戊	城垣土	큰 산, 큰 흙덩이, 辰戊, 제방. 태산, 고산준령, 건물, 벽, 산야
己	田園土	초원, 논밭, 작은 흙, 丑未, 화분, 화단의 흙, 도자기
庚	劍戟金	큰 쇠, 申金, 큰 바위, 자동차, 무기, 큰 도구
辛	珠玉金	보석, 옥돌, 酉金, 바늘, 침, 수저, 젓가락, 장신구
壬	江湖水	바다, 큰 물, 子水, 대해수, 호수, 저수지
癸	雨露水	이슬비, 시냇물, 亥水, 눈물, 샘물, 땀, 강설

* 午火 巳火 子水 亥水는 적용시 음양이 바뀐다.

천간	갑(甲),을(乙)	병(丙),정(丁)	무(戊),기(己)	경(庚),신(辛)	임(壬),계(癸)
색	청(녹)	적	황(황토)	백	흑
숫자	3, 8	2, 7	0. 5, 10	4, 9	1, 6
방향	동, 동남	남	중앙 남서 북동	서, 북서	북
오행	목	화	토	금	수
건강	간, 담, 뼈, 수술	심장, 소장, 혈관, 안과, 정신, 순환계	위장, 비장, 췌장, 산부인과, 비뇨기과	폐, 대장, 뼈, 우울증	산부인과, 우울증, 자폐증, 우울증, 두통
많을 때	간경화, 간염, 간암, 황달, 흑달, 교통 사고	심장병, 정신질환, 신장질환, 뇌출혈, 뇌경색, 중풍, 화병	위장병, 위장암, 위염, 췌장암, 자궁, 난소,	대장, 폐, 우울증, 교통 사고, 허리디스크, 소아마비, 관절, 자폐증, 불면증, 두통	신장염, 방광염, 자궁, 난소 질환, 생리불순, 냉, 자궁암, 방광암, 요로결석
적을 때	간암, 간염, 교통 사고, 골다공증, 소아마비, 허리디스크, 추락사고	심장병, 심장판막증, 뇌출혈, 중풍, 안과	위장암, 위장염, 자궁, 난소	대장암, 폐암, 호흡기	신장결석, 난소, 방광, 요로, 임신무력, 임신중독

2. 지지(地支)

천간이 하늘을 의미한다면 지지는 땅을 의미한다. 하늘을 의미하는 천간과 대비되는 개념이지만 대립보다는 상호 보완적인 관계를 지니고 있다. 하늘의 기운을 의미하는 천간이 기를 의미함으로써 의미가 강하다면 지지는 표현력과 행동력이 강하므로 드러남이다. 12개의 글자로 이루어져 있으므로 12지지라 한다. 흔히 우리가 인식하는 띠로 파악하면 된다.

12지지는 띠를 의미하는 자축인묘진사오미신유술해(子丑寅卯辰巳午未申酉戌亥)의 글자에 의해서 이루어져 있다. 이 12자를 하늘을 의미하는 십간과 서로 짝 맞추어 상하를 이루니 하늘과 땅을 의미하는 하나의 기둥을 간지(干支)라 한다. 천간이 기의 의미와 흐름을 의미한다면 지지는 실제적으로 질적(質的)인 의미로 행동력과 변화를 표현한다. 따라서 천간의 기적(氣的)인 것과 대조적이다.

1) 지지의 방위 계절

지지는 각각의 방위와 계절적 의미를 가진다. 각각 3개씩 짝을 지어 방위적으로는 동서남북 및 중앙을 관장하고 계절적으로는 춘하추동(春夏秋冬)을 나타내며 천간과 다르지 않게 음양오행에 소속이 되어 있다. 3개씩 짜여진 계절의 흐름에 각각 마지막 1달은 간절기(間節期)를 의미하기도 한다.

지지(地支) - 오행	방위(方位)	계절(季節)	월(月)
자(子) - 水	북	동(冬)	11월
축(丑) - 土	북동	만동(晩冬)	12월
인(寅) - 木	동북	초춘(初春)	1월
묘(卯) - 木	동	춘(春)	2월
진(辰) - 土	동남	만춘(晩春)	3월
사(巳) - 火	남동	초하(初夏)	4월
오(午) - 火	남	하(夏)	5월
미(未) - 土	남서	만하(晩夏)	6월
신(申) - 金	서남	초추(初秋)	7월
유(酉) - 金	서	추(秋)	8월
술(戌) - 土	서북	만추(晩秋)	9월
해(亥) - 水	북서	초동(初冬)	10월

2) 사주의 지지

사주는 4개의 기둥에 8개의 글자로 이루어진다. 그래서 사주팔자라 한다. 사주를 파악할 때, 각각 년월일시에 맞추어 각각의 기둥을 세우는데 이를 각각 년주(年柱), 월주(月柱), 일주(日柱), 시주(時柱)라고 한다. 이 네 개의 기둥에서 하늘의 의미를 지니는 천간을 받치는 4개의 지지를 각각 년지(年支), 월지(月支), 일지(日支), 시지(時支)라 부른다. 이처럼 천간 아래 배치되는 12개의 글자를 지지라고 한다.

지지는 천간과 다름 없이 각각 음과 양을 부여받으며 지지가 의미하는 것은 지(地), 질(質), 음(陰), 암(暗), 처(妻), 모(母), 녀(女), 내(內), 중(重) 등이 있다. 지지는 천간과 비교하여 보다 많은 폭넓은 의미를 지니지만 음양을 부여받으며 그 특징을 정리한다. 일반적으로 사주학을 사주팔자로 부르듯 생년, 생월, 생일, 생시의 4개의 간지에 의해서 8자로 성립이 되어 있으며 밑을 받치는 지지는 의미를 지니는 천간보다 강한 변화와 행동을 의미하는 것으로 대단히 중요한 의미를 가진다. 더구나 지지 속에는 지장간(地藏干)이라는 것이 숨어 있다. 드러나지 않는 기운이지만 엄연하게 존재하는 것이다. 지장간은 그 지지의 글자에 숨어 있는 천간을 말한다. 모든 지지에는 지장간이 숨어 있다.

만물은 천간의 기(氣)를 받고 지지 중에서 생하는 과정을 되풀이 하므로 천간의 의미를 지닌다면 지지는 움직임에 해당한다. 이는 지지 중에 숨어 있는 천간의 의미가 지지의 움직임에 영향을 미친다는 것을 감안할 수 있다. 지지 중에 숨어 있는 장간(藏干)을 달리 인원(人元)이라 부르며 운명의 추기(樞機)를 장악하고 있다고 살핀다.

또한 지지는 단순히 행동이나 현상만을 나타내는 것이 아니라 천간의 역량의 향배에도 중요한 역할을 수행하고 있는데 이를 일러 천간의 뿌리라 부른다. 천간에 나온 글자와 동일한 음양과 오행을 지닌 지지가 있는가의 문제는 천간의 글자가 활용되는지를 살피는 근간이 된다. 즉 천간에 투출(投出)된 글자에 근(根)이 있다. 즉 지지에 뿌리를 두고 투간(投干)되어야 진정한 힘이 있는 것이다. 결국 지지에 천간의 뿌리가 되는 글자가 있는가를 살펴 힘과 향배를 살피는데, 이는 지지에 바탕을 두고 투출된 천간이 지니는 기세의 후(厚)하고 박(薄)함을 말한다.

이치는 간단하다. 천간에 목의 기운을 지닌 갑(甲)이 투출되었다면 지지에 목을 의미하는 인(寅)이나 묘(卯)가 있는지를 살펴보아 자리하고 있다면 뿌리가 있는 것이다. 이처럼 갑을 지탱하고 동일한 힘을 줄 수 있는 뿌리가 있는가 없는 가를 구별한다. 뿌리가 지지에 있다면 천간의 동일한 오행은 현실적으로 행동력을 가지게 된다.

일반적으로 천간은 가볍고 지지는 무겁다. 천간은 배반하기 쉽고 지지는 배반하기 어렵다. 천간은 의미이고 지지는 행동이다. 또한 천간과 다름 없이 지지도 음양과 오행의 성질을 지닌다.

지지	子	丑	寅	卯	辰	巳	午	未	申	酉	戌	亥
음양	양	음	양	음	양	음	양	음	양	음	양	음
오행	水	土	木	木	土	火	火	土	金	金	土	水

3. 지지의 의미

자(子)	비뇨기	신장, 요도, 자궁, 귀, 요통, 음부, 정자, 생식기, 월경, 갑상선, 고환, 족소음경
축(丑)	위장	비장, 복부, 손과 발, 횡경막, 맹장, 췌장, 입, 접촉, 족태음비경
인(寅)	심장	머리, 담낭, 눈, 근육, 동맥, 무릎, 팔, 족소양담경
묘(卯)	간장	간장, 이마, 눈, 모세혈관, 근육, 말초신경, 수족, 손가락, 발가락, 정강이, 족궐음간경
진(辰)	망각증	위장, 피부, 등, 허리, 가슴, 코, 맹장, 겨드랑이, 족양명위경
사(巳)	치통	소장, 얼굴, 치아, 복부, 인후, 편도선, 삼초, 심포, 혓바닥, 수태양소장경
오(午)	정신병	심장, 눈, 혀, 신경통, 정신, 심포, 시력, 열, 수소음신경
미(未)	허로병	위장, 배, 입술, 입, 잇몸, 척추, 복부, 수족, 족태음비경
신(申)	대장염	대장, 폐, 근골, 경락, 음성, 피부병, 피부, 골수염, 신경통, 정맥, 수양명대장경
유(酉)	폐결핵	폐장, 코, 음성, 혈관, 피부, 모발, 입, 월경, 뼈, 신경, 타박, 수태음폐경
술(戌)	공포	위장, 명문, 갈비, 머리, 대퇴부, 갈비, 가슴, 대변, 항문, 위신경, 족양명위경
해(亥)	방광염	고환, 생식기, 월경, 혈맥, 대소변, 자궁, 장딴지, 머리, 혹, 점, 족태양방광경

■ 연습 1

천간	甲	乙	丙	丁	戊	己	庚	辛	壬	癸
오행	木		火		土		金		水	
음양	양		양		양		양		양	

■ 연습 2

천간	甲	乙	丙	丁	戊	己	庚	辛	壬	癸
오행		木		火		土		金		水
음양		음		음		음		음		음

■ 연습 3

천간	甲		丙		戊		庚		壬	
오행	木	木	火	火	土	土	金	金	水	水
음양	양	음	양	음	양	음	양	음	양	음

■ 연습 4

천간		乙		丁		己		辛		癸
오행	木	木	火	火	土	土	金	金	水	水
음양	양	음	양	음	양	음	양	음	양	음

■ 연습 5

천간	甲	乙	丙		戊	己	庚	辛	壬	癸
오행		木	火	火		土		金		水
음양	양	음		음	양		양	음	양	

■ 연습 6

지지	子	丑	寅	卯	辰	巳	午	未	申	酉	戌	亥
음양		음		음		음		음		음		음
오행	水		木		土		火		金		土	

▣ 연습 7

지지	子	丑	寅	卯	辰	巳	午	未	申	酉	戌	亥
음양	양	음	양	음	양	음	양	음	양	음	양	음
오행												

▣ 연습 8

지지	子	丑	寅	卯	辰	巳	午	未	申	酉	戌	亥
음양												
오행	水	土	木	木	土	火	火	土	金	金	土	水

▣ 연습 9

지지												
음양	양	음	양	음	양	음	양	음	양	음	양	음
오행	水	土	木	木	土	火	火	土	金	金	土	水

제4장.

육십갑자와

공망

제4장. 六十甲子와 空亡

1. 육십갑자(六十甲子)

육십갑자는 달리 육갑(六甲)이라고도 한다.

우리가 흔히 "육갑 잡는다", "육갑하네"라는 말은 모두 이것에서 유래했다.

하늘을 의미하는 10간은 갑(甲), 을(乙), 병(丙), 정(丁), 무(戊), 기(己), 경(庚), 신(辛), 임(壬), 계(癸)이고, 땅의 운행을 의미하는 12지는 자(子), 축(丑), 인(寅), 묘(卯), 진(辰), 사(巳), 오(午), 미(未), 신(申), 유(酉), 술(戌), 해(亥)이다.

천간과 지지는 각각 짝을 지어 하나의 기둥을 만드는데 이를 간지라 한다. 이 중 연월일시에 맞추어 잡은 4개의 기둥은 사주라 한다. 천간은 10개이고 지지는 12개이므로 한 번 씩 거치도록 교차하여 짝을 지어나가며 마지막 천간의 계(癸)와 지지의 해(亥)기 만나도록 계속해 짝을 지으면 60개가 된다. 이를 육십갑자라고 한다.

천간과 지지의 결합방법은 처음에 10간의 첫째인 갑(甲)과 12지의 첫째인 자(子)를 붙여서 갑자(甲子)를 얻고, 다음에 그 둘째인 을(乙)과 축(丑)을 결합하여 을축(乙丑)을 얻는다. 이처럼 계속해 대비를 하여 간지를 얻는다. 일정한 공식에 따라 줄긋기 하듯 천간과 지지가 만난다. 천간의 양과 지지의 양이 만나고 천간의 음과 지지의 음이 만나는데 어떤 경우에도 음양이 뒤섞여 만나는 경우는 없다. 이와 같이 순서에 따라 하나씩의 간지를 구해 나가 60개의 간지를 얻는 것이다.

갑자 (甲子)	을축 (乙丑)	병인 (丙寅)	정묘 (丁卯)	무진 (戊辰)	기사 (己巳)	경오 (庚午)	신미 (辛未)	임신 (壬申)	계유 (癸酉)
갑술 (甲戌)	을해 (乙亥)	병자 (丙子)	정축 (丁丑)	무인 (戊寅)	기묘 (己卯)	경진 (庚辰)	신사 (辛巳)	임오 (壬午)	계미 (癸未)
갑신 (甲申)	을유 (乙酉)	병술 (丙戌)	정해 (丁亥)	무자 (戊子)	기축 (己丑)	경인 (庚寅)	신묘 (辛卯)	임진 (壬辰)	계사 (癸巳)
갑오 (甲午)	을미 (乙未)	병신 (丙申)	정유 (丁酉)	무술 (戊戌)	기해 (己亥)	경자 (庚子)	신축 (辛丑)	임인 (壬寅)	계묘 (癸卯)
갑진 (甲辰)	을사 (乙巳)	병오 (丙午)	정미 (丁未)	무신 (戊申)	기유 (己酉)	경술 (庚戌)	신해 (辛亥)	임자 (壬子)	계축 (癸丑)
갑인 (甲寅)	을묘 (乙卯)	병진 (丙辰)	정사 (丁巳)	무오 (戊午)	기미 (己未)	경신 (庚申)	신유 (辛酉)	임술 (壬戌)	계해 (癸亥)

2. 공망(空亡)

공망은 '비었다'는 뜻이다. 공망이라는 말은 명리학 뿐 아니라 풍수지리에서도 방향을 보는 방법에서 나오는 말이다. 사주를 배치하고 풀어감에 따라서는 공망이 나타나면 천중살(天中殺)이라고도 한다. 공망은 크게 드러나지 않으나 사주를 살필 때 반대의 결과가 나오는지 분석하는 중요한 요소이기에 무시할 수 없다.

천간과 지지를 대입해보면 천간은 남자이고 부(父)이다. 또한 지지는 여자이고 모(母)이니, 이는 음양을 나타내는 것이기도 하다. 천간이 하늘이고 지지가 땅이라는 이론에 따라 부부가 혼인을 하듯 천간자와 지지자를 맞추다 보면 천간은 10자이고 지지는 12자이기 때문에 지지자가 2자 남게 된다. 이를 공망이라 한다.

공망은 천간 10자와 지지 12자라는 글자의 차이 때문에 생기는 것이지만 적용에서는 매우 역할이 크다. 즉 공망이란 지지는 있고 천간이 없는 것을 말하는데 이는 뿌리는 있지만 하늘이 없는 격이라 만물을 생성할 수 없고 모(母)는 있되 부(父)가 없는 것과 같은 격이다.

공망이란 이러한 이치를 나타내는 것으로 현세에 인연이 없거나 이루어질 수 없는 것이다. 현상이 깨어지는 것이다. 결과가 사라지는 것이다. 깨지거나 조짐이 사라지는 것이다. 임신을 해야 하지만 임신하지 못하는 것이다. 따라서 공망에 들면 역량이 사라지거나 의미가 사라지는 것을 의미한다. 좋은 일에는 사라지면 나쁜 것이고 나쁜 사실에는 사라지니 좋은 것이다. 간지는 모두 60개의 조합으로 이루어지는데 10개씩 조가 짜일 때마다 두 개의 공망이 나타나게 된다. 따라서 공망은 6개의 상황에 2개씩. 총 12개가 나타날 수 있다.

공망은 역으로 작용한다. 좋은 성질을 지닌 사주가 공망이 되면 흉한 기운으로 바뀌고 흉한 기운이 공망이 되면 자연 해소된다.

원래 하늘의 의미를 지니는 간(干)은 공망이 될 수 없다. 그러나 지지가 공망이 되면 일주를 이루고 있는 천간 또한 공망으로 살핀다.

해공(解空)이라는 말은 '공망이 풀렸다'는 의미이다. 해공이 되는 경우는 아주 다양한데 자기의 사주 내에서 삼합(三

合), 지합(地合), 반합(半合), 방합(方合), 형(形), 충(沖), 파(破), 해(害)가 있거나 대운(大運)이나 연운(年運)과 같은 행운(行雲)상에서 작용하여 삼합, 지합, 반합, 방합, 형, 충, 파, 해가 있거나 대운에서 동일 공망이 오면 역시 해공된다. 이는 마지막 열쇠와 같은 의미를 지니는 것으로 불운을 행운으로 돌린다는 의미처럼 느껴지기도 하다. 단 대운이나 세운처럼 행운에서 해공된다는 것은 그 기간에 한한다.

갑자순중(甲子旬中)	공망 술해(戌亥)
갑술순중(甲戌旬中)	공망 신유(申酉)
갑신순중(甲申旬中)	공망 오미(午未)
갑오순중(甲午旬中)	공망 진사(辰巳)
갑진순중(甲辰旬中)	공망 인묘(寅卯)
갑인순중(甲寅旬中)	공망 자축(子丑)

3. 공망의 작용

1) 연지(年支)의 공망

공망은 년지(年支), 월지(月支), 일지(日支), 시지(時支)에 모두 작용한다. 이 중 년지에 작용하는 공망은 조상(祖上)과 연관이 있다. 이는 년주가 근(根)에 해당하기 때문이다.

근(根)은 뿌리이니 곧 조상이다. 따라서 생년 공망은 조상이 사라지는 격이니 부모와 조상, 또는 친가(親家)에 인연이 박하다.

연지의 공망은 양친 또는 편친과 유년기에 생사이별하거

나 일찍이 헤어진다. 달리 조상 복이 없거나 부모 복이 없다고 본다.

2) 월지(月支)의 공망

월지는 묘(苗)라 한다. 묘(苗)는 자라나는 싹과 같은 것으로 나를 자라게 한 원인, 즉 부모의 자리가 된다. 따라서 월지의 공망은 묘의 자리가 사라지는 것이다. 월지의 공망은 부모형제와 인연이 약하다는 것을 보여준다. 월지는 부모의 좌(座)이다. 특히 어머니의 자리이다. 억부(抑扶)를 파악할 때 가장 중요한 것이 바로 월지(月支)이다. 대개 용신의 자리로서 인명(人命)의 근기운명(根基運命)을 관장하는데 공망이 되는 것은 용신의 역량이 저하됨을 의미한다. 곧 신변에 이변이 생기기 쉽고 사업상 이변이 생긴다.

3) 생일공망(生日空亡)

생일은 화(花)이다. 사주를 분석할 때, 과거에는 년을 중시하였다. 그러나 송나라 시대 이후 지금의 사주는 일주를 가장 중요시한다. 이것이 자평명리의 중요점이고 현재의 간명법이다. 사주를 해석할 때, 일간은 바로 자신이다. 이처럼 사주에서는 생일의 간지를 가장 중요시한다. 따라서 나를 지탱하는 자리격인 일지가 중요하지 않을 수 없다.

가장 중요한 생일의 간지가 어느 순(旬) 중에 있는가를 파악한다. 6개의 갑순에서 공망이 결정된다. 예를 들면 을축일생(乙丑日生)이면 60갑자 중에 첫 번째인 갑자(甲子)의

순중생(旬中生)이므로 마지막 2자인 술해(戌亥)가 공망이 된다. 사주에서 공망은 호환공망(互換空亡), 사대공망(四大空亡) 등이 있으나 생일 공망을 주안점으로 보게 된다.

4) 시지(時支)의 공망

시(時)는 실(實)이라 하여 열매와 같다. 자신의 노후이고 자녀를 의미하는 기둥이다. 자녀가 어떤 상황인가를 알려고 한다면 시지를 살피면 된다. 결국 시지에 공망이 차지한다는 것은 노후에 허탈, 혹은 허공을 뜻하며, 자녀에게 의지하지 못함을 의미한다. 자손이 발달하고 영화를 누린다고 하여도 공망이면 그 덕이 나에게 미치지 못한다.

5) 기타

공망은 비었다는 것을 의미한다. 비었다는 것은 모두 사라진다는 것이다. 마음이 비며 재물이 비고, 사람이 빈다. 좋은 기운도 공망이 되면 흩어져버려 없는 것이나 다름 없다. 사주에 공망이 많은 것은 안정감이 떨어져 방황하고 마음이나 일이 하나로 정착되기 어렵다. 직업도 한 가지로 정하지 못하고 안정을 가지지 못해 수시로 직업을 바꾸거나 방황하기도 하고 주거의 변동이 잦다.

차후에 전개되는 육친으로도 공망의 위력을 찾을 수 있는데 식상(食傷)이 공망에 들면 나이가 들어서도 자녀에 의지하기 어려우며 관성(官星)이 공망에 들면 명예가 오래가지 못한다. 인성(印星)에 공망이 들면 부모의 후원을 얻기 어렵고 재성(財星)에 공망이 들면 재물이 모이지 않는다.

때때로 공망이 도움이 된다. 재성이 태과(太過)하면 공망이 좋고, 관성이 태과하면 공망이 들어야 중화가 된다. 아울러 흉함이 넘칠 때에는 공망이 들어옴으로써 그 흉성을 잠재울 수도 있다.

◼ 연습 1

甲	乙	丙	丁	戊	己	庚	辛	壬	癸
갑자(甲子)		병인(丙寅)		무진(戊辰)		경오(庚午)		임신(壬申)	
	을해(乙亥)		정축(丁丑)		기묘(己卯)		신사(辛巳)		계미(癸未)
	을유(乙酉)		정해(丁亥)		기축(己丑)		신묘(辛卯)		계사(癸巳)
갑오(甲午)		병신(丙申)		무술(戊戌)		경자(庚子)		임인(壬寅)	
갑진(甲辰)	을사(乙巳)		정미(丁未)		기유(己酉)		신해(辛亥)		계축(癸丑)
갑인(甲寅)		병진(丙辰)		무오(戊午)		경신(庚申)		임술(壬戌)	

◼ 연습 2

甲	乙	丙	丁	戊	己	庚	辛	壬	癸
갑자(甲子)	을축(乙丑)	병인(丙寅)	정묘(丁卯)	무진(戊辰)	기사(己巳)	경오(庚午)	신미(辛未)	임신(壬申)	계유(癸酉)
갑술(甲戌)						경진(庚辰)	신사(辛巳)	임오(壬午)	계미(癸未)
갑신(甲申)	을유(乙酉)	병술(丙戌)	정해(丁亥)	무자(戊子)	기축(己丑)				
갑오(甲午)		병신(丙申)	정유(丁酉)	무술(戊戌)	기해(己亥)	경자(庚子)	신축(辛丑)	임인(壬寅)	계묘(癸卯)
갑진(甲辰)	을사(乙巳)			무신(戊申)	기유(己酉)	경술(庚戌)	신해(辛亥)	임자(壬子)	계축(癸丑)
갑인(甲寅)	을묘(乙卯)	병진(丙辰)	정사(丁巳)				신유(辛酉)	임술(壬戌)	계해(癸亥)

◼ 연습 3

甲	乙	丙	丁	戊	己	庚	辛	壬	癸
갑자(甲子)	을축(乙丑)	병인(丙寅)	정묘(丁卯)	무진(戊辰)	기사(己巳)	경오(庚午)	신미(辛未)	임신(壬申)	계유(癸酉)
갑술(甲戌)		병자(丙子)	정축(丁丑)	무인(戊寅)	기묘(己卯)	경진(庚辰)	신사(辛巳)		
갑신(甲申)	을유(乙酉)	병술(丙戌)			기축(己丑)	경인(庚寅)		임진(壬辰)	계사(癸巳)
갑오(甲午)		병신(丙申)	정유(丁酉)	무술(戊戌)		경자(庚子)	신축(辛丑)	임인(壬寅)	
갑진(甲辰)	을사(乙巳)		정미(丁未)		기유(己酉)	경술(庚戌)	신해(辛亥)		계축(癸丑)
갑인(甲寅)	을묘(乙卯)	병진(丙辰)		무오(戊午)	기미(己未)	경신(庚申)	신유(辛酉)	임술(壬戌)	계해(癸亥)

■ 연습 4

갑자순중(甲子旬中)	공망 술해(戌亥)
갑술순중(甲戌旬中)	
갑신순중(甲申旬中)	공망 오미(午未)
갑오순중(甲午旬中)	
갑진순중(甲辰旬中)	공망 인묘(寅卯)
갑인순중(甲寅旬中)	공망 자축(子丑)

■ 연습 5

갑자순중(甲子旬中)	공망 술해(戌亥)
갑술순중(甲戌旬中)	
갑신순중(甲申旬中)	
갑오순중(甲午旬中)	
갑진순중(甲辰旬中)	공망 인묘(寅卯)
갑인순중(甲寅旬中)	공망 자축(子丑)

■ 연습 6

갑자순중(甲子旬中)	
갑술순중(甲戌旬中)	공망 신유(申酉)
갑신순중(甲申旬中)	공망 오미(午未)
갑오순중(甲午旬中)	공망 진사(辰巳)
갑진순중(甲辰旬中)	공망 인묘(寅卯)
갑인순중(甲寅旬中)	

■ 연습 7

갑자순중(甲子旬中)	공망 술해(戌亥)
	공망 신유(申酉)
	공망 오미(午未)
	공망 진사(辰巳)
갑진순중(甲辰旬中)	공망 인묘(寅卯)
갑인순중(甲寅旬中)	공망 자축(子丑)

▣ 연습 8

	공망 술해(戌亥)
갑술순중(甲戌旬中)	공망 신유(申酉)
갑신순중(甲申旬中)	
	공망 진사(辰巳)
갑진순중(甲辰旬中)	
	공망 자축(子丑)

제5장.

사주

제5장. 四柱

1. 사주(四柱)란

　네 개의 기둥이다. 사람의 생년월일시를 네 개의 기둥으로 풀어 인생 항로를 예측하는 방식이 명리학이다. 미래를 예측하므로 '미래예측학'이라 부른다. 이 중 판별해야 하는 네 개의 기둥이 있어 사주라고 한다.

　사람이라는 존재를 하나의 집으로 비유하고 생년, 생월, 생일, 생시에 천간과 지지를 배열하여 네 개의 기둥이라고 본다. 각각의 기둥은 각각의 천간과 지지의 간지 두 글자씩을 배치하여 만드니 사주, 두 개의 글자로 이루어진 기둥이 4개이니 팔자이다.

　네 개의 기둥에 여덟 개의 글자로 이루어져 사주팔자라고 하는데 이 여덟 개의 글자를 풀어 사람의 타고난 운명을 파악하니 사주팔자라는 말은 운명학의 이름처럼 여겨진다. 이와 같은 이유로 사주팔자라는 말은 통상 운명이나 숙명의 뜻으로 쓰이기도 한다. "아이고 내 팔자야!" 이런 식이다.

　사주는 하늘과 땅을 의미하는 간지로 나타낸다. 간(干)은 하늘의 기운을 나타내는데 10가지이므로 십간이라 하고, 사주의 윗 글자에 쓰이면서 하늘의 지위를 차지하므로 천간(天干)이라고도 한다. 이와 비교해서 밑에 쓰이는 글자는 지(支)라 한다.

지는 12가지이므로 달리 십이지, 혹은 천간의 아래에 쓰이므로 땅을 의미한다고 해서 지지(地支)라고도 한다.

이 천간 10자와 지지 12자를 이용하여 사주를 세운다. 사주를 세우는 데는 정해진 법식이 있어 년주, 월주, 일주, 시주를 세운다. 그러나 현재는 [만세력(萬歲曆)]이 있어 이 책을 이용하여 법식을 세운다. 심지어 컴퓨터를 이용해 법식을 세울 수 있도록 컴퓨터 만세력이나 전화기에서도 살필 수 있는 앱이 만들어져 있다.

기본적으로 사주를 세울 때 참고하여 사주를 뽑을 때 사용하는 것은 [만세력]이다. 만세력은 적어도 100년에 걸쳐 태세(太歲), 월건(月建), 일진(日辰)이 육갑으로 적혀 있어 찾아보기에 편리하다.

2. 사주 세우기

1) 년주(年柱) 세우기

일반적으로 만세력에서 자기가 태어난 해를 찾는다. 그러나 주의할 것이 있다. 역술(易術)에서는 구정(舊正)을 새해의 시작으로 보거나 양력의 1월 1일을 새로운 해의 시작으로 보지 않는다. 만세력을 기초로 하고 살펴보면 명리학에서는 입춘(立春)을 기점으로 새해가 시작된다. 음력 1월 1일을 생각하는 사람이 있을 수 있으나 명리학에서는 아무런 의미가 없다. 따라서 명리학에서 사용하는 기준은 절기력(節氣曆)이다.

아무리 새해라 해도 양력 1월 1일이나 구정을 세워 음력 1월 1일이 지나도 아직 명리학의 새해는 밝지 않은 경우가 많다. 즉 새해에 들어 입춘 전이면 지난 해의 태세로 연주(年柱)를 삼는다. 즉, 대략 입춘은 구정 전후에 자리하는 경우가 많은데 입춘이 지나지 않으면 전 해로, 입춘이 지나면 새해의 간지로 년주를 세우는 것이다.

간혹 양력으로 생년월일을 적용해야 하는지, 혹은 음력으로 생년월일시를 말해야 하는지 망설이거나 고민하는 사람이 있다. 그러나 어떤 방식을 사용하여도 명리학에서는 관계 없다. 명리학은 절기력을 기준으로 하고 양력과 음력을 모두 사용하는 태음태양력(太陰太陽曆)을 사용하기 때문이다.

2) 월주 세우기

연도가 바뀌었더라도 입춘이 지나지 않았으면 묵은해의 태세로 년주를 세우듯 입춘이 들어 있는 달은 입춘을 기준으로 이전은 전 달로, 절기 이후는 새로운 달로 월주를 세운다. 절기를 기준으로 하는 것이다. 월주(月柱)는 인월(寅月, 1월)부터 지지 차례대로 축월(丑月, 12월)까지의 해당 월의 지지의 법식에 따라 천간을 붙인다.

특기할 것은 새로운 달의 기준이다. 달은 그 달의 1일 기준이 아니라, 그 절기(節氣)의 시작을 기준으로 한다. 즉 절기 이전은 전 달로 절기 이후는 새로운 달로 월주를 세운다.

따라서 1월생이라고 반드시 인월이 되는 것이 아니다. 일반적으로 24절기라고 하는데 이 중 달이 바뀌는데 관여하는 절기는 12절기이다.

절기 월년	입춘	경칩	청명	입하	망종	소서	입추	백로	한로	입동	대설	소한
	1월	2월	3월	4월	5월	6월	7월	8월	9월	10월	11월	12월
甲己	丙寅	丁卯	戊辰	己巳	庚午	辛未	壬申	癸酉	甲戌	乙亥	丙子	丁丑
乙庚	戊寅	己卯	庚辰	辛巳	壬午	癸未	甲申	乙酉	丙戌	丁亥	戊子	己丑
丙申	庚寅	辛卯	壬辰	癸巳	甲午	乙未	丙申	丁酉	戊戌	己亥	庚子	辛丑
丁壬	壬寅	癸卯	甲辰	乙巳	丙午	丁未	戊申	己酉	庚戌	辛亥	壬子	癸丑
戊癸	甲寅	乙卯	丙辰	丁巳	戊午	己未	庚申	辛酉	壬戌	癸亥	甲子	乙丑

입춘 (立春)	입춘은 대한(大寒)과 우수(雨水) 사이에 있는 음력(陰曆) 정월(正月) 절기로 양력으로는 2월 4일경이다. 입춘 전날은 절분(節分)으로 불리며 철의 마지막이라는 의미로 '해넘이'라고도 불리면서 이날 밤 콩을 방이나 문에 뿌려 마귀를 쫓고 새해를 맞이한다. 특히 입춘날에는 "입춘대길(立春大吉)" 등의 입춘방(立春榜)을 문에 붙이고, 입춘절식(立春節食)이라 해서 고유의 절기 때 먹는 음식인 절식(節食)으로 입춘날에 먹는 햇나물 무침이 있다. 입춘 기간에는 동풍(東風)이 불어 언 땅이 녹고, 동면(冬眠) 벌레가 움직이기 시작하며, 어류(魚類)가 얼음 밑을 다닌다고 한다.
우수 (雨水)	우수는 입춘(立春)과 경칩(驚蟄) 사이에 있는 음력 정월 중기(中氣)로 양력(陽曆)으로는 2월 19일경이다. 봄을 알리는 단비가 내려 대지를 적시고 겨우내 얼었던 대지가 녹아 물이 많아진다는 의미로 우수(雨水)라고 한다. 우수 경칩에 대동강(大同江) 물이 풀린다 라는 옛말이 전해온다.
경칩 (驚蟄)	경칩은 우수(雨水)와 춘분(春分) 사이에 있는 음력(陰曆) 2월 절기(節氣)로 양력으로는 3월 6일경이다. 이 무렵은 날씨가 따뜻해져 초목(草木)의 싹이 돋고 동면(冬眠)하던 동물이 깨어 꿈틀 대기 시작한다는 의미에서 명칭이 정해졌다. 이 때의 풍속(風俗)에는 개구리 정충(精蟲)이 몸을 보(保)한다고 해서 개구리 알을 잡아먹고, 흙일을 하면 탈이 없다 해서 담을 쌓거나 벽을 바르는 일을 하고, 이 날 보리 싹의 성장상태로 보리 농사의 풍흉(風凶)을 점쳤다고 한다.
춘분 (春分)	춘분은 경칩(驚蟄)과 청명(淸明) 사이에 있는 음력 2월 중기(中氣)로 밤과 낮의 길이가 같아지며 양력으로는 3월 21일경이다. 춘분 기간에는 제비가 날아오고, 우레소리가 들리며, 그 해 처음으로 번개가 친다고 한다.

청명 (淸明)	청명은 춘분(春分)과 곡우(穀雨) 사이에 있는 음력 3월 절기로 양력으로는 4월 5일경 이다. 날씨를 이야기할 때 '청명하다'는 말을 사용하는 것에서 알 수 있듯이 맑고 깨끗 한 기후의 시기다. 보통 중국 제(齊)나라의 개자추(介子推)라는 인물에서 유래된 한식 (寒食)날이 이 날을 전후해서 있어 "한식에 죽으나 청명에 죽으나" 라는 속담도 있다.
곡우 (穀雨)	곡우는 청명(淸明)과 입하(立夏) 사이에 있는 음력 3월 중기(中氣)로 양력으로는 4월 20일 경이다. 의미는 봄비가 내려 백곡(百穀)이 윤택해진다는 것이고 농가에서는 못자 리를 마련하고 한 해 농사의 준비가 시작된다.
입하 (立夏)	입하는 곡우(穀雨)와 소만(小滿) 사이에 있는 음력 4월 절기(節氣)로 양력으로는 5월 6일경이다. 곡우(穀雨) 후 15일이다. 여름에 들어섰다고 하여 입하라 한다. 옛날 중국 에서는 입하 15일간을 5일씩 3후(候)로 세분하여, ① 청개구리가 울고, ② 지렁이가 땅에서 나오며, ③ 왕과(王瓜:쥐참외)가 나온다고 하였다. 음력에서는 보통 4, 5, 6월 의 석달을 여름이라고 하지만 이것은 너무 엉성한 구분이고, 엄격히 입하 이후 입추 전날까지를 여름이라고 규정 짓는다.
소만 (小滿)	소만은 입하(立夏)와 망종(芒種) 사이에 있는 음력 4월 중기(中氣)로 양력으로는 5월 21일이다. 의미는 만물(萬物)이 점차 생장하여 가득찬다는 뜻으로 날씨가 여름에 들 어서 모내기가 시작되고 보리 수확(收穫)을 하기 시작한다. 소만 기간에는 씀바귀가 뻗어 나오고, 냉이가 누렇게 죽어가며 보리가 익는다고 한다.
망종 (芒種)	망종은 소만(小滿)과 하지(夏至) 사이에 있는 음력(陰曆) 5월 절기(節氣)로 양력으로는 6월 6일경이다. 의미는 까끄라기 종자를 뿌려야 직당한 시기라는 뜻이고 모내기나 보리 베기가 완성되는 시기다. 망종 기간에는 까마귀가 나타나고, 왜가리가 울기 시작 하며, 지빠귀가 울음을 멈춘다고 한다.
하지 (夏至)	하지는 망종(芒種)과 소서(小暑)사이에 있는 음력 5월 중기(中氣)로 양력으로는 6월 22일경이다. 이 날은 낮의 길이가 1년 중 가장 긴 날이 되는데, 이는 지구 표면이 받 는 열량(熱量)이 가장 많아진다는 것으로 이 열량이 계속 쌓여 하지(夏至) 이후에 더 욱 더워져 삼복(三伏) 시기에 가장 덥게 된다.
소서 (小暑)	소서는 하지(夏至)와 대서(大暑) 사이에 있는 음력 6월 절기(節氣)로 양력으로는 7월 7일경이다. 날씨는 더위와 함께 장마전선의 정체로 습도가 높아 장마철이 시작된다.
대서 (大暑)	대서는 소서(小暑)와 입추(立秋) 사이에 있는 음력 6월 중기(中氣)로 양력으로는 7월 23일경이다. 대개 중복(中伏) 시기와 비슷해서 폭염의 더위가 심한 시기이면서도 장마 로 인해 많은 비를 내리기도 한다.
입추 (立秋)	입추는 대서(大暑)와 처서(處暑) 사이에 있는 음력(陰曆) 7월 절기(節氣)로 양력(陽曆) 으로는 8월 8일경이다. 입추 기간에는 서늘한 바람이 불어오고, 이슬이 진하게 내리 며, 귀뚜라미가 운다.
처서 (處暑)	처서는 입추(立秋)와 백로(白露) 사이에 있는 음력 7월 중기(中氣)로 양력으로는 8월 23일경이다. 의미는 더위가 물러간다는 뜻이다. 처서 기간에는 매가 새를 잡아 늘어 놓고, 천지가 쓸쓸해지며, 논 벼가 익는다고 한다.
백로 (白露)	백로는 처서(處暑)와 추분(秋分) 사이에 있는 음력 8월 절기(節氣)로 양으로는 9월 8 일경이다. 이 시기에는 밤에 기온이 내려가 대기 중의 수증기가 엉겨 이슬이 되어 풀 잎에 맺힌다. 백로 기간에는 기러기가 날아오고, 제비가 돌아가며, 뭇 새들이 먹이를 저장한다.
추분 (秋分)	추분은 백로(白露)와 한로(寒露) 사이에 있는 음력 8월 중기(中氣)로 춘분과 함께 밤 낮의 길이가 같고 양력으로는 9월 23일경이다. 이 시기는 추수가 시작되고 백곡(百 穀)이 풍성한 때이다. 추분 기간에는 우레 소리가 그치고, 동면할 벌레가 구멍 창을 막고, 땅 위의 물이 마르기 시작한다고 한다.
한로 (寒露)	한로는 추분(秋分)과 상강(霜降) 사이에 있는 음력 9월 절기(節氣)로 양력으로는 10월 9일경이다. 이슬이 찬 공기를 만나 서리가 되며, 단풍이 짙어지고 여름새와 겨울새의 교체 시기에 해당하며 오곡백과(五穀百果)를 수확한다. 한로 기간에는 기러기가 모여 들고, 참새가 줄어들고 조개가 나돌며, 국화꽃이 노랗게 피어난다고 한다.

상강 (霜降)	상강은 한로(寒露)와 입동(立冬) 사이에 있는 음력 9월 중기(中氣)로 양력으로는 10월 24일경이다. 이 시기에는 맑은 날씨가 계속되며 밤에는 기온이 매우 낮아져 수증기가 지표에 엉겨 서리가 내린다. 상강 기간에는 승냥이가 산짐승을 잡고, 초목이 누렇게 변하고, 동면 하는 벌레가 모두 땅 속으로 숨는다고 한다.
입동 (立冬)	입동은 상강(霜降)과 소설(小雪) 사이에 있는 음력 10월 절기(節氣)로 양력으로는 11월 8일경이다. 입동 기간에는 물이 비로소 얼고, 땅이 처음 얼며, 꿩은 드물고 조개가 잡힌다고 한다.
소설 (小雪)	소설은 입동(立冬)과 대설(大雪) 사이에 있는 음력 10월 중기(中氣)로 양력으로는 11월 23일경이다. 이 시기는 첫 겨울의 증후가 보여 눈이 내린다는 의미를 지니고 있다.
대설 (大雪)	대설은 소설(小雪)과 동지(冬至) 사이에 있는 음력 11월 절기(節氣)로 양력으로는 12월 7일경이다. 눈이 많이 내리는 시기라는 의미이지만 실제 추위의 계절은 동지(冬至) 를 지나서부터다.
동지 (冬至)	동지는 대설(大雪)과 소한(小寒) 사이에 있는 음력 11월 중기(中氣)로 양력으로는 12월 22일경이다. 동지는 24절기 중에 직접적인 풍습이 가장 많이 있는 기간이다. 민간 에서도 동지절식(冬至節食)을 먹었는데, 붉은 팥으로 죽을 쑤어 그 속에 찹쌀로 옹심 이 또는 새알심이라는 단자(團子)를 만들어 넣어 먹고 또 역귀(疫鬼)를 쫓는다는 의미 로 팥죽 국물을 벽이나 문에 뿌렸다.
소한 (小寒)	소한은 동지(冬至)와 대한(大寒) 사이에 있는 음력 12월 절기(節氣)로 양력으로는 1월 6일경이다. 대한이 더 춥다는 의미지만 우리 나라는 소한 때가 더 추워 " 대한이 소한 집에 놀러 갔다가 얼어 죽었다."는 옛말이 생겨났다.
대한 (大寒)	대한은 소한(小寒)과 입춘(立春) 사이에 있는 음력 12월 중기(中氣)로 양력으로는 1월 21일경이다. 겨울 추위의 매듭을 짓는다는 의미의 대한(大寒)이지만 실제는 소한(小 寒) 때가 더 춥다.

3) 일주 세우기

일주(日柱)는 따로 세우는 방법이 있으나 편리하게 [만세력]을 참조하여 일진을 그대로 쓴다. 일주는 연도나 절기와 는 무관한 고유 일진을 가지고 있기 때문이다. 즉 태세를 계 산하고 일주를 계산하는 방법이 있으나 [만세력]을 사용하 는 방법이 효율적이고 사용이 편하다는 것이다. 물론 일주 를 세우는 방법을 참고로 알아두면 도움이 된다.

4) 시주 세우기

시주(時柱)는 하루를 12시각으로 쪼갠 자시(子時)에서 지 지 순으로 해시(亥時)까지 해당시의 지지의 법식에 따라 천간을 붙인다. 특히 자시는 조자시와 야자시로 나눈다.

시 \ 일	子	丑	寅	卯	辰	巳	午	未	申	酉	戌	亥
甲己	甲子	乙丑	丙寅	丁卯	戊辰	己巳	庚午	辛未	壬申	癸酉	甲戌	乙亥
乙庚	丙子	丁丑	戊寅	己卯	庚辰	辛巳	壬午	癸未	甲申	乙酉	丙戌	丁亥
丙申	戊子	乙丑	丙寅	辛卯	壬辰	癸巳	甲午	乙未	丙申	丁酉	戊戌	己亥
丁壬	庚子	辛丑	壬寅	癸卯	甲辰	乙巳	丙午	丁未	戊申	己酉	庚戌	辛亥
戊癸	壬子	癸丑	甲寅	乙卯	丙辰	丁巳	戊午	己未	庚申	辛酉	壬戌	癸亥

▣ 연습 1

절기 / 년 월	입춘 1월	경칩 2월	청명 3월	입하 4월	망종 5월	소서 6월	입추 7월	백로 8월	한로 9월	입동 10월	대설 11월	소한 12월
甲己						辛未						
乙庚						癸未						
丙申						乙未						
丁壬						丁未						
戊癸						己未						

▣ 연습 2

절기 / 년 월	입춘 1월	경칩 2월	청명 3월	입하 4월	망종 5월	소서 6월	입추 7월	백로 8월	한로 9월	입동 10월	대설 11월	소한 12월
甲己			戊辰						甲戌			
乙庚			庚辰						丙戌			
丙申			壬辰						戊戌			
丁壬			甲辰						庚戌			
戊癸			丙辰						壬戌			

■ 연습 3

절기 / 월 / 년	입춘 1월	경칩 2월	청명 3월	입하 4월	망종 5월	소서 6월	입추 7월	백로 8월	한로 9월	입동 10월	대설 11월	소한 12월
甲己	丙寅	丁卯		己巳	庚午	辛未	壬申	癸酉	甲戌		丙子	
乙庚		己卯	庚辰	辛巳	壬午		甲申		丙戌	丁亥	戊子	己丑
丙申		辛卯	壬辰		甲午	乙未		丁酉	戊戌			辛丑
丁壬	壬寅		甲辰	乙巳	丙午	丁未	戊申		庚戌	辛亥	壬子	
戊癸	甲寅	乙卯	丙辰	丁巳	戊午	己未		辛酉	壬戌		甲子	乙丑

■ 연습 4

절기 / 월 / 년	입춘 1월	경칩 2월	청명 3월	입하 4월	망종 5월	소서 6월	입추 7월	백로 8월	한로 9월	입동 10월	대설 11월	소한 12월
甲己	丙寅	丁卯	戊辰	己巳	庚午	辛未	壬申		甲戌	乙亥	丙子	丁丑
乙庚		己卯	庚辰	辛巳	壬午	癸未		乙酉		丁亥	戊子	己丑
丙申	庚寅		壬辰	癸巳	甲午		丙申	丁酉	戊戌		庚子	辛丑
丁壬	壬寅	癸卯		乙巳		丁未	戊申	己酉	庚戌	辛亥	壬子	癸丑
戊癸	甲寅	乙卯	丙辰		戊午	己未	庚申	辛酉	壬戌	癸亥	甲子	乙丑

■ 연습 5

절기	입춘	경칩		입하	망종	소서		백로			대설	소한
월 / 년	1월	2월	3월	4월	5월	6월	7월	8월	9월	10월	11월	12월
甲己	丙寅	丁卯	戊辰	己巳	庚午	辛未	壬申	癸酉	甲戌	乙亥	丙子	丁丑
乙庚												
丙申	庚寅	辛卯	壬辰	癸巳	甲午	乙未	丙申	丁酉	戊戌	己亥	庚子	辛丑
丁壬	壬寅	癸卯	甲辰	乙巳	丙午	丁未	戊申	己酉	庚戌	辛亥	壬子	癸丑
戊癸	甲寅	乙卯	丙辰	丁巳	戊午	己未	庚申	辛酉	壬戌	癸亥	甲子	乙丑

■ 연습 6

시 / 일	子	丑	寅	卯	辰	巳	午	未	申	酉	戌	亥
甲己	甲子	乙丑	丙寅	丁卯	戊辰	己巳	庚午	辛未	壬申			
乙庚			戊寅	己卯	庚辰					乙酉	丙戌	丁亥
丙申	戊子			辛卯	壬辰	癸巳		乙未	丙申	丁酉	戊戌	
丁壬	庚子	辛丑	壬寅			乙巳	丙午			己酉		辛亥
戊癸	壬子	癸丑	甲寅	乙卯	丙辰	丁巳	戊午	己未	庚申	辛酉	壬戌	癸亥

■ 연습 7

시\일	子	丑	寅	卯	辰	巳	午	未	申	酉	戌	亥
甲己			丙寅	丁卯	戊辰	己巳			壬申	癸酉	甲戌	乙亥
乙庚	丙子			己卯	庚辰		壬午		甲申	乙酉		丁亥
丙申	戊子	乙丑	丙寅		壬辰	癸巳	甲午	乙未		丁酉		己亥
丁壬	庚子	辛丑	壬寅			乙巳	丙午	丁未		己酉	庚戌	
戊癸	壬子	癸丑	甲寅	乙卯		丁巳	戊午	己未	庚申		壬戌	癸亥

■ 연습 8

시\일	子	丑	寅	卯	辰	巳	午	未	申	酉	戌	亥
甲己		乙丑	丙寅	丁卯	戊辰		庚午	辛未		癸酉	甲戌	乙亥
乙庚		丁丑		己卯	庚辰		壬午	癸未		乙酉	丙戌	
丙申	戊子	乙丑		辛卯	壬辰	癸巳		乙未	丙申		戊戌	
丁壬	庚子	辛丑	壬寅	癸卯		乙巳			戊申		庚戌	辛亥
戊癸	壬子	癸丑	甲寅	乙卯		丁巳	戊午		庚申	辛酉		癸亥

◼ 연습 9

시\일	子	丑	寅	卯	辰	巳	午	未	申	酉	戌	亥
甲己	甲子	乙丑	丙寅	丁卯	戊辰		庚午		壬申	癸酉	甲戌	乙亥
乙庚			戊寅	己卯	庚辰	辛巳	壬	癸未	甲申	乙酉	丙戌	
丙申	戊子	乙丑			壬辰	癸巳	甲午	乙未	丙申			己亥
丁壬	庚子	辛丑	壬寅	癸卯			丙午	丁未			庚戌	辛亥
戊癸	壬子	癸丑	甲寅	乙卯	丙辰	丁巳			庚申	辛酉	壬戌	癸亥

◼ 연습 10

시\일	子	丑	寅	卯	辰	巳	午	未	申	酉	戌	亥
甲己	甲子	乙丑		丁卯	戊辰	己巳	庚午	辛未		癸酉	甲戌	乙亥
乙庚	丙子		戊寅		庚辰	辛巳	壬午		甲申		丙戌	丁亥
丙申		乙丑	丙寅	辛卯		癸巳		乙未	丙申	丁酉		己亥
丁壬	庚子	辛丑	壬寅	癸卯	甲辰		丙午	丁未	戊申	己酉	庚戌	
戊癸	壬子	癸丑	甲寅	乙卯	丙辰	丁巳	戊午	己未	庚申	辛酉	壬戌	癸亥

제6장.
지장간

제6장. 支藏干

1. 지장간이란?

　지장간(支藏干)이란 달리 암장(暗藏)이라고도 하는데 사주에서 각각의 지지 속에 감춰진 천간을 말한다. 즉 사주를 펼쳐 보면 각각의 기둥이 4개이므로 4개의 지지가 있다. 이 지지 속에는 2개이거나 3개의 천간이 숨어 있다. 이 숨어 있는 천간을 지장간, 혹은 암장이라고 한다. 지지 속에 숨어 있는 천간은 오행이 같거나 다르고 또 음양이 다르기 때문에 역할이 달라지고 대입이 달라지기 때문에 매우 중요하다.

　사주는 눈에 보이는 것과 보이지 않는 것으로 이루어져 있다. 이는 각각 천간, 지지, 지장간이다. 지장간은 숨겨져 있어 겉으로 드러나는 것이 아니다. 남자와 여자가 만나면 음양의 조화로 자식이 태어나듯 사주팔자를 구성하는 8개의 글자에서도 조화가 일어난다. 천간과 지지도 합하면 지지가 임신을 한 결과로 지장간을 잉태하게 된다. 따라서 지장간이란 천간의 씨앗이다.

　천간은 하늘이다. 지지는 땅이다. 천간 지지는 드러나는 것으로 파악이 가능하다. 그러나 땅 속은 파보기 전에 무엇이 들었는지 알 수 없다. 지장간은 그와 같은 것이다. 지장간은 지지 속에 감춰져 있는 힘으로 다양한 변화를 일으키는 원동력이다. 지지 속에 감춰진 지장간은 년, 월, 일, 시에 각각 숨어 시시각각으로 변하는 오행의 기운에 영향을 받아 운명으로 나타나게 된다.

2. 지장간의 구분

사람은 태어나는 연월일시에 따라 천간 오행의 기와 지
장간 오행의 기가 달라진다. 천간의 오행은 보이기 때문에
알 수 있으나 지장간의 오행은 눈에 보이지 않는다. 따라서
지장간을 찾아 초기(初期)에 태어난 사람인가? 혹은 중기
(中期)에 태어난 사람인가? 마지막으로 정기(正期)에 태어
난 사람인가를 찾아야 한다.

지장간의 적용은 여러 가지가 있으나 실제로 적용해 보
면 정기를 적용하는 경우가 많고, 많은 학자들이나 역술인
들도 정기를 대입하는 경우가 대부분이다. 그러나 필요에
따라서는 정기가 아니라 다른 초기와 중기를 적용해야 하
는 경우도 적지 않다. 따라서 사주의 적용에서 지장간을 활
용하여 적응해야 올바른 해석이 가능해진다.

지장간이란 땅 속에 숨어서 그 쓰임이 드러나지 않는다
는 의미이다. 이를 나중에 설명되는 육친(六親)의 의미로
쓰고자 한다면 잠재적인 능력이나 앞으로의 계획 정도로
볼 수 있을 것이다. 천간과 같이 쓸 수 있다면 지장간과 천
간을 구분해야 할 이유가 없을 것이다. 지장간이란 숨어 있
다는 의미이다. 살아감에 있어 드러나는 것보다 드러나지
않는 것이 더 많듯 지장간 역시 마찬가지로 드러나지 않는
부분을 보여주는 것이라 하겠다. 보이는 것과 보이지 않는

것이 구분되는 것이니 음양이 존재하는 것이라 하겠다.

구분	子	丑	寅	卯	辰	巳	午	未	申	酉	戌	亥
여기	壬(10)	癸(9)	戊(7)	甲(10)	乙(9)	戊(7)	丙(10)	丁(9)	戊(7)	庚(10)	辛(9)	戊(7)
중기		辛(3)	丙(7)		癸(3)	庚(7)	己(9)	乙(3)	壬(7)		丁(3)	甲(7)
정기	癸 20	己 18	甲 16	乙 20	戊 18	丙 16	丁 11	己 18	庚 16	辛 20	戊 18	壬 16

1) 초기(初期)

명리학은 절기력을 적용한다. 절기의 시작으로 새로운 달이 시작됨을 입절(立節)이라 한다. 절기는 24개이지만 이 중 12개의 정기만이 이 절기력에 해당한다.

새로운 절기, 즉 입절 후 중기의 시작 직전까지 주인이 되는 기운으로 이 기간 중에 태어난 사람을 초기생(初期生)이라고 한다. 그 초기를 달리 여기(餘氣)라고 부른다. 일반적으로 지장간에는 2자, 3자가 암장되어 있는데 가장 먼저 오는 글자이다.

2) 중기(中氣)

여기와 다음에 오는 정기의 중간에 자리하는 중간 기운으로 이 시기에 태어나는 사람을 중기생(中氣生)이라 한다. 중기는 지지가 삼합하는 제왕성인 자오묘유(子午卯酉)의 천간과 오행을 사용한다. 일반적으로 중기가 가장 짧다.

3) 정기(正氣)

중기 이후 새로운 입절이 오기 전까지의 기간에 해당한다. 일반적으로 초기, 중기, 정기 중 정기가 가장 길다. 정기생은 그 달의 표면적으로 나타나는 기운이다. 그 달 말까지 주인이 되는 기운으로 이 기간 중에 태어나면 정기생(正氣生)이라 한다. 일반적으로 지장간이 들어 있는 지지를 고지(庫支)라고 불리는데 고지의 의미를 가지고 있는 것이 정기이다.

4) 생지의 지장간

모든 사물, 모든 존재물은 태어나고 자라고 죽는 과정을 겪는다. 지지의 12자는 봄, 여름, 가을, 겨울의 네 가지 절기를 의미한다. 절기에 들어감에 반드시 시작과 왕성함과 저물어감이 있으니 이를 각각 생지(生支), 왕지(旺支), 고지(庫支)라 부른다.

즉 생지는 절기에 들어가는 시작이며, 왕지는 가장 왕성한 시기이다. 아울러 고지(庫支)는 달리 멸지(滅支)라고도 불리며 계절이 저물어가는 시기이다. 각 지지는 30일로 나누어지며 생지는 7, 7, 16일로 나누어지며 왕지는 10, 20일로 나뉘며 멸지(고지)는 9, 3, 18일로 나누어진다.

인신사해는 각 계절의 시작이다. 새로운 시작점이기 때문에 탄생의 의미인 생지라 한다. 그런데 시작점인 인신사해의 전 절기의 마지막 점인 고지의 지지가 토이기 때문에 토가 지닌 오행을 이어 생지의 모든 시작인 지지의 지장간 시작은 토의 오행을 지닌다.

계절	봄	여름	가을	겨울
생지	寅	巳	申	亥
여기(초기)	戊(己)	戊	戊(己)	戊
중기(중기)	丙	庚	壬	甲
말기(말기)	甲	丙	庚	壬

5) 왕지의 지장간

왕지는 가장 왕성한 기운을 지닌다. 가장 왕성해서 왕성할 왕자를 사용하고 계절의 중간인 자오묘유(子午卯酉)가 있다. 자오묘유는 가장 왕성한 계절의 기능과 개성을 나타낸다. 또한 오행의 기능을 가장 왕성하게 나타난다.

계절	봄	여름	가을	겨울
생지	子	午	卯	酉
여기(초기)	甲	丙	庚	壬
중기(중기)	戊, 己	己	戊, 己	戊, 己
정기(말기)	乙	丁	辛	癸

6) 고지(庫支)의 지장간

흔히 고지라는 말은 창고를 의미한다. 고지는 창고에 쌓는다는 의미이니 멸지(滅支)이고 마무리를 의미한다.

계절	봄	여름	가을	겨울
생지	辰	未	戌	丑
여기(초기)	乙	丁	辛	癸
중기(중기)	癸	乙	丁	辛
말기(말기)	戊	己	戊	己

7) 지장간 외우기

지장간은 헷갈리기가 쉬워서 외우기가 여간 힘이 들지

않는다. 그래서 여러 가지 문장으로 이루어진 방법이 나타났는데 이 중 한 가지를 소개한다.

子-제子야! 壬 癸시냐?
丑-丑시에 癸辛己요.
寅-寅간은 戊丙 장수하여 환甲을 바란단다.
卯-卯한 것은 환甲乙 안 쉬더라구요.
辰-辰실한 사랑乙 癸획한다면 戊조건 사랑하지 말아라.
巳-巳실 戊시하면 庚을 치고 丙날텐데요.
午-午마담이 丙이 난 것은 己丁이 때문이라더라.
未-未련스럽게 丁乙주었는 己요?
申-申발 벗고 戊壬 승차하면 庚찰 부른다더라.
酉-酉식한 척하더니… 庚찰한테 辛고했대요?
戌-戌은 辛丁때 마셔야 戊척 좋다더라.
亥-亥시에는 戊리하게 甲판 위에 올라가서 壬떠올리지마세요.

▣ 연습 1

인(寅)- ( ), ( ), ( )　　인(寅)- ( ), ( ), ( )
묘(卯)- ( )　　　　( )　　묘(卯)- ( )　　　　( )
진(辰)- ( ), ( ), ( )　　진(辰)- ( ), ( ), ( )
사(巳)- ( ), ( ), ( )　　사(巳)- ( ), ( ), ( )
오(午)- ( ), ( ), ( )　　오(午)- ( ), ( ), ( )
미(未)- ( ), ( ), ( )　　미(未)- ( ), ( ), ( )
신(申)- ( ), ( ), ( )　　신(申)- ( ), ( ), ( )
유(酉)- ( )　　　　( )　　유(酉)- ( )　　　　( )
술(戌)- ( ), ( ), ( )　　술(戌)- ( ), ( ), ( )
해(亥)- ( ), ( ), ( )　　해(亥)- ( ), ( ), ( )
자(子)- ( )　　　　( )　　자(子)- ( )　　　　( )
축(丑)- ( ), ( ), ( )　　축(丑)- ( ), ( ), ( )

▣ 연습 2

인(寅)- ( ), ( ), ( )　　인(寅)- ( ), ( ), ( )
묘(卯)- ( )　　　　( )　　묘(卯)- ( )　　　　( )
진(辰)- ( ), ( ), ( )　　진(辰)- ( ), ( ), ( )
사(巳)- ( ), ( ), ( )　　사(巳)- ( ), ( ), ( )
오(午)- ( ), ( ), ( )　　오(午)- ( ), ( ), ( )
미(未)- ( ), ( ), ( )　　미(未)- ( ), ( ), ( )
신(申)- ( ), ( ), ( )　　신(申)- ( ), ( ), ( )
유(酉)- ( )　　　　( )　　유(酉)- ( )　　　　( )
술(戌)- ( ), ( ), ( )　　술(戌)- ( ), ( ), ( )

해(亥)- ( ), ( ), ( )   해(亥)- ( ), ( ), ( )
자(子)- ( )   ( )   자(子)- ( )   ( )
축(丑)- ( ), ( ), ( )   축(丑)- ( ), ( ), ( )

■ 연습 3
子-제( )야! ( ) ( )시냐?
丑-( )시에 ( ) ( ) ( )요.
寅-( )간은 ( ) ( ) 장수하여 환( ) ( )을 바란단다.
卯-( )한 것은 환( ) ( ) 안 쇠더라구요.
辰-( )한 사랑( ) ( )획 한다면 ( )조건 사랑하지 말아라.
巳-( )실 ( )시하면 ( )을 치고 ( )날텐데요.
午-( )마담이 ( )이 난 것은 ( ) ( )이 때문이라더라.
未-( )런스럽게 ( ) ( )주었는 ( )요?
申-( )발 벗고 ( ) ( ) 승차하면 ( )찰 부른다더라.
酉-( )식한 척하더니… ( )찰한테 ( )고했대요?
戌-( )은 ( ) ( )때 마셔야 ( )척 좋다더라.
亥-( )시에는 ( )리하게 ( )판위에 올라가서 ( )떠올리지
마세요

■ 연습 4

子-제( )야! ( ) ( )시냐?

丑-( )시에 ( ) ( ) ( )요.

寅-( )간은 ( ) ( ) 장수하여 환( ) ( )을 바란단다.

卯-( )한 것은 환( ) ( ) 안 쇠더라구요.

辰-( )한 사랑( ) ( )획 한다면 ( )조건 사랑하지 말아라.

巳-( )실 ( )시하면 ( )을 치고 ( )날텐데요.

午-( )마담이 ( )이 난 것은 ( ) ( )이 때문이라더라.

未-( )련스럽게 ( ) ( )주었는 ( )요?

申-( )발 벗고 ( ) ( ) 승차하면 ( )찰 부른다더라.

酉-( )식한 척하더니… ( )찰한테 ( )고했대요?

戌-( )은 ( ) ( )때 마셔야 ( )척 좋다더라.

亥-( )시에는 ( )리하게 ( )판위에 올라가서 ( )떠올리지
마세요.

제7장.

합충형파해

제7장. 合沖刑破害

1. 합(合)

합이란 더해지는 것이다. 여러 사람이 마음을 모은 것이다. 여럿이 모이면 혼자 있을 때보다 힘이 강해지는 것이다. 사주도 사람의 모임과 다르지 않다. 사람마다 차이가 있지만 사주 내에서 각각의 간지가 지니는 힘이 다르다. 이 간지가 합해져 강해지거나 다른 성질로 변하는 것이 합이다. 때로는 그 성질이 변하여 흉성(凶星)이 길성(吉星)으로 변하는 경우가 있고, 길성이 흉성으로 변하기도 한다.

1) 천간합(天干合)

(1) 간합(干合)

간합이란 음과 양의 성질을 지닌 천간이 합하는 것이며 달리 화상(化象)이라고 하며 변화한 오행을 화기오행(化氣五行)이라 한다. 간합의 이치는 양간(陽干)과 음간(陰干)이 합해지는 것이니 남녀가 사랑하는 것과 같은 이치다. 반드시 양간과 음간이 합을 한다. 음간끼리 합하거나 양간끼리 합하는 일은 어떤 경우도 일어나지 않는다. 두 개의 천간이 만나 성질이 변하니 자식을 낳는 것과 같다.

천간합은 5가지가 있다. 모든 간합은 공히 양일생의 일간이 간합하는 오행은 정재(正財)이고 음일생의 일간이 간합하는 오행은 정관(正官)이 된다.

십 간	갑기 (甲+己)	을경 (乙+庚)	병신 (丙+辛)	정임 (丁+壬)	무계 (戊+癸)
화기오행 (변화)	토(土)	금(金)	수(水)	목(木)	화(火)

오행	화 오행 (化五行)	의미
토	갑기합토(甲己合土)	중정지합(中正之合)
금	을경합금(乙庚合金)	인의지합(仁義之合)
수	병신합수(丙申合水)	위엄지합(威嚴之合)
목	정임합목(丁壬合水)	인수지합(仁壽之合)
화	무계합화(戊癸合火)	무정지합(無情之合)

* 합의 의미에서 각각 다른 이름으로 불리는 경우도 있다.

☯ 갑기간합(甲己干合)은 토(土)로 화(化)하고 중정지합(中正之合)이라 한다. 사물에 역하지 않고 마음이 넓다는 뜻이다. 도량이 넓고 자기분수를 지키며 다투지 않는다. 사주원국에 화(火)가 있고 격의 구성이 좋으면 출중하다.

인묘월생(寅卯月生)은 간계에 능하고, 성공이 어렵다. 갑기합(甲己合)이 이루어지고 지지에 형이 있으면 팔이나 어깨, 다리에 질병이 있다.

갑일생(甲日生)이 기(己)와 합하면 신의는 있으나 지혜가 부족하고, 기일생(己日生)이 갑(甲)이 있어 합이 되면 신의가 없는데, 이 경우 목소리가 탁하고 코가 낮으며 십중팔구는 이복형제가 있다.

☯ 을경간합(乙庚干合)은 금(金)으로 화하고 인의지합(仁義之合)이라한다. 강건, 과감, 용기를 뜻한다. 다소 지나치지만 인의가 두텁다. 그러나 원국에 편관이나 사(死) 또

는 절(絶)과 같이 있으면 용감하지만 천하다.

출생월이 사고(四庫)가 되면 가문이 번영하고 화국(火局)을 이루면 분주하기는 해도 의식주 문제는 곤궁하다.

을일생(乙日生)이 경과 합되면 예의라고는 없으며 결단력 부족이다. 경일생(庚日生)이 을과 합되면 의로운 척하지만 자비심이라고는 없으며 치아가 튼튼하다. 을경합(乙庚合)을 이루었는데 지지에 금의 기운이 왕성하면 남자는 인격을 갖추고 권위가 있으며 여자는 미인축에 든다.

☯ 병신간합(丙辛干合)은 수(水)로 화하고 위세지합(威勢之合)이라 한다. 칠살을 띠는 것을 좋아하며 편협, 색정을 뜻한다. 위세가 당당하고 편굴하지만 변덕이 죽끓듯하고 잔인하기 그지 없으며 색의 욕구도 강하다. 사주원국에 편관이 있으면 좋지만 신(辛)과 토(土)가 겹쳐 있으면 빈천하다.

병일생(丙日生)이 신(辛)과 합되면 지혜는 뛰어나나 예의가 없고 사기와 모략에 뛰어나니 모사꾼이다.

신일생(辛日生)이 병(丙)과 합되면 체격도 작은데 야망과 포부도 없다. 병신합(丙申合)을 이룬 사주에 갑진(甲辰)이 있으면 그지 없다. 금(金)이 왕하면 행복하다. 진술축미생(辰戌丑未生)은 고심이 넘쳐 괴롭고 토(土)가 있으면 빈천하기 그지 없다.

☯ 정임간합(丁壬干合)은 목(木)으로 화하고 음익지합(淫匿之合)이라 한다. 분위기에 잘 휩쓸리고 색욕을 좋아한다. 색정이 강하고 천박한 합이다. 원국에 편관이나 도화살이 있으면 색정으로 가정을 깨기 쉽고 여자는 결혼을 늦게

하거나 나이가 많은 남자에게 시집가거나 음란의 극치다.

정임합(丁壬合)이 이루어지면 전반이 좋고 후반은 나쁘다. 또 전반이 나쁘면 후반은 좋다. 월지(月支)에 인묘(寅卯)가 있으면 발달을 알 수 있다. 정임합을 이루었는데 목욕이 있다면 첩에게서 난 사생아이고, 여자는 사생아를 낳거나 남편의 외도가 심하다.

☯ 무계간합(戊癸干合)은 화(火)로 화하고 무정지합(無情之合)이라 한다. 정임간합(丁壬干合)과 유사하여 색욕에 물들기 쉽다. 남자는 독신을 고집하는 경우가 있고 여자는 미남자와 인연이 많다. 월지(月支)가 화국(火局)을 이루면 매우 귀한 원국이고 사주원국에 목(木)이 있으면 의식주가 풍부하니 행복할 수밖에. 사주원국에 수(水)의 성분이 많으면 서로 극하고 결국 인재패가 된다.

무계합이 되면 남녀 모두 늙은 사람과 결혼하는 경우가 많고 화가 왕성하며 인(寅)이나 묘(卯)가 있으면 행복하다. 그러나 수(水)가 많으면 역시 좋지 않다. 무일생(戊日生)이 계(癸)와 합되면 다정해 보이는 얼굴에 정이 없는 철면피이고 얼굴이 붉으면 총명하다. 계일생(癸日生)이 무(戊)와 합되면 지능은 낮으면서도 질투는 심하며 시작은 좋으니 끝이 없는 용두사미이다.

☯ 천간합에는 일간에 연결된 간합과 일간에 연결되지 않는 간끼리 간합하는 2종류가 있는데 일간에 연결된 간합은 남녀 공히 양일생은 정재와 간합하고 음일생은 정관과 간합한다. 또한 월간과 일간, 시간과 일간이 간합하는 2 가

지가 있다.

간합은 타인과의 제휴, 합동, 합병을 뜻한다. 따라서 남자는 외교적, 사교적으로 되는 것은 사업 운영이나 처세상 꼭 필요한 것이 되고 여자는 능숙한 사교 수단이 너무 발전하다 보면 품행에 과오를 범하기 쉽다. 일단 간합에 의한 성질의 판정은 대인 관계가 원만하고 상냥한 것으로 본다.

(2) 쟁합(爭合)과 투합(妬合)

쟁합이란 부부의 도를 지키지 않고 어지럽히는 것을 뜻한다. 천간이 어지러운데 이는 천간에 합의 관계에 있어 음이 2개이고 양이 하나로 합해지거나 양이 2개이고 음이 하나인 상태로 2:1로 합해지는 경우이다. 즉 일음이양(一陰二陽)을 쟁합(爭合)이라 하고 일양이음(一陽二陰)을 투합(妬合)이라 한다.

예를 들어 남자의 사주에서 천간의 일간이 병(丙)이라 하고 다른 천간에 또 다른 병(丙)이 있는데 또 다른 천간이 합을 하는 신(辛)이라면 두 개의 병이 하나의 신과 합하려 하니 두 개의 양이 하나의 음과 합하는 것으로 쟁합이다.

예를 들어 여자의 사주에서 일주가 정(丁)인데 좌우로 합을 하는 임(壬)이 있다면 이는 하나의 음이 두 개의 양과 각각 결합하려는 성질을 가지니 투합이다. 투합이 이루어지면 여자는 두 명의 남편을 맞이하게 되거나 두 명의 남자와 교제한다.

(3) 기타

지장간의 간이 천간과 합하는 암합과 자화간합 등이 있

으나 많이 사용하지 않는다.

(4) 십신(十神)으로 보는 간합

십신은 이후 나오는 것으로 사주를 파악할 때 반드시 그 재료로 삼는 것이다. 이 십신은 각각의 성질과 가족의 구성을 보여주는데 이 십신이 어떤 상태로 합해지는가에 따라 풀이가 달라진다.

식신(食神)이 간합하면 의식주가 궁하다.

재성(財星)이 간합하면 금전이 궁하다.

관성(官星)이 간합하면 명예가 뜬구름과 같다.

겁재(劫財)가 간합하면 재물을 빼앗기지 않는다.

상관(傷官)이 간합하면 명예를 파하지 않는다.

편관(偏官)이 간합하면 나를 공격하는 일이 없다.

2) 지지합

지지합은 이름 그대로 지지자의 합이다. 단순하게 두자가 합해지는 경우도 있고 3글자가 합해지는 경우도 있다. 지지합도 천간합과 같이 합해지면 성질이 변하는 것이 있고 변하지 않는 것도 있다.

(1) 지합(地合)

달리 육합(六合)이라고 한다. 2개의 글자가 합해지는 것이다. 지합이 되면 강해지는 특징을 지니는데 충(沖), 파(破), 공망(空亡) 등을 해소시키는 역할을 한다. 여러 가지의 지지합에서 가장 약한 결속력을 가진다.

천간이 음과 양으로 천간합을 이루듯이 지지도 음과 양

으로 합을 이룬다. 이것을 지합, 덕합, 여섯 번째 합한다 하여 육합이라고 한다. 지합은 하늘과 땅 사이에 생기는 자연적 변화와 현상을 설명한 것이다.

지지합(육합)	변화된 오행
子(水) + 丑(土) 합	土
寅(木) + 亥(水) 합	木
卯(木) + 戌(土) 합	火
辰(土) + 酉(金) 합	金
巳(火) + 申(金) 합	水
午(火) + 未(土) 합	無

☯ 생물과 봄은 미(未)의 상징으로 자축합토(子丑合土)지구요.

☯ 인해합(寅亥合)은 자연 현상이 목이다.

☯ 목이 성장하면 꽃이 피고 묘술합화(卯戌合火) 하여 여름이 온다.

☯ 진유(辰酉)가 합하여 금이 된다. 열매를 맺으면 다음 동절은 숙면 한다.

☯ 사신합(巳申合)하여 수(水)가 된다.

☯ 오미(午未)는 해와 달의 하늘을 상징하니 오행으로 변하지 않는다.

(2) 지지삼합(地支三合)

삼합(三合), 삼합회국(三合會局)이라고 부른다. 12지지의 지지에서 장생, 제왕, 묘에 해당하는 각기 다른 오행 3자가 동시에 합체하여 다른 중앙에 자리한 하나의 오행의 성질

을 지니며 강력하게 되고 목(木), 화(火), 금(金), 수(水)의 4
오행으로 변화하는 것이다.

지지와 천간의 합을 이루는 현상 중에서 가장 강한 합이
되며 지합처럼 형충파해를 파훼시키거나 공망을 파훼, 혹은
억제시키는 역할을 한다. 억제는 물론이고 가장 강하다. 지
지의 세 글자가 모여져 합을 이루는데 삼합의 중앙에 해당
하는 자가 가지는 오행으로 변화한다.

해묘미(亥卯未)는 삼합하여 목국(木局)이 되어 을(乙)로
변화하고, 인오술(寅午戌)은 삼합하여 화국(火局)이 되고
병(丙)으로 변화하며, 사유축(巳酉丑)은 삼합하여 금국(金
局)이 되고 신(辛)으로 변화하고, 신자진(申子辰)은 삼합하
여 수국(水局)이 되고, 임(壬)으로 변화한다.

장생 제왕 묘 (長生 帝旺 墓)	변화오행 (變化五行)	변화십간 (變化十干)
해(亥) 묘(卯) 미(未)	목국(木局)	을(乙) - 陰木
인(寅) 오(午) 술(戌)	화국(火局)	병(丙) - 陽火
사(巳) 유(酉) 축(丑)	금국(金局)	신(辛) - 陰金
신(申) 자(子) 진(辰)	수국(水局)	임(壬) - 陽水

(3) 반합(半合)

반회(半會), 조회(朝會)라고도 부른다. 삼합을 이룰 때,
삼합은 3개의 지지가 합쳐지지만 반합은 2개만 합쳐지는
경우이다. 이 때 반드시 삼합 중 가운데에 해당하는 지(支)
가 있어야 성립된다. 즉 자오묘유(子午卯酉)가 반드시 들어
야 반합이다.

반합이라는 것은 일반적으로 방합(方合) 또는 삼합(三合)
에서 한 개의 글자가 없는 경우를 말하는데 방합에서는 인

정하지 않는 경우도 적지 않다. 그러나 실제 추명의 현장에서 반합으로 인해 적용되어 나타나는 현상은 거의 없다고 본다. 단 반합이 이루어져 있는 상태에서 대운이나 해운에서 다른 한 지지가 도움을 주어 삼합이 이루어지면 비로소 힘을 발휘하는 경우의 수가 많다.

지금까지 사용하는 일반적인 이론에 따르면 '반합은 세 개의 글자 중에 왕지(旺支)가 들어 있어야 성립이 된다.' 또는 '글자가 떨어져 있어도 성립이 된다.'와 같은 여러 가지 설이 있는 것도 사실이나 실제 사주에서 변화는 지극히 미미하다.

☯ 신자진(申,子,辰)을 이루는 삼합에서 각기 신자(申,子)만으로 이루어지거나 자진(子,辰)만으로 이루어지면 반합이다. 그러나 왕지인 자(子)가 빠진 신진(申,辰)은 반합이 될 수 없다.

☯ 사유축(巳,酉,丑)을 이루는 삼합에서 각기 사유(巳,酉)만으로 이루어지거나 유축(酉,丑)만으로 이루어지면 반합이다. 그러나 왕지인 유(酉)자가 빠진 사축(巳,丑)은 반합이 될 수 없다.

☯ 인오술(寅,午,戌)을 이루는 삼합에서 각기 인오(寅,午)만으로 이루어지거나 오술(午,戌)만으로 이루어지면 반합이다. 그러나 왕지인 오(午)자가 빠진 인술(寅,戌)은 반합이 될 수 없다.

이와 같은 지지의 구성으로 반합이 되었거나 왕지가 빠진 상태여서 반합을 이루지 못한 상태이지만 행운에서 그

빠진 자를 만나 삼합을 이루면 그 기간 동안은 강력한 힘을 발휘하게 되며 왕기의 지지가 가지는 오행으로 합일된다. 아울러 반합도 지합이나 삼합처럼 형충파해와 공망을 해소한다.

(4) 방합(方合)

방합은 한 방위를 지칭하는 지지 3자가 모인 것이다. 즉 동서남북을 지칭하는 지지가 모인 것인데 지지삼합(地支三合) 보다는 약하다. 달리 계절합(季節合)이라고도 한다. 결국 동서남북을 차지한 3지(支)가 모여 방향(方向)의 합을 이루는 것이다

사주의 지지에 방합의 형태가 배열되어 있으면 오행의 기세가 강하다. 그 기세가 삼합에는 미치지 못한다. 방합의 구성에는 지지의 순서가 반드시 차례대로 병렬할 필요는 없다. 간혹 월지에 자오묘유(子午卯酉)가 모두 있는 경우가 있다. 방합을 이루려면 왕지인 자오묘유가 반드시 있어야 한다.

방합은 일행기득격(一行氣得格)에 속하는 것과 내격(內格)에서 단순히 지지가 방합하고 있어서 사주에 영향을 주는 오행이 강할 수 있다. 역시 삼합처럼 원국에 2개의 글자가 있다고 행운에 다른 나머지 한자를 이루면 그 이루어진 기간 동안 힘을 발휘한다.

동방합	남방합	서방합	북방합
인묘진(寅卯辰)	사오미(巳午未)	신유술(申酉戌)	해자축(亥子丑)

☯ 인묘진(寅卯辰)의 3지(支)가 완전하면 동방목합(東方木合)이다.

☯ 사오미(巳午未)의 3지(支)가 완전하면 남방화합(南方火合)이다.

☯ 신유술(申酉戌)의 3지(支)가 완전하면 서방금합(西方金合)이다.

☯ 해자축(亥子丑)의 3지(支)가 완전하면 북방수합(北方水合)이다.

2. 충(沖)

역학의 기초 이론에 따르면 합과 충, 형, 파, 해가 있으며 이 중에서 가장 작용력이 강한 것은 합(合)과 충(沖)이다. 일반적으로 천간이든 지지이든 합은 만남, 결합, 화합, 기쁨이라는 다양한 의미를 지니고 있는 것과 비교하여 충은 매우 불안전한 측면의 의미를 가지고 있다. 즉 이별, 충돌, 다툼, 슬픔과 같은 의미를 가지며 대인 관계에 막대한 영향을 미친다.

충에는 천간충(天干沖)과 지지충(地支沖)이 있다. 특히 태어난 날의 천간(日干)은 자기 자신을 의미하므로 매우 중요하다. 일간이 천간합이 되거나 천간충이 될 때 가장 강하게 작용한다. 무엇보다 앞서 천간충을 살펴야 한다. 지지의 경우에도 다른 지지보다 일지의 충이 가장 강하게 작용한다. 그와 더불어 다른 천간과 지지의 충도 역시 영향력이 있다.

1) 간충(干沖)

천간충을 말한다. 사주원국에서 항상 일간을 중심으로 판단하되 전체 기운의 상관관계와 흐름을 파악하여야 한다. 천간충이 일어나면 마찰, 충돌, 변동 상황이 발생한다.

干沖	沖의 결과
甲 + 庚 - 沖	가족 우환, 직업 변동
乙 + 辛 - 沖	가정 불화, 문서 분실
丙 + 壬 - 沖	비밀 폭로, 금전 손해
丁 + 癸 - 沖	관재 구설, 손재, 재판
戊 + 甲 - 沖	관재 구설, 다툼, 재판
己 + 乙 - 沖	매사 불성, 관재
戊 + 己 - 沖	작용 없음

2) 지지충

지지충(地支沖)은 글자 그대로 지지(地支)에서 이루어지는 충(沖)이다. 각각의 지지(地支)는 해당 지지(地支)로부터 일곱 번째 지지(地支)와 충(沖)한다. 이러한 지지충(地支沖)에는 묘유충(卯酉沖), 자오충(子午沖), 인신충(寅申沖), 사해충(巳亥沖), 진술충(辰戌沖), 축미충(丑未沖) 등 여섯 개의 충(沖)이 있다.

지지충(地支沖)은 천간충(天干沖) 보다 영향력이 크며, 작용력이 빠르게 나타난다. 지지(地支)와 대운(大運), 연운

(年運)이 충(沖)을 하면 육친(六親)의 변화가 우선하여 나타나고, 그 다음으로 건강이나 심리특성에 작용한다. 지지충도 작용력이 다른데 묘유충(卯酉沖)이 가장 강력한 힘을 발휘하고, 자오충(子午沖)→인신충(寅申沖)→사해충(巳亥沖)→진술충(辰戌沖)→축미충(丑未沖) 순으로 작용한다. 묘유충(卯酉沖)은 큰 사건과 사고가 날 확률이 크고 진술충(辰戌沖)과 축미충(丑未沖)은 지장간(地藏干)이 투간되면서 육친(六親)에 영향을 미친다.

卯酉	辰戌	丑未	巳亥	寅申	子午

地支沖	沖의 결과
子 + 午 - 沖	관재 구설, 손재
丑 + 未 - 沖	매사 불성, 손재
寅 + 辛 - 沖	애정 풍파, 사고
卯 + 酉 - 沖	문서 변화, 인재
辰 + 戌 - 沖	독수 공방, 관재
巳 + 亥 - 沖	심신 곤액, 인해

☯ 子午 沖 : 쥐가 말을 놀라게 하니, 이리저리 타향을 전전한다.

☯ 丑未 沖 : 소의 뿔과 양의 뿔이 부딪치니, 잦은 싸움이 있다.

☯ 寅申 沖 : 언행이 가벼워 항상, 구설수가 있다(교통 사고 조심).

☯ 卯酉 沖 : 자신의 육친(근친)이 자주 아프다.

☯ 辰戌 沖 : 뜻하지 않은 일로 막힘이 많다.

☯ 巳亥 沖 : 사소한 일에 걱정과 근심이 많다.

3. 형(刑)

형(刑)은 삼합과 방합의 상호작용에서 나타나는데 극렬하다. 합의 동적 자극에 더욱 자극이 가해져 더욱 흉의(凶意)나 화란(禍亂)을 가져온다.

형은 지지의 미약한 기운이 현저하게 변하여 강한 세력으로 변하고 성패에 직접적인 영향을 미친다. 팔자나 행운에서 형(刑)하거나 충(沖)된 글자를 다시 형하거나 충하면 신상의 부정적인 결과를 가져온다.

형은 상형(相刑), 삼형(三刑), 자형(自刑) 등이 있다. 형은 충(沖)보다 약하지만 사주에 충이 없고 합만 있을 때에는 형이 충과 똑같은 작용을 한다. 특히 인사신(寅巳申) 삼형(三刑)은 놀랍도록 강한 작용을 한다.

1) 상형(相刑), 서로 형한다.

자묘형(子卯刑), 자유형(子酉刑), 자미형(子未刑), 술미형(戌未刑), 축술형(丑戌刑)이 있다.

子卯	子酉	子未	戌未	丑戌

2) 일방형, 일방적으로 당한다.

인(寅) ▷ 사(巳)형 : 날렵하고 치명타를 입힌다.
축(丑) ▷ 술(戌)형 : 둔하지만 치명타를 입힌다.

寅巳	丑戌

3) 삼형(三刑), 삼형살이라고도 한다.

인사신(寅巳申):영악하고 날카롭고 치명적이다.

축술미(丑戌未):둔하고 동작은 느리나 치명적이다.

☯ 일주가 강한데 사주가 좋으며 삼형이 있으면 권력을 쥔다(정치가, 군인, 군인, 검찰 등으로 출세한다).

☯ 일주가 강하고 사주가 나쁘며 삼형이 있으면 깡패 두목이나 건달이 된다.

☯ 일주가 약하고 사주가 좋지만 삼형이 있으면 출세는 하나 사고나 병으로 단명한다.

☯ 일주가 약한데 사주도 나쁘며 삼형이 있으면 병을 앓고 평생 되는 일이 없어 거지가 되고 행려병으로 사망하거나 단명한다.

寅巳申	丑戌未

4) 자형(自刑), 서로 좋지 않다.

오오(午午), 진진(辰辰), 유유(酉酉), 술술(戌戌), 축축(丑丑), 미미(未未), 해해(亥亥)의 7가지이다.

午午	辰辰	酉酉	戌戌	丑丑	未未	亥亥

4. 파(破)

파(破)는 깨트린다는 의미를 가지고 있다. 파는 상호의 부딪침이 아니라 삼자가 분열시키는 것이다. 따라서 내 의

지가 아니라 누군가에 의한 것이다. 또한 파에 의해 깨어지는 지지(地支)의 조합은 충(沖)이다. 운세를 파악함에 있어 용신(用神)이나 희신(喜神)의 뿌리(根)로 작용하는 지지(地支)가 충(沖)이 되어 운세가 피폐해지는 원국이 배열되어 있는 경우라면 충의 구성을 와해시키는 파가 작용하면 반전을 기대할 수 있으며 양화(良化)가 악화(惡化)가 되어버리는 반대의 경우도 있다. 형과 충, 그리고 합의 작용에 비해 파와 해는 작용력이 미약하다고 하지만 무시할 수는 없다. 파는 "子酉, 丑辰, 寅亥, 午卯, 巳申, 戌未"의 육종(六種)으로 육파(六破)가 된다. 지지파는 10번째와 파가 된다.

| 子酉 | 丑辰 | 寅亥 | 午卯 | 巳申 | 戌未 |

地支破	破의 결과
子 + 酉 - 破	불화
丑 + 辰 - 破	관재구설
寅 + 亥 - 破	용두사미
卯 + 午 - 破	매사 불성
巳 + 申 - 破	손재
戌 + 未 - 破	시비

5. 해(害)

해(害)는 육합(六合)의 구성을 방해한다. 각 지지의 개별 작용이 합이 되어 작용이 해이해지게 되는 상황을 반전시킨다. 즉 부정이면 긍정으로, 긍정이면 부정으로 반전시킨다. 해의 작용은 그다지 크지 않은데 직접적인 작용력이 아니라 작용력을 도와주는 것이라 생각하면 된다. 해는 "子未, 丑午, 寅巳, 卯辰, 酉戌, 申亥"의 여섯 가지가 된다.

子未	丑午	寅巳	卯辰	酉戌	申亥

6. 원진(元嗔)

원진(元嗔)은 형충파해와 다르지만 때로 신살 뿐 아니라 형충파해와 같은 범주에서 해석하는 경우가 있다. 원진이란 충(沖)되는 지지 전후에 해당되는데, 양지(陽支)는 충이 되는 지지 다음 자가 원진이 되고, 음지(陰支)는 충되는 지지의 앞 글자가 원진이다. 따라서 자미(子未), 축오(丑午), 인유(寅酉), 묘신(卯申), 진해(辰亥), 사술(巳戌)이 상호 원진 역할을 한다.

원진살은 남녀의 궁합(宮合)을 볼 때, 띠를 비교하여 평가하는 예가 가장 많은데, 실질적으로는 일지 원진의 영향력이 생년보다 더욱 크다. 원진의 작용은 해(害)와 비슷하여, 서로 마주보고 만나기를 싫어하며 증오하고 혐오하거나, 대인 관계에 상호 불신과 시기, 질투, 원망, 권태로움이 혼합되어 서로를 밀어내는 형국으로 종래는 고독, 별거, 이별, 이혼으로 연결되는데, 헤어지면 다시 그리워져 보고 싶어하는 상대이다.

子未	丑午	寅酉	卯申	辰亥	巳戌

7. 합합형충파해, 원진 조견표

일지＼지	子	丑	寅	卯	辰	巳	午	未	申	酉	戌	亥
子		합		형	삼합		충	해원진	삼합	파		
丑	합				파	삼합	해원진	충형		삼합	형	
寅						형해	삼합		충형	원진	삼합	합파
卯	형				해		파	삼합	원진	충	합	삼합
辰	삼합	파		해	자형				삼합	합	충	원진
巳		삼합	형해						합파	삼합	원진	충
午	충	충원진	삼합	파			자형	합			삼합	
未	해원진	충형		삼합			합				파형	삼합
申	삼합		충형	원진	삼합	합파						해
酉	파	삼합	원진	충	합	삼합				자형	해	
戌		형	삼합	합	충	원진	삼합	파형		해		
亥			합파	삼합	원진	충		삼합	해			자형

■ 연습 1

십 간	갑기 (甲+己)	을경 (乙+庚)	병신 (丙+辛)	정임 (丁+壬)	무계 (戊+癸)
화기오행 (변화)					

■ 연습 2

십 간					
화기오행 (변화)	토(土)	금(金)	수(水)	목(木)	화(火)

■ 연습 3

십 간		을경 (乙+庚)		정임 (丁+壬)	
화기오행 (변화)	토(土)		수(水)		화(火)

■ 연습 4

십 간	갑기 (甲+己)		병신 (丙+辛)		무계 (戊+癸)
화기오행 (변화)		금(金)		목(木)	

■ 연습 5

십 간					
화기오행 (변화)					

▣ 연습 6

지지합(육합)	변화된 오행
子(水) + 丑(土) 합	
寅(木) + 亥(水) 합	
卯(木) + 戌(土) 합	
辰(土) + 酉(金) 합	
巳(火) + 申(金) 합	
午(火) + 未(土) 합	

▣ 연습 7

지지합(육합)	변화된 오행
	土
	木
	火
	金
	水
	無

▣ 연습 8

지지합(육합)	변화된 오행
子(水) + 丑(土) 합	土
	木
卯(木) + 戌(土) 합	
辰(土) + 酉(金) 합	金
巳(火) + 申(金) 합	
	無

▣ 연습 9

장생 제왕 묘 (長生 帝旺 墓)	변화오행 (變化五行)	변화십간 (變化十干)
해(亥) 묘(卯) 미(未)		을(乙) – 陰木
인(寅) 오(午) 술(戌)		병(丙) – 陽火
사(巳) 유(酉) 축(丑)		신(辛) – 陰金
신(申) 자(子) 진(辰)		임(壬) – 陽水

▣ 연습 10

장생 제왕 묘 (長生 帝旺 墓)	변화오행 (變化五行)	변화십간 (變化十干)
해(亥) 묘(卯) 미(未)	목국(木局)	
인(寅) 오(午) 술(戌)	화국(火局)	
사(巳) 유(酉) 축(丑)	금국(金局)	
신(申) 자(子) 진(辰)	수국(水局)	

▣ 연습 11

장생 제왕 묘 (長生 帝旺 墓)	변화오행 (變化五行)	변화십간 (變化十干)
	목국(木局)	을(乙) – 陰木
	화국(火局)	병(丙) – 陽火
	금국(金局)	신(辛) – 陰金
	수국(水局)	임(壬) – 陽水

▣ 연습 12

동방합	남방합	서방합	북방합

▣ 연습 13

인묘진(寅卯辰)	사오미(巳午未)	신유술(申酉戌)	해자축(亥子丑)

◼ 연습 14

동방합		서방합	
	사오미(巳午未)		해자축(亥子丑)

◼ 연습 15

子卯	子酉	子未	戌未	丑戌

◼ 연습 16

地支冲					

◼ 연습 17

相刑					

◼ 연습 18

일방형		

◼ 연습 19

三刑		

◼ 연습 20

自刑						

◼ 연습 21

破					

◼ 연습 22

害					

◼ 연습 23

元嗔					

제8장.

십이운성

제8장. 十二運星

1. 십이운성이란?

12운성이란 단순히 명리학에서만 사용하는 것은 아니고 풍수지리를 포함하여 다양한 동양철학에 사용된다. 12운성이란 장생(長生), 목욕(沐浴), 관대(冠帶), 건록(建祿), 제왕(帝旺), 쇠(衰), 병(病), 사(死), 묘(墓), 절(絶), 태(胎), 양(養)의 12신을 말하는 것인데, 십간의 오행을 12지에 대비하여 왕성함과 약함을 측정할 때 쓰이는 이름이다.

이 모든 것이 사람의 생로병사(生老病死)에 대입되어 있음이다. 따라서 잉태되고, 태어나고, 자라고, 성장하며, 혼인하고, 이름을 얻고, 죽음에 이르는 법칙을 적용하고 있다.

십이운성법이란 천간이 지지와 결합하여 음양을 이루어 살다 죽게 되는 이치를 파악하여 12개로 나눈 것으로 인간의 생로병사(生老病死)에 관련된 이름을 붙였다. 나고 자라며 이름을 얻고, 늙고 죽으며 묘를 쓰는 이치가 모두 이곳에 있다. 이와 같이 인간이 태어나고 죽는 과정을 사주팔자에 비교분석하는 것이다.

2. 십이운성 조견표

조견표를 보고 각 지지의 십이운성을 다는 것은 일간(日

干)을 기준으로 한다. 일간을 살피고 그 줄에 있는 12지지를 사주 4개의 기둥 아래 지지에 붙이면 된다.

일간	甲	乙	丙	丁	戊	己	庚	辛	壬	癸
장생	亥	午	寅	酉	寅	酉	巳	子	申	卯
목욕	子	巳	卯	申	卯	申	午	亥	酉	寅
관대	丑	辰	辰	未	辰	未	未	戌	戌	丑
건록	寅	卯	巳	午	巳	午	申	酉	亥	子
제왕	卯	寅	午	巳	午	巳	酉	申	子	亥
쇠	辰	丑	未	辰	未	辰	戌	未	丑	戌
병	巳	子	申	卯	申	卯	亥	午	寅	酉
사	午	亥	酉	寅	酉	寅	子	巳	卯	申
묘	未	戌	戌	丑	戌	丑	丑	辰	辰	未
절	申	酉	亥	子	亥	子	寅	卯	巳	午
태	酉	申	子	亥	子	亥	卯	寅	午	巳
양	戌	未	丑	戌	丑	戌	辰	丑	未	辰

3. 12운성 해설

1) 장생(長生)

깨끗한 심성으로 세상에 태어나서 처음 울음을 터트리는 시기와 같다. 출생, 태어남을 의미한다. 점차 발전한다. 성장한다. 진취적이라는 의미를 지닌다.

☯ 년장생(年長生)

선조가 가문을 빛낸 명문가로 복록이 증진되어 말년이 되면 비로소 복록이 무궁하다. 그러나 형충파해가 되거나 장생이 공망에 해당하면 복록이 감소하거나 파훼된다.

☯ 월장생(月長生)

부모형제가 두루두루 인덕이 무궁하고 성공하여 칭송을 받고 윗사람을 잘 모시니 인정을 받는다.

☯ 일장생(日長生)

복록이 넘친다. 현명하고 정숙한 아내를 얻어 행복하고 금슬이 좋다. 장자가 아니라도 물려받을 유산이 있고 혜택을 받으며 행복하게 장수한다. 언행의 주의가 따라 온순하며 부모형제와 화목을 유지한다. 타인과도 친하게 지내니 칭송이 있다. 그러나 모든 사람이 이와 같은 것은 아니어서 일장생에 들었다 해도 남녀 모두 무인생(戊寅生)과 정유생(丁酉生)은 삶이 박복하여 의미가 없고 병인일생(丙寅日生)과 임인일생(壬寅日生) 여자는 남편복이 없으니 장생이 의미가 없다.

☯ 시장생(時長生)

장생은 복록의 별이다. 귀한 자식을 두니 행복하고 명예롭다. 자녀들이 효도하니 자식을 키운 보람이 있다. 말년에 발복하여 더욱 행복을 누리니 삶의 의미가 새록새록하다

2) 목욕(沐浴)

목욕은 갓 출생한 아기를 깨끗이 씻는다는 뜻이다. 아이는 태어나 목욕을 하기 마련이다. 이 목욕은 일명 욕살(浴殺), 또는 패살(敗殺)이라고 한다. 목욕을 하는 것은 단순히 씻는다는 의미만을 지니는 것은 아니어서 허례허식을 선호

한다. 호색(好色)하다. 다성다패(多成多敗)한다.

☯ 년목욕(年沐浴)

집안이 기운 이유를 알겠다. 윗대의 어른들이 주색 방탕하였다. 그 결과로 빈한한 가정을 이었고 파가한 가문이 적지 않았다. 부부는 결혼하여도 젊은 시절에 이별수가 많으니 어이할까! 인수가 목욕이면 어머니가 풍류를 즐기고 창피가 있다. 사람들 앞에서 옷을 벗고 목욕하는 꼴이다. 여자의 사주에 정편관이 목욕으로 자리하고 년주에 자리하면 화류계 인생이고 기생으로 살거나 첩이 된다. 혹 바람둥이에게 시집가거나 음탕하여 남자를 바꾼다.

☯ 월목욕(月沐浴)

끈기가 없으므로 모든 일이 용두사미로 끝난다. 일을 추진함에 지속력이 떨어진다. 꿈만 원대하다. 어머니는 재가하고, 아버지는 여자를 들여 이복형제가 있다. 혼인을 하여 자식을 낳으면 장자를 잃는다. 남자 형제는 주색에 미치고 아버지는 호색하니 집안이 바람 잘 날 없다. 배우자와는 생사이별할 수 있으니 애석하다.

☯ 일목욕(日沐浴)

사교적인 성격이다. 여자는 이 성격이 지나치게 음한 모습으로 보일 수 있다. 부모덕이 없으니 천덕꾸러기로 어려서부터 고생이 있다. 부모와 어려서 생사이별하고 타향살이를 하니 늘 한숨이다. 갑자일생(甲子日生)과 신해일생(辛亥日生)이 목욕에 이르면 고집이 쇠뿔고집이라 참지 못하고, 부부 이별의 운을 자초한다. 을사일생(乙巳日生)의 일목욕에 해당하는 남자는 덕망을 지니고 존경을 받기는 하지만 금전의 노예가 되어 치부에 매달리니 불구가 된다. 주색에 미치고 정신을 쏟으니 풍파를 헤치고 나가기 어렵겠다.

◑ 시목욕(時沐浴)

자나 깨나 자식 문제로 속을 썩히고 근심이 멈추는 날이 없다. 말년을 고독하게 지내니 이보다 슬플 수 없다. 처자가 무정하고 처궁에 변화가 있으니 어찌 편한 날이 있으랴. 자식이 바람을 피우니 이 또한 근심이다.

3) 관대(冠帶)

관대의 뜻은 성장 과정이 끝나고 청년기(靑年期)에 접어들 시기가 되며 허리에 띠를 두른다는 의미를 지닌다. 힘을 지닌다. 진출의 의미를 지닌다. 실리를 추구하고 명예를 얻는다.

◑ 년관대(年冠帶)

가문은 타고 난 것이니 복록이다. 가문이 훌륭하고 좋아 유복하고 유산을 물려받으니 식복이 풍후하고 일찍 출세한다. 그러나 중년에 부부 인연이 바뀔 악운이 이어지고 노년에 재혼의 수도 존재한다.

◑ 월관대(月冠帶)

성격이 드러난다. 고집과 집념이 강하여 출세와 명예에 모든 것을 걸었다. 출세를 위해 물불을 가리지 않으니 때로 악연이 이어진다. 사회적으로 출세하지만 가정적으로 불화가 끊이지 않는다. 다만 40이 넘은 후에야 안정을 찾고 복을 누린다.

☯ 일관대(日冠帶)

형제간에 우애가 새록새록 피어난다. 준재로서 공명을 얻으니 명예는 유지하지만 애정에는 순탄치 못하다. 주소변동이 잦으니 마음이 안정되지 못한다. 자식이 총명하고 효도를 하니 말년의 복은 모두 자식으로 시작된다. 임술일생(壬戌日生)과 계축일생(癸丑日生) 여자는 굽히지 않는 고집으로 이혼하고 남편을 바꾸기도 한다. 여자라면 의상디자이너가 좋은 직업이다.

☯ 시관대(時冠帶)

자식이 영달하고 발복을 하여 명성을 얻으니 말년에 그 덕을 받는다. 재능이 뛰어나고 인망을 얻으나 노년에 재혼의 수가 있다.

4) 건록(乾祿)

건록은 부모의 품을 떠나 객지에서 자립하여 가정을 이루고 독립하는 시기이다. 건록이란 성혼(成婚)한다는 의미도 지닌다. 드디어 성인이 되었음을 의미하는 것이기도 하다. 명예를 얻거나 추구하고 승진하며 독립의 시기가 왔다.

☯ 년건록(年建祿)

건록은 명예이고 성장이며 관직이다. 년건록은 윗대의 번성함을 보여주는 것이다. 부친이 자수성가하여 이룬 사람이다. 좋은 가정에 태어나 초년부터 순탄한 가정을 유지하니 말년까지 행복하여라.

☯ 월건록(月建祿)

자립심이 강하고 고집이 세다. 자존심도 남에게 뒤지지
않는다. 형제들이 자수성가한다. 여자에게는 그다지 좋은
배치가 아니다. 여자는 사회 활동을 하여 가정 경제를 책임
지는 경우가 왕왕 있다. 맞벌이를 하는 경우가 적지 않다.
부모가 크게 성공하니 유산이 따를 수 있고 그렇지 않더라
도 중년에 발전한다.

☯ 일건록(日建祿)

녹립심이 강하다. 사상도 건전하여 성공가도를 달린다.
그러나 애정 문제는 애로가 적지 않다. 남자는 장남이나 차
남이나 삼남이라도 장남 역할을 하여야 한다. 여자는 남편
이 첩을 두거나 혼자되기 쉬워 생활 전선에서 고생한다. 남
자에게 재물이 있으면 여자가 흉하게 되고 재물이 없어야
아내가 장수를 하니 참으로 안타까운 일이다.

☯ 시건록(時建祿)

자식이 입신하여 출세하고 명망을 얻으니 사는 맛이 난
다. 말년이 이토록 행복하다는 말을 할 것이다.

5) 제왕(帝旺)

제왕은 원기가 왕성한 40대(代) 장년기에 해당한다. 인생
의 역정을 딛고 삶의 진정한 맛을 느끼는 시기이다. 제왕의
시기가 가장 화려한 시기이다. 절정에 다다랐다. 유아독존

격이다.

☯ 년제왕(年帝旺)

제왕은 왕성한 운을 보여주는 잣대가 된다. 선조는 고관
으로 학문이 있거나 출세 길을 내달렸을 것이다. 때로는 부
자로 좋은 환경이었다. 본인은 마음이 후덕하고 곳간이 쌓
여 자비심이 있으니 자신감이 넘친다.

☯ 월제왕(月帝旺)

강한 운이다. 고집이 강하고 수완도 좋으니 누구보다 빨
리 앞서 달린다. 자연히 선두주자의 자리에 올라설 수 있다.
성격이 장중하니 물러섬이 없고 엄격하여 남의 밑에 있기
어렵다. 자연 독불장군의 성격이 나타나고 조직에서도 앞서
나가야 직성이 풀린다. 강직한 성격으로 부모형제와의 인연
도 약하다.

☯ 일제왕(日帝旺)

부모와 인연이 약하여 고향을 떠난다. 배우자와의 인연도
약하니 이리저리 떠돌 수 있다. 타향에 정착한다. 지나치게
강한 성격이니 때로 제약이 된다. 무오(戊午), 병오(丙午),
정사(丁巳), 기사(己巳), 임자(壬子), 계해(癸亥)의 일주는
부부관계에 신경을 써야한다. 이별수가 있으니 과부운이거
나 독수공방하는 경우가 많다. 제왕이 중하고 강하면 배우
자에게 극이 일어나는 격이니 반드시 배우자가 피해를 입
는다.

☯ 시제왕(時帝旺)

자식이 가문을 빛내니 좋은 일이다. 그러나 강한 기세 때

문에 질병으로 고생이 따른다. 학문을 하면 늦은 때까지 명성이 유지되고 말년이 행복하다.

6) 쇠(衰)

원기가 서서히 쇠퇴하는 시기로 왕성했던 기운이 점차 약해져 가는 시기이다. 성(成)한 후 꺾이는 시기이다. 장년의 시기가 지나면 노년으로 들어가는 시기이니 마음과 몸이 모두 쇠퇴하는 시기이다. 불안이 가중되고 재난이 있다.

☯ 년쇠(年衰)

쇠는 기운다는 뜻이다. 약해진나는 뜻이다. 가운이 기울 때 태어났으니 안타깝다. 가정에서 성실해도 사회적으로 두각을 나타내기 어렵다. 부모덕이 없으면 본인의 덕이라도 있어야 하건만 말년운도 불길하다.

☯ 월쇠(月衰)

쇠는 기우는 별이다. 부모의 덕도 없고 형제의 덕도 없다. 발전의 기운이 약하니 왕성한 청년기에도 발전이 없다. 마음을 다잡지 못하여 타인으로 인해 금전 손실을 입으며 신체적인 피해를 입기도 한다. 자신이 약하므로 가산을 탕진하기 쉽다.

☯ 일쇠(日衰)

차분하고 조용한 성격이다. 경제력이 강하지만 부모덕은 아니다. 부모의 덕이 없으니 늘 외롭고 객지에서 생활한다. 여자는 현모양처형이지만 갑진(甲辰), 을축(乙丑), 경술(庚

戌), 신미(辛未)의 일주는 부부해로가 어려우니 독수공방이라. 시부모를 잘 모시지 못하니 불화가 끊이지 않는다. 박력도 없고 줏대도 없으니 사람들에게 휘둘리며 산다. 남의 꼬임에 빠져 빚보증을 서고 도박에 빠지니 아픔이 적지 않다.

☯ 시쇠(時衰)

자식덕이 약하다. 자식이 일찍 죽거나 불초한 자식이 있다. 말년에는 고독하니 고생이 이만저만이 아니다.

7) 병(病)

병(病)이란 왕성함과 건강함을 지나 늙어서 병이 든 것과 같이 모든 것이 시들해지는 시기이다. 병이 온다는 것은 모든 것을 잃어가는 것이다. 더구나 나이를 먹어 드는 병은 의기를 잃게 만들고 세상을 한탄하게 만든다. 빈곤해지며 매사 불성실하고 이루어짐이 약하다.

☯ 년병(年病)

선조가 매우 빈곤하였다. 선조는 관직도 가지지 못하였다. 부모도 병약하였거나 자신이 어릴 때부터 질병으로 바람 잘 날 없다. 겨우 피하거나 병약함을 피하면 말년에 이르도록 집안일로 고통을 받는다.

☯ 월병(月病)

부모가 일찍 사망할 가능성이 높다. 형제 중에 일찍 죽는 경우도 있다. 청년기에 운이 좋지 못하다. 늘 병이 따르고 집안 일로 바람 잘 날 없다. 늘 어려움이 따르니 겉으로는 태연하지만 속으로는 근심이 끊이지 않는다. 늘 비관적이며 결단력과 실천력도 부족하다.

☯ 일병(日病)

다정다감하지만 이는 부드러운 것이 아니라 약한 것이다. 어릴 때는 병약하여 고생하고 성장하면 부모덕이 없고 배우자 또한 덕이 없어 외롭고 고독하다. 큰 병에 잘 걸리니 늘 괴롭고 부모 곁을 일찍 떠나 타향살이에 지치고 조실부모가 겹치면 더욱 괴롭다. 양일간을 타고나면 진취적이나 급한 성격에 일을 망치고 음일간은 위축되어 활발하지 못하다. 형제가 많아도 돕지 않고 반목하거나 힘을 보태지 못한다. 무신(戊申), 임인(壬寅), 병신(丙申), 계유(癸酉)의 일주 여자는 평생이 고독하다.

☯ 시병(時病)

자손이 있어도 병약하니 평생 짐이다. 늙어도 근심이 끊이지 않으니 말년이 불행하다. 여자는 남편에게 버림을 받으니 한이 멈추지 않는다.

8) 사(死)

병환 뒤에는 생명이 끝나는 시기이다. 사람은 태어나고 죽는다. 죽음의 순간이니 앞이 보이지 않는다. 모든 것이 침체되는 시기이다. 고집이 강해지니 참아야 한다.

☯ 년사(年死)

죽음이다. 조상이 빈천하여 물려받은 것이 없다. 병약한 조상으로 받을 것이 없을 것이다. 부모와의 인연도 약하니 일찍 고향을 떠나 타향살이에 설움이 밀려온다.

☯ 월사(月死)

부모형제의 인연이 약하니 도움받을 길이 없다. 늘 외롭다. 부모와의 정이 그립다. 고독을 느끼면 한없이 우울하다. 머리는 좋으나 활동력이 부족하니 드러나는 것이 적다.

☯ 일사(日死)

일신에 큰 병이 오니 만사가 시들하다. 부모의 유산은 애초부터 기대조차 할 수 없다. 부모가 남긴 것이 있어도 나에게는 인연이 닿지 않는다. 근심이 떠날 날이 없네. 부부운은 좋지 못하니 아내는 병으로 신음하고 자식을 기대하기 어렵다. 을해(乙亥), 경자(庚子) 일주의 여자는 남편과 이별수 있으니 마음을 다스리기 어렵고, 자식을 얻을 수도 없으니 한숨만 난다.

☯ 시사(時死)

늙어서는 자식복이라 했지만 자식복을 기대하기 어렵다. 자식과 인연이 약하고 자식이 용기가 없으니 큰 인물이 되지 못한다. 항상 곤고함과 괴로움이 따르니 말년이 고달프고 마음이 아프다.

9) 묘(墓)

사후(死後)에 묘(墓)에 들어가서 평안하게 된다. 죽은 자는 고통을 느끼지 않는다. 평안한 안식이 있을 뿐이다. 쉼이 있고 평온이 있다. 따라서 번뇌가 있다. 자수성가(自手成家)

의 시기이다.

☯ 년묘(年墓)

묘는 시신이 묻힌 곳이니 조상을 돌봄이다. 장남이 아니어도 조상을 돌본다. 장손이 아니어도 조상을 돌본다. 조상을 모시니 복이 따른다.

☯ 월묘(月墓)

육친의 덕이 있어야 세상 사는 맛이 있지만 덕이 없다. 매사 손실이 있어 일이 두렵다. 남으로 인해 손해를 보는 일이 다반사다. 월과 일이 충하면 부자집에 태어나고 늘 재와 복이 넘치니 행복한 일상이다. 좋은 운이 늦게 오며 장자가 아니라도 조상의 묘를 돌보니 마음이 흡족하다.

☯ 일묘(日墓)

부모와 형제, 친척이 있어도 없는 것 같다. 배우자와의 인연도 약하니 마음이 늘 비어 있는 듯하다. 친척 형제, 부모와의 인연이 약하니 고향을 떠나 타향에서 산다. 가난하게 태어나도 안타깝게 생각하지 마라. 중년 이후에 발전하고 부유한 집에서 태어나면 중년 이후 쇠퇴한다. 기축일생 여자는 낯가림이 심하고 말주변도 없다. 정축(丁丑), 임진(壬辰) 일주 여자는 부부의 인연이 약해 독수공방이나 이혼수가 있고 남편으로 인해 늘 근심을 가슴에 담고 산다.

☯ 시묘(時墓)

신체는 허약하고 자식은 짐이다. 걱정이 하루도 떠나지 않는다. 어려서는 질병으로 고생하더니 말년은 고독으로 외로움을 금하기 어렵다.

10) 절(絶)

영혼은 완전히 절(絶)하여 무(無)로 된다. 모든 것이 끊어지니 없는 것이다. 없는 것은 다시 시작된다. 창조의 기운이 움튼다. 공사가 다망하니 정신없이 돌아다닐 것이다.

☯ 년절(年絶)

조상의 음덕이 약하다. 조업이 있다 해도 파하고 고향을 떠날 수밖에 없다. 타향살이에 슬픔이 몰려든다. 부모의 덕이 없으니 비빌 언덕도 없다. 선대는 양자(養子)이고 때로 서자(庶子)일 경우도 적지 않다.

☯ 월절(月絶)

성장과정이 온통 두려움과 걱정이다. 고생이 심해도 원망할 대상이 없다. 부모형제와 인연이 없으니 누구에게 하소연할까! 매사 일에 손실이 있으니 신중해야 하고 대인 관계 원만하지 못하니 친구의 도움도 없다. 사회 생활을 하는데 고립되어 늘 마음이 무겁다.

☯ 일절(日絶)

부모 인연이 약하니 속이 탄다. 장남이면 무엇하는가? 타향살이에 지친다. 배우자 인연이 약하니 밖으로 돌아 색을 즐기고 찾아다니니 화를 면하기 어렵고 주관조차 없으니 남의 꼬임에 넘어가 빠져 돈 버리고 몸 잃는다. 갑신(甲申), 신묘(辛卯) 일주 여성은 성격조차 나쁘고 부부궁도 나쁘다.

춤과 노래를 좋아하니 아차하면 패가망신이다.

◉ 시절(時絶)

자식 인연도 약한 것으로 그치지 않고 자식으로 인한 근심이 끊이지 않는다. 비록 자식이 똑똑해도 인연이 닿지 못해 학업이 중단된다.

11) 태(胎)

부모가 교접하여 유계(幽界)에서 현세계로 되돌아와 그 혼은 다시 모태에 자리한다. 새로운 시작이다. 잉태를 위한 시기이다. 수입이 증가하고 편안하다. 잉태를 의미하기 때문에 이성 문제가 생겨난다.

◉ 년태(年胎)

조상은 발전하였으니 좋은 가문이거나 학문을 한 가문의 후손이다. 부모는 어렸을 때 변화가 심했으니 가문을 지키기 어려웠다. 조상의 마음이 원만하니 별탈 없이 살아갈 것이다. 그러나 유년시절에 고생이 많고 늙어서는 가족 근심이 떠나지 않고 걱정이 끊이지 않는다.

◉ 월태(月胎)

직업의 변화가 난측하여 안정이 없다. 계획과 행동이 계속 바뀌니 미래가 불안하다. 집안의 운이 나빠 대성은 어렵다. 형제의 수가 적으니 늘 고독하고 부모대에 이사를 자주 했으니 인연이 박하고 믿을 언덕이 없다.

◉ 일태(日胎)

어릴 때 허약하다고 걱정할 필요는 없다. 중년이 되면 몸이 건강해진다. 친척, 형제, 부모와는 인연이 약하여 마음이 안정되지 않는다. 직업도 자주 바꾸니 늘 불안하다. 여자는 시어머니와 갈등이 심하고 자식 때문에 늘 걱정할 일이 생긴다. 마음이 늘 적막하다. 병자(丙子), 을해(乙亥) 일주는 늘 불안하고 가정이 불화한다.

☯ 시태(時胎)

자식으로서 조상의 업을 이을 수 없다. 아들보다 딸을 많이 둔다. 아들을 두지 못하는 수도 있다. 여자는 남편이나 시부모와 갈등이 많다. 늙어서는 친척에게 괴로움을 끼치니 어디서나 애물단지다.

12) 양(養)

모(母)의 태내에서 각종의 양분을 섭취하고 새로운 생의 준비기가 된다. 영양을 받아 배아(胚芽)가 싹을 틔운다. 이제 일어서야 한다. 발전이 시작된다. 양육의 기운이 피어오르니 사랑을 베풀고 사랑을 얻어야 한다.

☯ 년양(年養)

부친이 양자였을 가능성이 높다. 그렇지 않으면 내가 양자로 갈 가능성이 있다. 일찍 독립하여 혼자 생활하며 다른 부모를 모시니 때로 입양당한 사람일 수도 있다.

☯ 월양(月養)

어려서 고향을 떠나 타향에서 산다. 중년에 여색으로 재난을 자초하니 멈추기 어렵다. 주색잡기로 가산을 탕진하니 수양에 힘쓰고 몸을 아껴야 한다.

☯ 일양(日養)

어려서 입양을 당하는 수가 있다. 어려서 입양당하거나 생모를 모르고 입양당할 수 있다. 생모가 아닌 다른 사람의 손에서 자라는 수가 있다. 남녀 모두 색을 좋아한다. 남자는 이혼하고 재혼의 가능성이 높다. 사교에 능하고 팔방미인이다. 경진(庚辰) 일주 여자는 남자운을 기대할 수 없다.

☯ 시양(時養)

자식 인연이 없으니 무자식 상팔자라. 설사 인연이 있으면 무엇할 것인가? 자식이 있어도 같이 살 팔자는 아니다. 그러나 여자는 대체로 길하다.

4. 12운성 보는 법

12운성을 판단하는 법은 그리 어려운 것이 아니다. 일간(日干)을 그 주인으로 삼으니 각각의 기둥을 살펴 지지를 파악한다. 일지를 기준으로 하여 4개의 기둥에 매인 4개의 지지를 살펴 년지, 월지, 일지, 시지를 보고 해당되는 12운성을 붙이고 해설로 운세를 살핀다. 사주원국에서도 살필 수 있지만 대운이나 세운도 응용이 가능하다.

■ 연습 1

	甲	乙	丙	丁	戊	己	庚	辛	壬	癸
장생		午	寅	酉	寅	酉	巳	子	申	卯
목욕	子		卯		卯	申	午	亥		寅
관대	丑	辰	辰	未	辰		未		戌	丑
건록		卯	巳	午		午	申	酉	亥	子
제왕	卯	寅	午	巳	午	巳	酉	申	子	亥
쇠	辰	丑		辰	未	辰	戌	未	丑	戌
병	巳	子	申	卯	申	卯	亥	午	寅	酉
사	午	亥		寅		寅	子	巳	卯	申
묘	未	戌	戌	丑	戌	丑		辰	辰	未
절		酉	亥	子	亥	子	寅		巳	午
태	酉	申	子		子	亥	卯	寅	午	巳
양	戌	未	丑	戌	丑	戌	辰	丑	未	辰

■ 연습 2

	甲	乙	丙	丁	戊	己	庚	辛	壬	癸
장생		午	寅	酉	寅	酉	巳	子	申	
목욕	子		卯	申	卯	申	午	亥		寅
관대	丑	辰		未	辰	未	未		戌	丑
건록	寅	卯	巳		巳	午		酉	亥	子
제왕	卯	寅	午	巳			酉	申	子	亥
쇠	辰	丑	未	辰			戌	未	丑	戌
병	巳	子	申		申	卯		午	寅	酉
사	午	亥		寅	酉	寅	子		卯	申
묘	未		戌	丑	戌	丑	丑	辰		未
절		酉	亥	子	亥	子	寅	卯	巳	
태	酉	申		亥	子	亥		寅	午	巳
양		未	丑	戌		戌	辰	丑		辰

◼ 연습 3

	甲	乙	丙	丁	戊	己	庚	辛	壬	癸
장생										
목욕										
관대										
건록										
제왕										
쇠										
병										
사										
묘										
절										
태										
양										

제9장.

12신살

제9장. 十二神殺

1. 12신살이란?

12신살이란 신살을 12가지 종류로 나누어 간단하게 정리한 것으로 많은 이들이 알고 있는 역마살(役馬殺), 천살(天殺), 겁살(劫殺), 도화살(桃花殺) 등을 시작으로 자신의 살이 년, 월, 일, 시 어디에 있느냐에 따라 그 풀이가 달라지므로 참고한다.

12신살이란 사주팔자를 이루는 두 가지의 요소인 천간과 지지의 글자 관계에서 파생한다. 즉 천간과 지지가 만나 60갑자를 이루는데 이러한 글자 관계에서 연관되거나 기인되는 행동이나 행위와 모양 등을 나타내는 것이다.

2. 12신살 조견표

12신살은 삼합과 관련이 있다. 지지삼합을 살펴야 한다. 자신의 일지를 중심으로 네 개의 기둥에 해당하는 지지를 살핀다.

살/ 일지	申子辰	巳酉丑	寅午戌	亥卯未
겁살(劫殺)	巳	寅	亥	申
재살(災殺)	午	卯	子	酉
천살(天殺)	未	辰	丑	戌
지살(地殺)	申	巳	寅	亥

연살(年殺)	酉	午	卯	子
월살(月殺)	戌	未	辰	丑
망신살(亡神殺)	亥	申	巳	寅
장성살(將星殺)	子	酉	午	卯
반안살(攀鞍殺)	丑	戌	未	辰
역마살(驛馬殺)	寅	亥	申	巳
육해살(六害殺)	卯	子	酉	午
화개살(華蓋殺)	辰	丑	戌	未

3. 12신살 해설

1) 겁살(劫殺)

일명 대살(大殺)이라고도 하며 12운성으로는 절(絶)에 해당한다. 이 살은 살 중에서도 가장 으뜸으로 작용하며 힘이 매우 강하다. 이 살이 들어오면 객지 생활을 하거나 의지력이 약해서 주변에 억압당하고 구속이나 속박을 받는다. 특히 형옥(刑獄)의 사건이나 국가의 권력에 억압당하는 일이 생길 수 있다. 아울러 이 글자에 해당하는 육친에 문제가 생긴다고 본다. 이탈, 사고, 이별이 있다.

☯ 년겁살(年劫殺)

조상이 패망했으니 숨어 살거나 빈한하였다. 비명횡사한 조상이 있다. 조상의 가업을 계승하지 못했으니 애석하기만 하다. 유년기에 죽을 고비를 넘겼으니 목숨이 풍전등화였다. 일찍 고향을 떠나 타향살이를 할 팔자로 재산에 대해서는 파탄이 많다.

☯ 월겁살(月劫殺)

부모형제의 덕을 기대하지 말라. 객지에서 고생하며 살아가니 고독하기가 뼈에 사무친다. 일찍이 부모를 잃어 기댈 곳이 없고 형제자매 모두에게 정이 있을 수 없다. 성격이 불같아 밀어붙이는 힘이 있지만 멈추기에는 너무 힘이 든다. 분노를 억제하기 어렵다. 부모와 형제 중에 불구가 있고 단명, 횡액의 운이 따른다. 19세에서 23세 사이에 죽음에 버금가는 큰 액이 다가오니 조심해야 하며 때로 관의 지배를 받는 액도 있으니 어울려 나쁜 짓을 하지 말아라.

☯ 일겁살(日劫殺)

안타깝게도 세 번에 걸쳐 결혼할 것이다. 부부간에도 생사이별을 할 것이며 남자는 첩을 두고도 만족하기 어렵다. 여자는 각종 질병으로 고생한다. 육친의 덕이 없으니 모든 세상사가 나를 억압한다. 인덕이 없으니 세상 사는 일이 파란이다. 차라리 타향으로 나가 살아야 좋으며 폐질 등이 걸릴 수 있으니 늘 조심하여야 한다.

☯ 시겁살(時劫殺)

자식이 죽으면 가슴에 묻는 법이다. 자식이 어린나이에 죽고 불구 될까 두렵다. 자손은 귀하고 대가 끊길 수도 있다. 십이운성에서 생(生)이나 관대(冠帶)이면 이름을 얻고 높은 관직에 오를 수 있지만 처자식을 극하니 꿈만 같아라.

2) 재살(災殺)

달리 수옥살(囚獄殺)이라 부르는 이유는 옥에 갇힐 수 있다는 말이 된다. 몸에 상처가 남거나 명예에 오점이 생긴다. 옥에 갇힌다는 것은 그 구실이 되는 격렬한 싸움이나 사고를 암시한다. 이 살이 행운(行運)에 다가오거나 사주원국에 있으면 외국여행은 피하는 것이 좋다. 특히 사주원국에 있다면 늘 문제가 되며 여행이 있을 때마다 곤란을 당할 수 있다. 따라서 외국 여행은 특히 조심해야 한다.

행운 중에 이 살이 오면 외국에서 납치를 당하거나 포로로 잡혀 감금당할 수 있으며 갑작스런 사고의 피해로 피를 흘리게 될 가능성이 높다. 관재구설수가 따른다.

☯ 년재살(年災殺)

조상은 가업을 잃고 패망하였거나 옥살이를 하였다. 평생 관재구설이 멈추지 않으니 어이할꼬. 질병도 떠나지 않으니 애석하다. 부모와 형제의 인연을 구하거나 구걸하지 말고 바라지도 말아라. 급질, 횡사, 혈광사 등이 염려된다.

☯ 월재살(月災殺)

육친의 덕이 없으니 애달프기만 하다. 평생 질병이 따르니 고생이 심하다. 물건을 잘 잃어버리고 나라에 끌려가는 일이 자주 있으며 사주가 왕하면 문제가 없다. 부모형제가 비명횡사를 당하기도 하고 객사할 수 있다. 이동이나 여행 중에 죽을 수 있으니 조심하고 교통 사고나 도난도 흔하다.

☯ 일재살(日災殺)

상처가 문제다. 관재, 물건을 잃어버리기를 잘 한다. 일생 내내 파란이 많고 곡절에 눈물이 난다. 부부간에는 비명횡사가 있고 피를 토하고 죽으니 애석하다. 여자는 남편운이 불길하다. 재물운도 없으니 살기가 힘들다. 잔병이 많고 자손과의 인연도 기대할 것이 없다

☯ 시재살(時災殺)

비명횡사가 두렵고 피를 토하며 죽을까 두렵기만 하다. 자식복은 기대할 수 없고 인생 항로에 풍차가 심하고 구설이 분분하니 괴롭다. 혹 십이운성에 태(胎)에 해당하면 공명을 얻고 출세하지만 평생에 재산은 없는 운이다.

3) 천살(天殺)

하늘의 기운에 따른 살기를 받는 것이다. 이 살이 들어오면 자연재해로 피해를 보게 되니 재수가 옴 붙는 격이다. 특히 자연의 조화에 해를 입어야 하니 속이 상하는 일이다. 태풍(颱風)이나 홍수(洪水), 화재(火災) 등을 조심해야 하며 객지에서 고생하고 많은 것을 잃어버린다. 더구나 이 글자에 해당하는 육친이 해를 당하거나 심한 경우 비명횡사한다. 천재지변과 돌발사고에 유의하라.

☯ 년천살(年天殺)

선친이 비명횡사한 것이 보인다. 나를 받쳐주는 지주가 없으니 일찍이 고향을 떠나 타향에서 고생하며 고독이 한이 없다. 십이운성에 생이나 제왕이면 다행히 만사대길로 변한다.

☯ 월천살(月天殺)

심장병이나 간질환을 타고 나니 19세나 27세에 발병하지 않도록 조심하고 발병하면 힘써 치료하라. 부모와 형제의 덕은 기대하지 말고 부모형제에게 급질, 괴질이 있으며 때로 비명횡사가 다가올 것이다. 항시 건강이 좋지 않고 예고 없이 닥쳐오는 일에 머리가 지끈거린다. 처음에는 피곤하고 생이 곤란하지만 나중에는 길하니 희망이 있다.

☯ 일천살(日天殺)
육친의 덕이 없고 늘 구설수에 시달린다. 부부금슬은 좋으니 하늘의 시기인 듯 부부에게 비명횡사의 운이 따르니 애석하다. 십이운성에서 관대가 함께가면 자손이 영화를 누린다. 천덕귀인이 있으면 만사가 대길이다. 객지에서 고생한다고 슬퍼하지 마라. 말년에는 부자가 될 것이다.

☯ 시천살(時天殺)
고학으로 대성하지만 결국 낙방하고 낙상한다. 자식에게는 병이 많으니 근심이 멈추지 않고 효도를 받아도 그 자식은 결국 감옥살이할 것이다. 다만 재산은 넉넉하니 늙어 굶는 일은 없다.

4) 지살(地殺)
역마(驛馬)와 같은 뜻이 포함된 것으로 이 살이 들어오거나 자리하면 이사가 잦고 자리 변동이 있다. 인간은 땅에 발을 붙이고 살며 땅을 떠나 살 수 없지만 땅의 영향이 지나치게 강하게 작용하는 살이다. 땅이 배타적인 심성으로 다가온다는 말이 어울린다. 여행이 분주하고 타향살이가 적지 않고 재산의 탕진이 예견된다. 이사와 이동, 변동이 염려된다.

☯ 년지살(年地殺)

일찍이 고향을 등지고 떠나 객지 생활을 하니 부모덕은 없다 봐야겠다. 객사한 조상이 있고 조실부모의 운이니 어려서부터 고생이다. 중년 이후에는 매우 길하니 자수성가를 이룬다.

☯ 월지살(月地殺)

부모가 망했다. 조상의 가업은 이미 무너져 간곳이 없다. 어쩔 수 없이 노력하여야 자수성가한다. 조실부모하거나 두 번째 부모를 모신다.

☯ 일지살(日地殺)

부부금슬을 기대할 수 없고 이별수가 있다. 문학이나 예술계통에 출중하여 두각을 보인다. 이사를 자주하니 안정감이 없고 말년에는 질병이 많아 고생한다.

☯ 시지살(時地殺)

재물운이 넘치니 사방에 걸린 것이 재물이다, 먹을 운이 있다. 애지중지 기른 자식 타향에서 객사하니 가슴을 칠 일이로다. 년살과 같이 있으면 눈에 병이 생겨 시력이 나빠진다. 돌아다니기 좋아하니 역마와 같고 말년이 되면 부기가 있다.

5) 년살(年殺)

달리 도화살(桃花殺)이라고도 부른다. 이 살성은 호색하며 놀기를 좋아하고 바람끼가 있다는 살이다. 화려한 것을 좋아하고 민감하여 아름다움을 선호하고 남녀 간에 성욕이나 쾌락, 술, 놀음, 애정행각을 벌인다. 다른 신살에도 도화살이 있음에도 이름을 바꾸어가며 그 연유를 설명하고자 함은 이유가 있기 때문이다.

연살은 달리 욕패살(慾敗殺), 함지살(咸池殺)이라는 말을 사용하기도 하는데 부부사이에 문제가 생긴다. 부부가 외면하거나 각각 외도에 빠지기도 하며 밖에 나가 욕정에 빠진다. 이를 나타내는 육친이 바람을 피우거나 사망을 하기도 한다. 연살은 도화살이라 부르듯 주색과 방탕을 조심해야 한다.

☯ 년년살(年年殺)

선조가 도화병으로 사망했으니 문란했으리라. 조부모가 외도를 하였다. 유년기에는 집안이 성가하여 풍족하였으며 귀여움을 받았다. 십이운성에 목욕이면 크게 실패하리라. 십이운성에 관대나 제왕이면 횡재가 있다. 부부가 다정하지만 공망이 되면 아내를 잃는다.

☯ 월년살(月年殺)

부모형제가 하나같이 외도를 하고 화류병에 걸릴 가능성을 배제할 수 없다. 이로 인한 사망도 두렵다. 어머니는 재취나 소실일 가능성이 높으니 알면 슬프고 화가 난다. 어려서부터 연애를 하며 첩이 있을 것이다. 십이운성에 목욕과 겹치면 일찍이 조실부모하니 안타까운 신세라. 육친의 덕이 없는데 어찌 인덕을 기대할까?

☯ 일년살(日年殺)

부부관계에 변화가 무궁하고 만사가 불길하다. 부부는 이별수로 언제나 두렵고 자식운도 없어 자식 두기 어렵다. 재물복은 많아 먹고 살기에는 두렵지 않으나 주색으로 힘든 나날이다.

☯ 시년살(時年殺)

부부사이가 하루도 바람 잘 날 없이 변화무궁하고 자식은 화류계로 나간다. 대인은 밝은 낮에 등과하고 사모관대 쓸 일이다. 소인은 우산을 쓰고 밭을 갈 팔자이니 차라리 고향을 떠나 새로이 시작하라. 주색에 취하고 풍류를 즐기니 늦바람이 문제로다.

6) 월살(月殺)

달리 고초살(枯焦殺)이라 부른다. 이 살은 핍박과 같다. 만물에 영양이 고갈되어 윤기를 잃어버리게 되고 결국 말라 죽는다는 의미를 지니니 얼마나 고초가 있을 것인가? 여러 가지 장애나 병으로 인해 고생하거나 불운을 당하며 노력이 물거품으로 사라지는 경우가 허다하다.

예로부터 부정적 의미로 해석 되어 온 살이다. 오행의 정기를 저장한 창고인 화개(華蓋)를 충(沖)해 버리므로 자원의 고갈, 업체 마비가 있다. 택일법에서는 고초살이 들어오면 이 날 만은 자손이 귀하다 하여 피하고 있다. 생일과 생시가 모두 고초살이면 장남이 건각(蹇脚, 다리불구)이다.

☯ 년월살(年月殺)

조상 중에 승인, 무당이 있었을 것이다. 집안에서 신불을 모시기도 했다. 집안의 기둥이 흔들리고 전통도 흐트러지며 관재수와 구설이 끊이지 않는다. 십이운성에 태(胎)이면 풍병이 만연하니 괴롭고 병무생(丙戌生)은 횡액수가 있으니 되는 일이 없어 한숨만 가득하다.

☯ 월월살(月月殺)

아무리 머리를 쓰고 몸부림쳐도 되는 일이 없으니 한숨만 는다. 부모는 스님과 신불에 빠져 있다. 부모는 죽어 걸인의 영혼이 되니 애석하기만 하다. 조실부모 하니 조상 대대로 이어온 가업이 있어도 이을 수가 없다. 관에 의한 액이 많으니 바람 잘 날 없고 절이나 객지에서 생활 한다.

☯ 일월살(日月殺)

정신이 남다르다. 흔히 신기(神氣)가 있고 허약하며 생활에 박력이 없다. 처자식이 불길하여 아내를 잃기도 하고 자식운도 약하니 풍파가 있다. 주색, 간질, 질병 등이 몸을 망치니 조심하라.

☯ 시월살(時月殺)

입산하여 산 속에 귀의할 수도 있다. 승패가 많다. 풍병이 있어 불구가 될 수 있다. 효도하는 자식은 없고 객사하는 자식이 있으니 근심과 풍파가 끊이지 않는다. 여자를 만나면 풍파가 심해지니 조심하라.

7) 망신살(亡神殺)

망신살(亡神殺)은 12신살 중 하나인데, 누구나 살은 가지고 태어나기에 살이 있다고 너무 낙담이나 걱정을 할 필요는 없지만 이 시기에 살의 기운이 강해지면 여러모로 조심을 하는 것이 좋다. 뜻을 이루기가 어렵다고 보는 신살로써 각종 재난이 많이 따르고 손재수도 있다고 보는 흉살이다.

관부살(官附殺)과 동일언어이고 파군살(破軍殺)이라고도 하는 것으로 보아 구성학(九星學)의 영향이다. 주로 주색으로 인하여 다른 사람에게 수치를 당하고 구설을 탄다. 사업에 손해가 나고 낙상을 당하거나 관재가 따른다.

☯ 년망신(年亡身)

조부모가 후처였거나 첩이었을 것이다. 따라서 서자 출신이다. 조상의 유업은 물려받기 힘들다. 기회가 온다 해도 광풍이 불고 일찍이 고향을 떠나 객지에서 타향살이한다. 객사하기 쉽다. 혹 십이운성에서 관대나 제왕이면 백가지 액이 소멸된다. 십이운성에서 장생이면 주변에 귀인이 즐비하다.

☯ 월망신(月亡身)

모친이 후처였거나 첩이었다. 부모형제가 온전치 못하니 삶이 고달프다. 변동수가 즐비하여 수시로 이사하고 마을을 떠나거나 일신의 누임이 달라지니, 인생의 흐름이 죽끓듯하고 집안이 늘 불안하다. 삼형살과 형액이 있어 철창에 갇히기도 하고 영창에도 가 볼 수 있으니 인생이 허망하고도 고달프다. 십이운성에 장생이면 모든 것을 이기고 귀인이다.

◑ 일망신(日亡身)

부부가 이별하니 이혼수다. 아내가 바뀐다하니 혼인을 떠나 여자의 자리가 위태롭다. 처궁이 불미하니 서둘러 결혼하지 마라. 이왕이면 늦은 결혼이 복이다. 잡스러운 객이 많고 귀신이 떠다니니 배우자 인연이 좋지 않다. 정신이 혼탁하고 신경질이 강하니 안정이 힘들고 낙상의 위기가 늘 있다.

◑ 시망신(時亡身)

자식의 재산 탕진이 인생을 피곤하게 한다. 자식이 연애에 몰두하니 가정의 안정을 기약하기 어렵다. 아들이 사람을 피곤하게 하니 만년에 한탄으로 밤이 샌다. 괴이한 일이 줄지어 일어나고 천춘귀가 왕래한다. 겉으로는 실해 보이는 몸과 정신을 지닌듯 보이지만 것으로만 보이는 것이다. 속으로는 허하고 허약하니 고독하고 울화가 치민다. 중년이 되어 겨우 자수성가 하니 일시적으로 태평하지만 결국 여색을 탐해 첩을 두거나 여자들로 인해 망신살이 잘 날이 없다.

8) 장성살(將星殺)

매우 좋은 것으로 살이라 부르기에는 조금 애석하다. 차라리 장성(將星)으로만 불러도 좋을 것이다. 권위를 상징하며 문무겸비(文武兼備)하고 승진을 하거나 출세를 한다. 사업도 번성하고 권력을 잡으면 휘두르는 격이다. 따라서 기고만장하여지고 보이는 것이 없으니 수신해야 한다.

☯ 년장성(年將星)

장성은 장군의 힘이다. 조상중에 장군이 있다. 조상 중에는 전장에 나아가 전사한 사람이 있다. 십이운성에 제왕이라면 명성이 만리에 도달할 것이다. 십이운성에 목욕이면 손재가 그칠 날이 없다. 차라리 모든 것을 포기하고 군인의 길로 들어서면 성공할 것이다.

☯ 월장성(月將星)

부모는 권력을 지녔으니 천하에 두려운 것이 없다. 부모 덕은 있지만 형제의 덕은 없다. 문무가 뛰어나니 병권을 잡을 수 있다. 부모형제는 전장에서 칼을 맞아 죽거나 총알을 맞아 죽는다. 여자는 마음이 어질고 나름의 영화가 있으나 남편을 극하니 어이할꼬? 남녀 불문하고 법조계로 진출하면 사법관이 되고 사람의 생사여탈권을 지닌다.

☯ 일장성(日將星)

권력가의 상을 타고 났다. 관록이 있어 사업도 크게 성공한다. 혹 잘못되면 깡패의 길을 가고 조금 약하면 해결사이니 결코 순탄한 인생은 아니다. 부부는 별거하고 이별하니 이별수다. 일정 시간 떨어져 살거나 주말부부가 도움이 된다. 비록 명예는 있지만 근심이 떠날 날이 없다.

☯ 시장성(時將星)

대인으로 태어나 높은 지위에 올랐다면 녹을 더하여 지위가 높아지고 소인이라 해도 여러 가지로 길하다. 자식은 국가에 충성하고 권력을 지니니 현달했다 할 것이다. 자식이 문무겸전하여 어린 나이에 등과하니 가문의 영화가 피어난다.

9) 반안살(攀鞍殺)

출세와 승진을 상징하며 좋은 운세를 의미한다. 반안살은 더위잡을 반(攀), 안장 안(鞍), 죽일 살(煞)로, 한문 그대로 높은 말안장 위에 앉아있는 형상을 나타내고 명예, 직위, 부(富)를 뜻해 높은 자리에 올라간다는 의미를 담고 있다.

달리 금여록(金轝綠)이라 부르는 살로 조상과 부모의 덕이 있으며 인생의 많은 역경과 고난을 극복하고 편안한 위치에 도달하여 자신의 과거를 돌아보는 살이다. 금여록(金轝綠)은 금으로 만든 수레라는 뜻으로 부귀공명의 길성이다. 출세와 번영, 안정을 의미한다.

☯ 년반안(年攀鞍)

조상이 벼슬을 지니고 있었다. 참모급 벼슬이다. 선산의 덕이 있으니 조상의 묘가 좋았다. 조상과 부모의 덕이 있으니 평생 영화가 함께 한다. 관록이 있어 일취월장이나 진생(辰生)이면 관액과 횡액이 따른다.

☯ 월반안(月攀鞍)

부모가 참모급의 벼슬을 지냈다. 관운이 출중하니 천지사해에 이름을 떨칠 것이다. 부모형제와 화목하고 이끌어주니 모두가 화목하고 편안하다. 자손이 영화로우니 늘 편안하고 여유있다. 인품이 중후하여 존경받는다. 사업은 어울리지 않는다. 관직에 들지 못하면 늘 고역이며 고생한다.

☯ 일반안(日攀鞍)

처궁이 좋으므로 부부궁이 안정되어 금슬이 좋고 늘 행복하다. 성격이 온순하다. 사주에 천을귀인이 있으면 어린 나이에 등과하니 사법고시, 행정고시, 외무고시에 합격할 것이다. 그럼에도 축생(丑生)과 술생(戌生)은 부부궁에 문제가 있어 액이 따른다.

☯ 시반안(時攀鞍)

부자의 운수다. 그러나 40세 전후에 액이 따른다. 앞뒤로 처첩이니 젊어서는 분주하지만 늙어서는 편안하리라. 천을귀인이 있으면 자손으로 인해 영화를 누릴 것이다. 화개살이 있으면 기술자로 대성할 수 있다.

10) 역마살(驛馬殺)

역마살(驛馬殺)은 인오술(寅午戌) 삼합(三合)이 기준이다. 화(火)의 제국에 수(水)운동이 시작됨을 알리는 역할, 화(火)의 운동이 방해를 받아서 어쩔 수 없이 움직여야 하는 상태를 말한다. 말 그대로 말처럼 뛰어다니는 것이다. 여기저기 돌아다니기를 좋아하고 임기응변에 능하다. 재능 또한 뛰어나다. 이사나 자리변동이 많고 여행이나 출장 등도 빈번하다.

☯ 년역마(年驛馬)

함지(咸池)가 충을 당하면 도중에 객사하니 두렵다. 공망에 이르면 거주가 불안하니 몸 둘 곳이 없다. 선친은 일찍 객사하니 어려서 몸 둘 곳이 없고 고향을 떠나 떠돌다 타향 살이에 눈물이 마르지 않는다. 조실부모하니 부모의 덕은 기대하기 어려우며, 부모 생존해도 근심이 많다. 아내를 잃으니 한이 사무친다.

☯ 월역마(月驛馬)

초년의 고생을 참아야 나이 들며 관으로 진출하여 성공을 할 수 있다. 성격이 온후하고 순수하니 그 덕이 있다. 관으로 진출해도 관록은 미치지 못하고 오래도록 허송세월이라. 사업을 하면 재산은 모을 수 있다. 부모형제는 객사의 두려움이 있다. 두 명의 처를 두니 집안이 시끄럽고 객지에서 떠돌며 고생할 것이다.

☯ 일역마(日驛馬)

두 어머니를 모신다. 처궁에 풍파가 들어 결국 이별수라. 이로 인해 술에 빠져 인생을 축낸다. 객사한 영혼을 달랠길이 막연하니 살아 있을 때 잘 하라. 그래서 재혼을 아니 할 수 없다. 풍류를 좋아하고 역마성이니 돌아다니며 여기저기 염문을 뿌린다. 장사에 투신하면 재물을 얻을 것이다.

☯ 시역마(時驛馬)

세파가 심하다. 분주하고 풍파가 파도처럼 몰려드니 정신적인 안정은 아주 멀다. 장생이나 관대가 사주에 함께 하면 높은 관직에 올라 출세한다. 여기저기에 염문을 뿌리고 자식을 얻어 경사가 있지만 그것 뿐, 타향에서 이리저리 뒹구니 청춘의 나이에 객사할까 두렵다.

11) 육해살(六害殺)

육액(六厄), 혹은 의지살(依支殺)이라고 부른다. 지지삼합의 끝 글자 바로 앞 글자가 육해살이다. 육해와 정반대는 도화살이다. 그래서 육해와 도화는 남을 속이는 것은 비슷하지만 작용력은 다르다.

달리 말하면 십신이나 육친으로 해석할 수 있다. 사주에 육해가 있으면 육친에게 어려움이 생기고 질병이 있던가, 자연재해는 물론이고 관재수에 몰릴 수도 있다. 풍파가 심하고 불화가 있으며 질병이 몸을 다스린다.

☯ 년육해(年六害)

할아버지 대에 가문이 폐했다. 선대는 신앙을 경시했다. 그 벌로 사망했다. 태어나는 순간부터 몸이 아프다. 양자의 운이 있다. 관대나 제왕이면 대길하다.

☯ 월육해(月六害)

큰 집안이지만 부모대에서 쇠퇴하여 가난의 길로 들어섰다. 조실부모하니 기댈 곳이 없고 골육의 정이란 보이지 않는다. 성격은 독하다. 그럼에도 남으로 인해 해를 입는다. 부부의 이별수가 있어 만년해로가 의심스럽다.

☯ 일육해(日六害)

매사에 막히는 일이 많아 스트레스가 심하다. 점차 재력이 감소하고 가산을 탕진한다. 중이 되지 않으면 점쟁이가 될 팔자라. 부부간에도 살을 두고 살게 되니 정이 없다. 파탄이 많아 만사가 시들하다. 단 직업에서 기술직은 길하다.

☯ 시육해(時六害)

하는 일마다 번거롭고 앞을 막으니 한숨만 난다. 절에 몸을 의지하고 신에게 정신을 의탁한다. 그것만이 자손들을 돌보는 일이다. 자손들도 신앙에 의지하고 결국 말년이 되면 행운이 따르고 가운이 살아나 번창할 수 있다. 말년은 소득없는 일로 분주하지만 여유가 있다.

12) 화개살(華蓋殺)

학문과 예술, 종교 등을 상징한다. 이 살이 사주 원국에 들면 예술계통에서는 탁월한 능력을 보여준다. 문학, 예술, 종교계로 진출하면 빛을 보고 적성에도 맞는다. 그러나 때때로 가산과 유산을 탕진하고 가난하게 살아가거나 스님의 팔자로 풀려나가기도 한다. 이 살이 사주에 들면 고집이 강해 결국 마음 고생이 심하고 종교계에 귀의하기도 한다.

☯ 년화개(年華蓋)

조상의 복이 있다. 조상은 학자에 도덕군자에 글 잘 하였다. 그러나 조상의 업은 사라진다. 어려서 고향을 떠나 객지 생활을 하니 일신이 피곤하고 괴롭기 그지 없다. 총명하고 재주가 있으나 고독이 그림자를 만든다.

☯ 월화개(月華蓋)

부모궁에는 고생이 그득하고 형제궁에 덕이 없으니 어이할꼬? 어린 나이에 고향을 떠나 자수성가한다. 장남이 아니라도 장남의 역할을 해야 하리라. 가문을 빛내는 임무가 어

깨에 주어진다. 일신에 풍파가 그득하다. 상업을 하면 대성
하고 예술방면으로 진출하면 길하다

☯ 일화개(日華蓋)

처궁이 불미하여 이별수가 있다. 불교와 인연이 있는 집
안으로 조상 중에 승려가 있다. 목욕이면 배우자를 잃는다.
관직보다는 상업으로 진출함이 좋다. 재주가 뛰어난 팔방미
인이다.

☯ 시화개(時華蓋)

성공운이 있으나 늦게 시작된다. 40세 이후, 50세 이후에
는 하는 일마다 성공이다. 도처에 이름을 날린다. 재주가 있
으며 문학과 예술방면으로 진출하면 길하다. 역마가 있으면
부자가 된다. 양인이 있으면 출세한다.

4. 12신살 보는 법

사주원국에서 일간이 나(我)이다. 나를 의미하는 글자가
무엇인가 살피고 그 하부의 지지를 살핀다. 즉 일주의 지지
를 살피는 것이다. 이 일주의 지지자가 무엇인가 살펴 나머
지 3개의 기둥에 어떤 지지자가 배치되어 있는지 살핀다.

살/ 일지	申子辰	巳酉丑	寅午戌	亥卯未
겁살(劫殺)	巳	寅	亥	申
재살(災殺)	午	卯	子	酉
천살(天殺)	未	辰	丑	戌
지살(地殺)	申	巳	寅	亥

연살(年殺)	酉	午	卯	子
월살(月殺)	戌	未	辰	丑
망신살(亡神殺)	亥	申	巳	寅
장성살(將星殺)	子	酉	午	卯
반안살(攀鞍殺)	丑	戌	未	辰
역마살(驛馬殺)	寅	亥	申	巳
육해살(六害殺)	卯	子	酉	午
화개살(華蓋殺)	辰	丑	戌	未

☯ 일주의 간지가 어느 글자에 해당하는지 파악한다.

예) 일주의 간지가 기축(己丑)이라면 일지는 축(丑)이다. 조견표를 살피면 사유축(巳酉丑)의 란을 기준으로 한다.

예) 일주의 간지가 정묘(丁卯)라면 일지는 묘(卯)이다. 조견표를 살피면 해묘미(亥卯未)의 란을 기준으로 한다.

예) 일주의 간지가 갑오(甲午)라면 일지는 오(午)이다. 조견표를 살피면 인오술(寅午戌)의 란을 기준으로 한다.

예) 일주의 간지가 병진(丙辰)이라면 일주는 진(辰)이다. 조견표를 살피면 신자진(申子辰)의 란을 기준으로 한다.

☯ 일주를 중심으로 하여 일지를 파악하여 찾는다. 어떤 경우도 일간은 사용하지 않는다. 즉 어떤 일간은 어떤 글자가 오더라도 상관하지 않고 일지만 판단하는 것으로 적용한다.

☯ 일지를 파악해서 해당하는 란(삼합)을 찾았으면 그 삼합을 기준으로 해서 그 아래, 즉 세로줄의 12지를 찾아 그 중에 사주에 들어 있는지 찾아 해당하는 지(支)의 신살 명칭을 찾는다.

■ 연습 1

살/ 일지	申子辰	巳酉丑	寅午戌	亥卯未
겁살(劫殺)			亥	申
재살(災殺)	午		子	酉
천살(天殺)	未		丑	戌
지살(地殺)	申	巳		亥
연살(年殺)	酉	午		子
월살(月殺)	戌	未	辰	
망신살(亡神殺)	亥	申	巳	
장성살(將星殺)	子	酉	午	卯
반안살(攀鞍殺)	丑	戌		辰
역마살(驛馬殺)	寅		申	巳
육해살(六害殺)		子	酉	午
화개살(華蓋殺)	辰	丑	戌	未

■ 연습 2

살/ 일지	申子辰	巳酉丑	寅午戌	亥卯未
겁살(劫殺)		寅	亥	申
재살(災殺)		卯	子	酉
천살(天殺)	未		丑	戌
지살(地殺)	申			亥
연살(年殺)	酉	午		子
월살(月殺)	戌	未	辰	
망신살(亡神殺)	亥	申	巳	
장성살(將星殺)	子	酉		卯
반안살(攀鞍殺)	丑		未	辰
역마살(驛馬殺)		亥	申	巳
육해살(六害殺)	卯		酉	午
화개살(華蓋殺)	辰	丑	戌	

■ 연습 3

살/ 일지				
겁살(劫殺)	巳	寅	亥	申
재살(災殺)	午	卯	子	酉
천살(天殺)	未	辰	丑	戌
지살(地殺)	申	巳	寅	亥
연살(年殺)	酉	午	卯	子
월살(月殺)	戌	未	辰	丑
망신살(亡神殺)	亥	申	巳	寅
장성살(將星殺)	子	酉	午	卯
반안살(攀鞍殺)	丑	戌	未	辰
역마살(驛馬殺)	寅	亥	申	巳
육해살(六害殺)	卯	子	酉	午
화개살(華蓋殺)	辰	丑	戌	未

제10장.
육친

제10장. 六親

1. 육친이란?

친족의 범위에서는 가장 가까운 여섯 친족(親族)을 말하는 것으로 곧 부모(父母), 형제(兄弟), 처자(妻子)를 말한다. 이러한 이치와 사실을 명리학의 범위로 끌어들인 것이 바로 육친이다. 따라서 이름도 동일하다. 물론 역학이나 명리학에서 육친은 더 넓은 의미를 가진다. 그 속에 친족의 의미가 포함되어 있음은 물론이다.

이 용어는 달리 십신(十神), 십성(十星), 육친(六親), 육신(六神)이라고 부르기도 하는데 달리 통변(通變)이라는 말로도 사용한다. 어디선가 통변성(通變性)이라는 말을 들었거나 책을 보았다면 이 육친을 말하는 것이다. 따라서 다른 책에서 통변성이라 한다면 당연히 같은 의미이다. 통변은 사주를 해석하는데 가장 중요한 단어중 하나이다. 사주를 살피는 것을 간명(看命)이라 하는데 육친을 빼고는 간명하기 어렵다.

따라서 이 육친을 이용해 사주에 **대입**하는 것을 통변성이라 부른다. 육친이니 십신이니 하는 말을 사용하기도 하지만 같은 의미이고, 이후에는 용신(用神)이라는 말도 자주 나오게 되는데 이곳에서의 신(神)은 종교적인 신이 아니라 대자연의 통칭을 의미하는 것으로 이해해야 한다. 육친과

152성보의 명리학

용신은 사주를 간명하는데 가장 필요한 대입이다.

육친이란 달리 육친골육이라 표현하는데 부모 형제, 배우자, 자녀, 양친(兩親)을 말한다. 사주를 간명하면 이 여덟 자의 글자에 육친의 존재가 모두 들어 있다. 사주를 풀어감에 있어 육친과 자신인 일간의 대입은 매우 중요하고 밀접한 관계이다. 육친의 대입이 원활하게 이루어져야 올바른 간명이 이루어진다. 육친을 비교 분석하여 친밀한 것은 길명(吉命)이고, 그렇지 않는 것은 좋지 않다. 육친에 의한 재관인식(財官印食)의 4길신이 육친에 해당한다.

육친을 대비하여 인(印)이 파(破)하거나 없으면 어머니나 조상의 음덕이 없고 관(官)이 파하거나 없으면 여자를 위하는 착하고 가정적인 좋은 남편을 얻을 수 없고 자식도 불미하여 아름답지 못하다. 재(財)를 파하거나 없으면 남자는 좋은 처를 얻을 수 없고 재산 축적도 기대할 수 없다. 식(食)이 파하거나 부족하면 여자는 현명한 자녀를 얻을 수 없다.

육친은 다시 10개로 나누어지는데 비견(比肩), 겁재(劫財), 식신(食神), 상관(傷官), 편재(偏財), 정재(正財), 편관(偏官), 정관(正官), 편인(偏印), 정인(正印)이 그것이다. 이 중 정인은 달리 인수(印綬)라 부르기도 한다.

또한 각각 두 개씩 묶어 비견 겁재를 묶어 비겁(比劫), 식신과 상관을 묶어 식상(食傷), 편재와 정재를 묶어 재성(財星), 편관과 정관을 묶어 관성(官星), 편인과 정인을 묶어 인성(印星)으로 부르기도 한다. 어떻게 불러도 같은 이름이고 십신과 육친은 모두 사용하는 말이다.

2. 육친의 이름 붙이기

일간오행을 기준으로 오행을 살펴서 본다	육친 이름
일간과 같은 오행이면 비겁	음양이 동성이면 비견 음양이 이성이면 겁재
일간이 생(生)해주는 오행이면 식상	음양이 동성이면 식신 음양이 이성이면 상관
일간이 극(剋)하는 오행이면 재성	음양이 동성이면 편재 음양이 이성이면 정재
일간이 극을 당하는 오행이면 관성	음양이 동성이면 편관 음양이 이성이면 정관
일간을 생해주는 오행이면 인성	음양이 동성이면 편인 음양이 이성이면 정인

3. 천간육친 조견표

육친은 나를 에워싸고 있으며 살아가는 관계에서의 부모 형제(父母兄弟)를 포함하는 육친을 파악한다. 조금 확대하여 친구관계와 장모의 관계도 파악이 가능하다. 심지어 사회성의 역할도 파악할 수 있다.

오행에서의 상생상극을 공부했듯이 사주의 주인인 일간과 나머지 글자와의 상생상극 관계와 음양의 차이를 가려서 조상과 부모형제, 처자식, 또는 남편과 같은 혈연 관계뿐 아니라 사회적 지위도 파악이 가능하다. 이의 대입으로 그 육친이 나에게 행하는 방법을 알 수 있고 친구와 사회적 반향과 적응, 혹은 나의 활동 반경도 알 수 있다.

육친은 인성(印星), 관성(官星), 재성(財星), 식상(食傷), 비겁(比劫)의 오성(五星)과 나를 포함하여 육친(六親)이 된다. 육친은 달리 십성이라 부르기도 하는데 이는 크게 나누어 10개가 되기 때문이다. 육친은 10개의 구성으로 분할되는데 이는 다시 정(正)과 편(偏)으로 구분된다. 정(正)이란 음양의 배합이 바르게 되어 있음을 나타내고 편(偏)이란 음양이 한쪽으로 치우쳐 편중(偏重)되어 있다는 뜻이다.

육친 일간	偏財 편재	正財 정재	偏官 편관	正官 정관	食神 식신	傷官 상관	劫財 겁재	比肩 비견	偏印 편인	正印 정인
甲	戊	己	庚	辛	丙	丁	乙	甲	壬	癸
乙	己	戊	辛	庚	丁	丙	甲	乙	癸	壬
丙	庚	辛	壬	癸	戊	己	丁	丙	甲	乙
丁	辛	庚	癸	壬	己	戊	丙	丁	乙	甲
戊	壬	癸	甲	乙	庚	辛	己	戊	丙	丁
己	癸	壬	乙	甲	辛	庚	戊	己	丁	丙
庚	甲	乙	丙	丁	壬	癸	辛	庚	戊	己
辛	乙	甲	丁	丙	癸	壬	庚	辛	己	戊
壬	丙	丁	戊	己	甲	乙	癸	壬	庚	辛
癸	丁	丙	己	戊	乙	甲	壬	癸	辛	庚

4. 지지육친 조견표

천간 10자가 모두 육친을 부여받고 있듯이 지지 12자도 모두 육친의 성정을 부여받는다.

육친 일간	偏財 편재	正財 정재	偏官 편관	正官 정관	食神 식신	傷官 상관	劫財 겁재	比肩 비견	偏印 편인	正印 정인
甲	辰戌	丑未	申	酉	巳	午	卯	寅	亥	子
乙	丑未	辰戌	酉	申	午	巳	寅	卯	子	亥
丙	申	酉	亥	子	辰戌	丑未	午	巳	寅	卯
丁	酉	申	子	亥	丑未	辰戌	巳	午	卯	寅
戊	亥	子	寅	卯	申	酉	丑未	辰戌	巳	午
己	子	亥	卯	寅	酉	申	辰戌	丑未	午	巳
庚	寅	卯	巳	午	亥	子	酉	申	辰戌	丑未
辛	卯	寅	午	巳	子	亥	申	酉	丑未	辰戌
壬	巳	午	辰戌	丑未	寅	卯	子	亥	申	酉
癸	午	巳	丑未	辰戌	卯	寅	亥	子	酉	申

예) 갑(木) 일간과 지지와의 육친관계

寅은 甲(木)일간과 음양오행이 같으므로············비견
卯는 甲(木)일간과 같은 오행 다른 음양············겁재
辰은 甲(木)이 극하는데 음양이 같으므로············편재
巳는 甲(木)이 생하는데 음양이 같으므로············식신
午는 甲(木)이 생하는데 음양이 다르므로············상관
未는 甲(木)이 극하는데 음양이 다르므로············정재
申은 甲(木)을 극하는데 음양이 같으므로············편관
酉는 甲(木)을 극하는데 음양이 다르므로············정관
戌은 甲(木)이 극하는데 음양이 같으므로············편재
亥는 甲(木)을 생하는데 음양이 같으므로············편인
子는 甲(木)을 생하는데 음양이 다르므로············인수
丑은 甲(木)이 극하는데 음양이 다르므로············정재

5. 천간지지육친 조견표

육친 일간	偏財 편재	正財 정재	偏官 편관	正官 정관	食神 식신	傷官 상관	劫財 겁재	比肩 비견	偏印 편인	正印 정인
甲	戊辰戌	己丑未	庚申	辛酉	丙巳	丁午	乙卯	甲寅	壬亥	癸子
乙	己丑未	戊辰戌	辛酉	庚申	丁午	丙巳	甲寅	乙卯	癸子	壬亥
丙	庚申	辛酉	壬亥	癸子	戊辰戌	己丑未	丁午	丙巳	甲寅	乙卯
丁	辛酉	庚申	癸子	壬亥	己丑未	戊辰戌	丙巳	丁午	乙卯	甲寅
戊	壬亥	癸子	甲寅	乙卯	庚申	辛酉	己丑未	戊辰戌	丙巳	丁午
己	癸子	壬亥	乙卯	甲寅	辛酉	庚申	戊辰戌	己丑未	丁午	丙巳
庚	甲寅	乙卯	丙巳	丁午	壬亥	癸子	辛酉	庚申	戊辰戌	己丑未
辛	乙卯	甲寅	丁午	丙巳	癸子	壬亥	庚申	辛酉	己丑未	戊辰戌
壬	丙巳	丁午	戊辰戌	己丑未	甲寅	乙卯	癸子	壬亥	庚申	辛酉
癸	丁午	丙巳	己丑未	戊辰戌	乙卯	甲寅	壬亥	癸子	辛酉	庚申

比肩	남자 : 형제, 남매, 며느리, 사촌, 처의 외간 남자, 친구, 동료, 고모부, 처남의 아들, 남매의 시아버지 조카
	여자 : 형제자매, 이복형제, 남편의 첩, 동서, 시아버지, 시아버지의 형제, 조카, 친구
劫財	남자 : 형제, 남매, 이복형제, 친구, 며느리, 처의 외간 남자, 고조모, 딸의 시어머니, 처남의 딸, 남매의 시아버지, 조카
	여자 : 형제자매, 이복형제, 친구, 남편의 첩, 시아버지, 동서, 아들의 장인, 시아버지의 형제남매, 조카, 며느리
食神	남자 : 손자, 장모, 사위, 증조부, 조부, 외조부, 생질, 생질녀, 장인, 조카
	여자 : 아들, 딸, 조카, 증조부, 편조부, 손부, 사위의 아버지, 시누이의 남편, 손자의 첩, 손자
傷官	남자 : 조모, 손녀, 외조부, 첩의 어머니, 증손부, 사위, 생질, 외숙모, 딸의 시동기
	여자 : 아들, 딸, 조모, 조카, 외손부, 시누이의 남편, 손자
偏財	남자 : 아버지, 첩, 첩의 형제, 삼촌, 고모, 형제의 재혼한 처, 애인, 고손자, 형수, 제수, 외사촌, 자매의 시어머니
	여자 : 아버지, 삼촌, 자매의 시어머니, 외손자, 며느리의 어머니(사돈), 시어머니, 오빠의 첩, 오빠 첩의 오빠, 시외숙, 증손
正財	남자 : 아내, 어머니의 외간 남자, 숙부, 고모, 이모부, 형수, 제수, 소손녀, 남매의 시어머니(사돈)
	여자 : 시어머니, 편시어머니, 어머니의 외간 남자, 오빠의 처와 첩, 숙부, 백부, 고모, 이모부, 외손녀, 증손, 시조부, 시이모
偏官	남자 : 아들, 딸, 외조부, 증조부의 재혼한 처, 매부, 조카, 질녀, 고조부, 딸의 시아버지(사돈), 사촌형, 사촌동생
	여자 : 재혼남편, 외간 남자, 정부, 남편, 남편의 형제자매, 형부, 증조모, 며느리, 아들의 첩, 며느리의 오빠
正官	남자 : 딸, 아들, 손부, 첩의 딸, 증조모, 외조모, 매부, 조카, 질녀
	여자 : 남편, 증조모, 형부, 제부, 사위의 어머니, 자부의 형제자매, 며느리, 시동생, 시누이, 정부
偏印	남자 : 계모, 이모, 유모, 서모, 숙모, 조부, 어머니, 처남의 처, 외삼촌, 증손자, 외손자, 며느리의 어머니
	여자 : 계모, 이모, 유모, 서모, 숙모, 조부, 어머니, 외삼촌, 사위, 손자, 시조모, 시외조부, 사위의 형제
印綬	남자 : 어머니, 이모, 장인, 외손녀, 증손녀, 조부의 자매, 백모, 숙모, 고손부, 처남의 처, 며느리의 편모, 외숙부, 조부
	여자 : 어머니, 이모, 백모, 숙모, 조부의 자매, 외숙부, 증조부, 손녀, 대고모, 사위의 여동생, 사촌형제

6. 육친별 특성과 성격

1) 비견(比肩)

비견은 일간과 같은 오행에 같은 음양을 지닌 것이다. 어깨를 견주다. 나랑 비슷한 조건에서 살아간다는 뜻이다. 나

와 가장 가까운 육친을 나타낸다. 주로 형제관계와 친구를
나타낸다.

(1) 육친(六親)

남자의 육친은 동성형제, 친구, 동료, 배우자

여성의 육친은 동성형제, 친구, 동료, 배우자

(2) 확장(擴張)

형제, 자매, 친구, 친척, 동료, 선후배, 동업자, 동창생, 이
웃, 동네사람, 친목회원, 동지, 각종모임, 조직, 사회단체, 조
합, 정당, 시민, 국민, 민족, 동포, 인류, 동맹국

(3) 성정(性情)

자존심이 강하고 타인의 지배나 간섭을 받기 싫어하며
남에게 지거나 뒤처지는 것을 싫어하고 남에게 굴복하는
것을 죽기보다 싫어하는 성격이다. 모든 상황에서 항상 남
보다 앞서가려는 특성이 있다. 의지가 굳고 자존심도 강하
며 정신이 투철하여 다른 사람에게 의지하지 않고 매사를
자기 의도대로 한다. 융통성이 없어 때로는 고집쟁이의 성
정을 드러내며 자기의 주장만을 고집하며 남의 의견을 무
시하는 경향도 있다.

(4) 직업(職業)

고용직보다는 독립하는 것이 바람직하다. 기자, 소개업,
컨설팅 등이다.

(5) 연운(年運)

형제자매, 친구나 동료, 배우자와 재산상의 문제 발생,

☯ 년비견(年比肩)

가난하지만 나름 명망 있는 양반집에서 출생했다. 나름 부모의 비호를 받으며 양육되었지만 형제는 많으니 한 그릇의 밥에 여러 개의 수저를 놓아야 하는구나. 형제들 중에서 제일 못산다. 일찍이 고향을 떠나 객지에서 생활한다.

☯ 월비견(月比肩)

월에 비견이 자리하면 성격을 드러내어 불같으니 어이할 꼬. 형제와 동기간에 불목하고 화합하지 못하니 밥 먹기도 어렵다. 인생에 굴곡이 많고 빚을 지고 살 팔자니 애닯기만 하구나.

☯ 일비견(日比肩)

일지에 비견을 까니 집안 형제가 불목하고 형제 중에는 가산을 탕진하기도 하는구나. 집안에 재물이 있어도 탕진하니 내 손에 쥐어지는 것이 단 하나도 없구나. 느지막하게 결혼하여 안정을 찾으려 했더니 상부상처하고, 그나마 견디면 독신이나 별거하니 신세가 참으로 처량하구나.

☯ 시비견(時比肩)

신경질이 있고 바람기가 있으니 평생 안정감이란 찾을 수 없다. 남녀 모두 좋은 인연하고는 거리가 멀고 양자를 두는가 했더니 사생아 자식을 두게 되니 성욕을 잠재워야 하리라. 주거의 변동이 잦아 안정을 찾기가 어렵고 형제들이 일찍 죽으니 인생이 덧없다.

2) 겁재(劫財)

겁재는 재물을 위협한다는 뜻이다. 형제자매의 다른 의미 이므로 비견과 비슷하지만 좋지 않은 것을 더 많이 내포하 고 있다. 달리 말하자면 즉 재물을 겁탈하는 자이다. 형제 자매가 많으면 서로 유산을 물려받으려는 것과 같다. 따라 서 겁재가 많으면 하나의 밥그릇을 나누어 먹으려고 다투 는 격이다. 이복형제와 같은 것으로 화합보다는 투쟁, 재물 의 약탈, 겸손보다는 무뢰감이 넘친다. 불화와 이별을 내포 한 육친으로 이별과 고초를 면하기 어렵고 동업에는 부적 당하다.

(1) 육친(六親)
남여 공히 이복형제

(2) 확장(擴張)
채권자, 사기, 협박, 손재, 불화, 배신, 투쟁, 강재, 폭력, 차 압, 부도, 강도, 깡패, 투기, 변덕, 군인, 재벌, 도박

(3) 성정(性情)
비견과 마찬가지로 자존심이 강하고 고집이 세다. 그러나 비견이 양성적이라면 겁재는 음성적이다. 따라서 자존심을 노골적으로 나타내지도 않고 대인 관계도 비교적 원만하다.
그러나 이는 지극히 음성적이고 지하의 그림자적인 성향 이다.
비견처럼 자기 주장을 노출하지 않고 서슴없이 양보하여 수양이 잘된 듯 보이지만 그 속은 비견과 같이 자존심이 강하고

독선적이다. 드러내지 않는 것처럼 냉혹하기도 하고 집념이 강하다. 강자에게 순종하는 듯 보이나 불만을 가지고 있으며 약자에게는 절대로 자기 주장을 양보하지 않는다.

직장이나 밖에서는 무난한 사람으로 통하지만 가정에서는 폭군(暴君)이다. 양일간(陽日干)이며 지지에 겁재를 깔고 있으면 양인(羊刃)이다. 독선적이거나 권위적이며 자기 본위적인 사람이다. 수단이 좋아서 돈 걱정은 안하지만 낭비가 심하다.

(4) 직업(職業)
독립적인 직업이 어울린다. 동업은 불가하다.

(5) 연운(年運)
부부 불화, 이별수, 실물, 손재수

🌓 년겁재(年劫財)

부모와 일찍 이별하니 정이 없고 외롭기 그지 없다. 이복 형제가 있고 복잡한 형제관계가 족보를 어지럽히는구나. 매사에 구설이 있고, 투쟁이 있으니 삶이 팍팍하구나. 상신 등이 염려되는데 늘 바쁘게 움직이니 쉴 틈이 없구나.

🌓 월겁재(月劫財)

부부의 운이 없어 이별하고 별거에 드네. 동기간에는 해를 끼치니 인덕도 없다. 형제의 돈을 빌려 투기하지 말거라. 손재가 따르니 늘 괴롭고 심신이 안정되지 않으며 생활의 기복이 심하다. 친구는 물론이고 형제와 동업하면 재산 날리고 의리도 사라진다.

◉ 일겁재(日劫財)

인덕이란 눈을 찾고 보아도 찾을 수 없다. 부부간에 정도 없고 동기간은 손해만 끼치는구나. 상해로 인해 흉터가 생기니 마음이 아프고 하루하루가 근심이 떠나지 않는다.

◉ 시겁재(時劫財)

요행심을 부리지 마라. 투기심으로 투쟁하고 욕심 부리지 마라. 결국 무엇이든 잃고 신용도 잃는다. 처자식을 극하니 안타깝고 사생아 자식을 두니 매사가 불안하고 안정되지 않는다. 질병이 발생하니 건강에 힘써라.

3) 식신(食神)

일간과 음양은 같으나 일간의 기운을 빼가는 것이 식신이다. 자식이며 먹을 복이다. 식신은 먹는 것과 관련이 되어 있다. 나의 힘을 밖으로 작용하도록 하니 내가 강하면 기쁘나 약하면 탈진이 된다. 식신은 먹을 복이니 하나 정도가 적당하다. 많으면 식상과다가 된다. 지나치게 많으면 입은 하나인데 많은 밥을 먹어야 하니 탈이 난다. 식상은 월주(月柱)에 있으면 길하나 많으면 천박해지고 처신에는 좋지만 색정에 빠지기 쉽고 내적으로 고독하다.

(1) 육친(六親)

남자는 손자, 여자는 딸

(2) 확장(擴張)

긍정적, 낙천적, 식복, 지혜, 장수, 태양, 공기, 물, 불, 흙,

곡식, 연료, 식량, 유방, 자궁, 생식 기능, 교육, 예술, 문화, 복지 사업, 식품 제조, 판매업, 의류, 연료 생산, 과수, 목장, 농장, 의약, 병원

(3) 성정(性情)

예술적인 면에 다양한 재능을 가지며 다재다능하다. 먹을 복이 있어 걱정이 없다. 긍정적이고 낙천적이어서 다분히 향락적으로 보이지만 현실 위주와 실리를 추구하는 정도이다. 젊었을 때는 말랐던 사람이 중년부터 갑자기 살이 찌는 경향이 있다. 선천적으로 관용의 덕을 지녀 여간해서는 남을 원망하지 않는다. 화를 내어도 타인에게 상처를 주거나 원한을 남기지 않는다. 남의 부탁을 거절하지 못하는 성격으로 타인에게 호감을 받고 남에게 피해를 주지 않는다.

(4) 직업(職業)

육영, 교육, 학계, 예술, 종교, 요식업, 유흥업, 서비스업

(5) 연운(年運)

건강, 재산, 주색, 이성 문제,
남자는 직장, 자녀 문제,
여자는 남편, 자녀 문제가 발생한다.

☯ 년식신(年食神)

장수한 양반 가문으로 대대로 수명이 길었다. 선대가 양반가문이었으니 가문이 번창하고 인덕이 있었다. 조상의 덕이 있어 지혜가 총명하고 인물이 수려하다. 신장과 비장을 다치고 병이 생기면 회복이 느리고 고생이 심하니 늘 신경

을 써야 한다.

☯ 월식신(月食神)

서둘러 결혼하지 마라. 늦게 결혼하면 효자 자식을 둘 것이다. 공부보다는 몸으로 나서라. 신체는 건강하지만 공부에는 재주가 없다. 사람 사이에서 고집을 피우거나 피해를 입혀 원한 관계를 맺지 말아라.

☯ 일식신(日食神)

체격이 좋은 배우자라고 안심하지 마라. 건강은 체격과는 다르다. 상부상처하니 마음이 안타깝구나. 자식은 많지도 않은데 하나하나가 모두 근심덩어리라.

☯ 시식신(時食神)

얼씨구. 조상으로부터 유산을 물려받는다. 먹을 복은 지천으로 널렸으니 자식을 많이 두고 풍요롭게 살 수 있겠다. 남자는 자식 때문에 근심하고 아파하지만 여자는 효자를 둔다. 명성이 있고 건강하게 장수하니 아니 기쁜가!

4) 상관(傷官)

상관은 벼슬에 상처를 낸다는 말이다. 식신의 배다른 형제이다. 상관은 일간의 기운을 빼간다. 일간과 음양이 다르고 일간이 생하며 음양이 다르니 유정하지만 정을 통하니 무한정 기운을 주므로 나쁘다. 식신의 온후, 인정적, 사교성과 비교해 교만, 방해, 소송, 투쟁을 의미한다.

머리가 비상하고 총명하며 남을 부리거나 호령하는 기품

이 있다. 사치와 자유분방이 따르며 모략과 지략에 능하다. 솔직한 면이 보이며 유머도 있다. 신약하면 흉이 커지고 신강하면 강한 기질이 발휘되는 직업이 좋다.

(1) 육친(六親)

남자는 손녀, 장모, 조모

여자는 아들, 조모

(2) 확장(擴張)

천재성, 손재주, 예술, 고독, 유흥, 언론, 방송, 비판, 파격, 불화, 경쟁, 방해, 반항, 불만, 소모, 지출, 환상, 구설, 시비, 관재, 송사, 교육, 해일, 연출, 기획, 저술, 출판, 광고, 폭풍, 태풍, 홍수

(3) 성정(性情)

강한 운동성을 지니고 있다. 표면으로 드러내려는 욕구이다. 자존심이 강하고 남을 누르는 기상이 있으나 폭력성(暴力性)도 있다. 두뇌가 명석하고 감정이 예민하여 예술방면에 재능이 있다. 말이 좀 많고 비판적이며 관여하기를 좋아하고 수단 방법을 가리지 않고 남을 이기려고 한다. 자신을 누르려고 하면 무작정 돌진해 적이 많다. 보스 기질도 있어 넓은 아량을 베풀고 희생정신과 봉사 정신, 동정심도 있다. 천재성을 지녔으며 공상가나 비평가가 많다.

(4) 직업(職業)

육영, 예술, 기술, 학문, 군인, 종교, 서비스업, 경찰, 법조계

(5) 연운(年運)

재산, 건강, 주색, 유흥, 이성 문제, 관재, 질병, 산액.

남자는 직장 문제와 자녀 문제가 있고 여자는 남편과 자녀 문제가 생긴다.

☯ 년상관(年傷官)

자손이 끊긴 가문이다. 어찌하여 살아남았는지 운도 따랐다. 가문에는 대대로 청년기에 죽은 귀신이 많구나. 무식한 가문이니 학문을 익히지 못한 기술자의 조상이다. 아버지와 이별하기 쉬우며 혈광액사가 있으니 신중하라.

☯ 월상관(月傷官)

아쉽게도 부모와 인연이 박하구나. 육친간에 골육상쟁하니 얼마나 가슴 아픈가? 부친과도 일찍 이별하고 습관적으로 가출하니 버릇을 고쳐라. 성격이 정직하지 못하고 여자는 남편을 극하는구나.

☯ 일상관(日傷官)

예능에 뛰어나고 모험심도 있으니 천상 예술가이지만 자주 피어나는 관재수는 어이할꼬! 친척과 동업이나 직업 의논은 질투만 불러온다. 직업에도 차질이 생기니 친척과 상의도 하지 마라. 남자들은 미인 아내를 두니 행복하고 여자는 이별수가 있으니 어이할꼬!

☯ 시상관(時傷官)

세상에 되지 않는 일이 자식농사라고 했던가? 자식이라고 불효하는 것으로 모자라니 참으로 어리석은 지고, 말년에 질병으로 고생하니 지난날의 영화가 모두 헛것이로구나.

5) 정재(正財)

월급처럼 안정적인 재물을 말한다. 차분하고 지나침이 없다. 정재는 음양이 다르고 내가 극하는 것이다. 음양이 다르니 유정하지만 심하지 않다. 노력한 만큼 소유할 수 있다. 자산, 처, 명예를 의미한다. 신강하면 여자와 재산을 거느리나 신약사주는 가난하다. 정재가 많고 신약하면 신약재다(身弱財多)라고 하며 처첩궁(妻妾宮)에 흉이 될 수 있다.

근면, 성실, 부지런하고 재물에 대한 집착이 강하다. 차분함이 일정한 수익을 보장한다. 명랑한 듯하지만 인색하고 의심이 많다. 조심성이 있으며 정직하고 신용이 있다.

(1) 육친(六親)

부친의 형제자매, 남자는 처, 여자는 시부모의 형제

(2) 확장(擴張)

책임감, 노력, 인색, 보수적, 절약, 구두쇠, 금융, 봉사, 현금, 유가증권, 금, 은, 곡식, 가구, 상품, 부동산, 고정자산, 봉급자, 금융인, 상인, 사업가

(3) 성정(性情)

성실과 안정 그리고 신용을 중요하게 생각하므로 약속을 어기지 않고 약속을 지키지 못할 경우엔 미리 연락을 하고 해명한다. 일반적으로 착하고 일 잘 하는 사람이다.

섬세하고 자상하지만 상황에 따라 도리어 거추장스럽게 생각하는 사람도 있다. 고지식해서 애인으로는 재미없으나

남편이나 아내로서는 최고이다. 여간해서는 가정을 저버리거나 등한시하지 않는다. 정의감이 있고 봉사 정신이 있으며 주변 사람을 돌본다.

(4) 직업(職業)

재정, 금융, 상공업, 투기와 사채는 금물

(5) 연운(年運)

사업, 매매, 금전, 처첩, 여자, 결혼, 연애, 부모, 친척, 문서에 문제가 생긴다.

☯ 년정재(年正財)

선대는 양반이었을 것이다. 조상 덕도 있으니 유산도 있겠다. 집안에는 늘 근심이 있겠구나. 다행히 두뇌가 총명하고 자수성가 한다. 장남이 아니라도 장남노릇을 해야 하고 생활은 순탄하다.

☯ 월정재(月正財)

효도하는 가풍이 보인다. 장수 하는 집안에서 출생하였다. 애처가이며 아내가 보물이다. 아내는 처갓집에서의 재산 상속이 있다. 수전노이니 자립심이 강하다. 공부를 좋아하고 인생 항로에 그다지 고생없이 대길하다.

☯ 일정재(日正財)

남자는 처가편이 되고 여자는 또한 운이 있는 편이라 시부모가 인정이 있다.

부부간에는 늘 고충이 따르니 마음을 열어라. 인색하지만 알부자이다. 죽기 전에 쓰고 죽어라.

☯ 시정재(時正財)

후손이 많다. 아들딸을 많이 낳고 중년에 부귀하며 말년에 벼슬한다. 늙어서 말년에 벼슬이라. 가정이 편안하고 크게 번창한다.

6) 편재(偏財)

편재는 치우친 재물이라고 한다. 거칠게 번 돈이다. 투기성이다. 남의 자산이며 내 호주머니에 들어와도 곧 나간다. 항상 바쁘고 씀씀이가 헤프다. 편재는 일간과 같은 음양이니 극하는 정도가 강하다. 노력한 것 이상으로 벌어들일 수도 있지만 이하로 벌어들일 수도 있다. 대박이 날 수도 있고, 쪽박이 날 수도 있다. 활동적이며 욕심으로 투기성도 있다. 신강하면 큰 돈을 만져 인생이 즐거우나 신약하고 편재가 많으면 재물에 인정이 상한다.

편재가 많으면 조실부모(早失父母)하고 처가 둘일 수 있다. 여자는 편재가 많으면 재가할 가능성이 많다. 편재가 많다는 것은 돈과 여자복을 의미하기도 하지만 반대로 돈에 곤란을 당할 수도 있다.

(1) 육친(六親)
남자는 부친, 첩, 처의 형제자매
여자는 부친, 시아버지

(2) 확장(擴張)
전국 무대, 투기성, 낭비성, 사업성, 융통성, 욕심, 술꾼,

수단가, 투자, 성급, 이성 문제, 봉사 정신, 총명, 증권, 사채, 편법, 사기, 협박, 불법, 도박, 뇌물, 횡령.

(3) 성정(性情)

마음 속으로 재물과 애정 문제가 큰 비중을 차지하여 돈과 여자에 탐을 낸다. 사교성이 좋고 의협심과 동정심이 있으나 풍류와 낭비벽도 심하다. 친구나 애인으로 사귀기에는 좋으나 부인으로는 좋지 않다. 금전에 대한 집착이 강하고 이권쟁취에 있어서는 수단 방법을 가리지 않으므로 비난의 대상이 된다. 간혹 남의 돈으로 큰 사업을 일으키는 경우도 있다.

(4) 직업(職業)

상공업, 투기, 무역, 금융업

(5) 연운(年運)

금전, 여자, 연애, 결혼, 사업, 부동산, 문서, 부모, 처첩, 시어머니에 문제가 일어난다.

☯ 년편재(年偏財)

조상은 부자였나 보다. 부모대에 몰락하였으니 아쉽기만 하구나. 선친은 혈혈단신이다. 양반의 집에서 태어났으나 가난하여 먹을 것이 없어 다른 집에 입적한다

☯ 월편재(月偏財)

마음이 넓은 것이라고 할까? 선심공세에 능하고 물질을 경시한다. 부모로 인해 근심이 끊이지 않고 주색을 즐기니 패가망신 할 수밖에. 배짱이 있어 주위의 영향에 신경 쓰지

않고 잘 사는 것 같지만 외부적으로 부자여도 내심으로는 가난하다. 연애결혼 하는구나.

☯ 일편재(日偏財)

처가와 화목하지 못하고 처와 화목하지 못하니 밖에서 여자를 만나 감정을 푼다. 바람기가 심하니 금전을 낭비하고 약자를 무시한다. 연애결혼을 한다고 해도 부부간에 풍파가 있고 산재망신 하겠구나.

☯ 시편재(時偏財)

자수성가에 처 덕도 있다. 빚이 있어도 두려워하지 않으며 통이 크니 결국은 성공하리라. 초년부터 고생하지만 말년에 이르면 부귀를 누리며 행복이 보장된다. 그러나 세상의 이치가 어디 뜻대로인가? 간혹 가난한 사람도 있다.

7) 정관(正官)

정관은 나를 지배하는 바른 자이니 바른 관직이다. 국가이며 회사이다. 관이라는 것은 일간을 극하니 일간을 통제 하는 정당한 지배자이다. 정관은 일간의 경쟁자인 겁재를 극하여 일간의 재물을 지켜준다. 여자의 지배자이니 남편이다.

정관은 신용, 자비, 명예, 덕성을 내포하고 있으며 남자에게는 자식이고 여자에게는 남편이다. 따라서 정관이 지나치게 많으면 배다른 자식이 있을 수 있고, 여자에게는 남편 같은 남자가 많아진다는 것이니 의미가 심장하다. 공명 정직하고 신용과 덕망이 있다. 근면, 성실하고 자애로우니 단정하고 군자풍의 남편이다.

(1) 육친(六親)

남자의 경우 자식, 조상, 상사

여자는 남편

(2) 확장(擴張)

보수적, 행정 기관, 안정성, 규범, 질서, 모범, 신용, 품위, 단정, 명예, 권위, 인덕, 발전, 도덕, 제도, 질서, 책임, 윤리, 법, 정치, 관료, 직장, 공문서, 자격증

(3) 성정(性情)

준법적인 생활을 하는 사람으로 형제간에 우애가 있으며 부모님께 효도, 자녀에게는 자상하지만 자신에게는 엄한 사람이다. 모범 사원이고 모범 가장이니 용모가 단정하고 정신이 순수하고 준수하다. 명예를 중히 여기고 원리 원칙을 고수하여 딱딱한 면이 있다. 자존심이 강하며 다른 사람과 어울리는 과정에 불화가 있을 수 있으나 명랑하고 대범하다. 신용과 책임을 중히 여기니 무책임한 행동과 남에게 폐를 끼치는 일은 하지 않는다. 신중하고 꼼꼼하며 마음을 감추고 비밀을 지켜 냉정한 인상이다.

(4) 직업(職業)

공무원, 문관, 행정직, 기술 계통

(5) 연운(年運)

직업, 전업, 전직, 명예, 법률 문제

남자는 조상 문제와 상사, 자녀 문제가 발생할 수 있고 여자는 남편이나 이성 문제가 생긴다.

☯ 년정관(年正官)

혈통 좋은 양반가문 출신이다. 공부를 좋아했으니 중요한 지격을 얻었음을 알겠다. 어쨌거나 늘 아프고 신체적 장애 등이 염려된다.

☯ 월정관(月正官)

공부를 즐기고 명예욕이 강하고 봉사 정신이 지나치게 투철하다. 관직으로 나간다고 해도 대길할 것으로 보여지며 장사는 패망하기 쉽다.

☯ 일정관(日正官)

명예욕이 강하고 처가는 양반집이다. 부부사이가 다정하기 그지 없고 부부가 맞벌이를 한다.

☯ 시정관(時正官)

배경이 없음에도 운이 따라 출세하여 늦은 나이에까지 직업을 가진다. 돈이 없다 해도 자식은 효자를 두고 말년은 청수함이 돋보인다. 자손의 학문이 두드러지고 훌륭하다.

8) 편관(偏官)

편관은 달리 칠살(七煞)이라 부르는데 완강함, 투쟁, 성급한 지배자이다. 거친 사람이다. 거친 일이다. 갑자기 하늘에서 떨어지는 돈이다. 일간의 관계에서 음양이 같으니 일방적으로 극을 한다. 관이 일간을 통제하는데 일방적으로 통제를 하는 격으로 도리에 맞지 않아도 편관이 시키는 일을 해야 한다.

편관은 무관(武官)과 같고 거칠며 강력한 권위를 상징한다. 군대의 문화와 같은 획일주의이며 강제자이다. 힘으로 세상을 지배하려는 독재자이니 일간의 재물을 탐하는 겁재를 치지 않고 일간을 극하니 상당히 불길하다.

(1) 육친(六親)

남자는 자식

여자는 남편, 남편의 형제 자매, 정부(情婦), 애인

(2) 확장(擴張)

투쟁성, 권력, 정치성, 강제성, 개혁, 혁명가, 의협심, 영웅심, 득수직, 무관, 검찰, 군인, 경찰, 호승심, 반역, 고통, 질병, 재난, 형액, 파산, 단명, 편법, 투쟁, 폭력, 살상, 법관, 검사, 수사관, 감사관, 세관원, 깡패, 죄수, 협객, 무법자, 환자, 시체, 무기, 흉기, 위험물, 폭발물, 고문 기구, 구속 영장, 교도소

(3) 성정(性情)

자만심이 강하고 자기중심적이며 격하지만 나름 의리와 인정을 소중하게 생각한다. 의협심과 투쟁심이 강하여 약자를 도울 때는 강한 자를 막론하고 돌진하는 강인한 점을 지니고 있다.

영웅적이거나 보스적인 기질이 있으며 상대방이 자신을 이용하거나 억압하면 반드시 대든다. 머리가 좋아 책략(策略)을 쓰기 좋아하고 사람을 쓰는 솜씨가 뛰어나다.

(4) 직업(職業)

직업 군인, 검찰, 경찰, 건축업

(5) 연운(年運)

투쟁, 질병, 관재, 구설, 수술, 직업 변동, 이사

남자는 자녀와 형제 문제

여자는 남편과 형제자매, 시숙과의 문제가 생긴다.

☯ 년편관(年偏官)

기술직 가문이니 조상 덕은 전혀 없다. 양반 가문이 아니니 남긴 것도 없다. 동기간이 바람처럼 흩어지고 족보에는 수치스러움을 남긴다. 질병이 떠나지 않으니 늘 괴롭고 고독하고 아프다.

☯ 월편관(月偏官)

조상이 무관이다. 조상덕이란 기대조차 할 수 없는 가문의 출신이다. 주거를 전전하니 애달프다. 겨우 고학을 하였으니 학력이 짧다. 기골이 장대하고 힘이 강하나 이는 모두 빛 좋은 개살구라. 약을 떠나서는 한시도 못 살 팔자다.

☯ 일편관(日偏官)

운이 있어 국가의 고위직에 오른다고 해도 자신의 전공을 지키지는 못한다. 다행히 운이 있어 똑똑한 배우자를 얻지만 형제간에는 화합하기 힘들다. 데모, 선동은 물론이고 혁명 기질이 있고 수술, 부상 등 신체적 장애가 따르는 것은 어찌 할 수 없다.

☯ 시편관(時偏官)

아들을 적게 두지만 복이 있어 출세하는 자식이 있다. 몸 관리에 신경을 써야 한다. 수술, 부상 등의 장애가 따른다.

9) 정인(正印)

편안하다. 포근한 어머니 품이다. 정인은 나라에서 쓰는 도장으로 지혜, 학문, 총명, 덕성, 자비, 종교를 뜻한다. 행복을 암시하는 육친으로 나를 돌보는 어머니와 같다. 그럼에도 사주에 인수가 지나치게 많으면 어머니가 많아 잔소리를 하고 편모(偏母)가 생기는 격이다.

또한 어머니가 많으니 온후하고 자비로우나 의지하는 바가 커서 지나치게 게으르고 어머니에게 너무 의지하니 무사안일 한 성격이 된다. 일간을 생하며 음양이 다르니 생이 잘 된다. 일간은 정인의 기운을 빼가는 것인데 일간을 생하니 바르다. 따라서 정인을 어머니로 표현한다.

(1) 육친(六親)
모친이다.

(2) 확장(擴張)
선비, 의무, 책임, 학위, 명예, 학문, 문서, 인허가, 근원, 뿌리, 출발점, 시작, 종자, 젖줄, 후원자, 귀인, 스승, 책, 도장, 서류, 지혜, 지식, 진리, 진실, 족보, 예술, 교육, 자선, 육영사업

(3) 성정(性情)
자존심이 강하고 집중력이 좋지만 의타심으로 결정력이 부족하다. 학자와 선비타입으로 두뇌가 명석하고 탐구심이 강하며 노력가이지만 선량하고 까다롭다. 예절과 덕망을 갖추나 너무 정통성을 따지고 외골수이다. 변덕이 있어 한번

기분이 틀어지면 오래 가며 칭찬을 하고 인정하면 매진하나 자존심을 건드리거나 무시하면 극단적으로 싫어한다. 다양한 덕성으로 남들로부터 존경을 받지만 자기중심적이거나 자기를 우선하기에 주의해야 한다.

(4) 직업(職業)

학자, 문인, 교육, 문화사업, 출판, 문방구, 의료, 수예, 가구, 언론

(5) 연운(年運)

매매, 계약, 건축, 개축, 진학, 시험, 보증, 돈 문제가 생긴다.

☯ 년인수(年正印)

선비가문 출신이다. 조상이 학자일 가능성이 높고 의사나 예술가일 가능성도 매우 높다. 외가도 매우 훌륭하다. 천재성을 지니고 있지만 고독을 느끼며 살고, 자식도 늦고 허약하다.

☯ 월인수(月正印)

편모, 편부 슬하일 것이다. 후배를 많이 거느리니 적당한 리더십도 있다. 두뇌는 매우 총명하다. 학업이 발전하니 신분 상승이 이루어질 것이다. 자식은 늦게 두면 게을러 걱정이 생긴다.

☯ 일인수(日正印)

배우자 가족을 내 가족처럼 모시니 칭송이 있다. 자식의 인연이 늦은 것이 안타까움이다. 재물에 욕심이 있고 생활

의 기복이 심하다. 이웃에도 전념하지 못하고 힘이 없으니 애석타.

☯ 시인수(時正印)

자식이 늦으니 안타까운데 어리니 걱정이 태산이다. 학문이나 예술, 자식 연이 늦으니 더욱 문제가 있어 마음이 쓰인다. 간간이 파고드는 병이 심신을 괴롭히지만 수명은 길다. 정신적으로 고독하고 양자를 두기도 한다.

10) 편인(偏印)

편인은 복(福)과 수명을 해치는 불길한 존재이다. 편모다. 의붓어머니다. 잔소리다. 지배하려고도 하고 자식을 부리려고도 한다. 고독, 이별, 색난 자체를 나타내기에 도식(倒食)이라 한다.

변덕이 심하고 일을 해도 용두사미다. 신강하면 오히려 나쁘고 신약하면 도움이 된다. 시작은 있으나 끝이 없고 신의가 약하다. 일간을 생하는데 음양이 같으니 생이 힘들다. 지독히도 무정하니 계모를 상징한다. 사주에서 밥그릇은 식신인데, 이것을 극하는 것이 편인이다.

(1) 육친(六親)

남자는 조부, 계모, 장인

여자는 시조모

(2) 확장(擴張)

효신이라고 하기도 하고 도식이라 하기도 한다. 효신은

올빼미를 말하는데 낮에는 자고 밤에는 움직이는데 자기 자식을 잡아 먹고 부모에게는 불효하는 새이다. 도식은 밥 그릇을 업어 버린다는 뜻이니 배신이나 실패, 사기, 재난, 질병, 부도, 파직, 실직을 말한다. 신통력, 변덕, 이별, 고독, 예술, 문서, 속임수, 발명, 종교, 스포츠, 기술, 의약, 계모, 역술인, 연예인, 도둑, 사기꾼, 언론인, 의사, 기능인, 체육인

(3) 성정(性情)

사교성이 결핍되고 즉흥적이며 주관성이 없다. 때로 허세를 부리고 종교에 빠지거나 특이한 일에 심취하기도 한다. 남에게는 없는 독특한 성격을 말한다. 성질도 예측을 불허한다. 머리 회전은 빨라 상황에 재빨리 대책을 강구하는 임기응변의 명수이며 결정을 하면 어떤 경우도 밀어붙인다. 여러 방면에 재능이 있지만 어느 정도 이루면 다른 일을 생각한다. 눈치가 빠르고 만능 재주꾼이며 팔방미인이다.

(4) 직업(職業)

학문, 문화, 예술, 의술, 역술, 간호사

(5) 연운(年運)

매매, 건축, 개축, 문서, 학술, 시험, 입학에 문제가 생긴다.

☯ 년편인(年偏印)

학식 없는 조상을 두었으니 양반의 후손은 아니다. 절손되었던 경험이 있으니 양자를 들인 자손이다. 부모가 가난하고 내과적인 병이 떠날 줄 몰라 자식들이 부담으로 불목한다. 조상의 조업이라고는 없으니 이을 업도 없다.

☯ 월편인(月偏印)

부모의 혈통이 혼잡하니 양반은 아니다. 혹은 난삽한 가문의 후손이다. 자식이 없거나 늦게 둔다. 사업 시작은 신중하라. 시작은 좋으나 실패의 확률이 있으며 실패가 잦고 부양의 의미가 따른다.

☯ 일편인(日偏印)

성질이 급하니 손해가 많다. 매사 일이 중단되거나 이루어지는 경우가 지나치게 약하다. 배우자와도 혼인을 하였지만 인연이 부족하여 불화한다. 남의 말을 듣지도 않고 믿지도 않으니 폐쇄적이다.

☯ 시편인(時偏印)

자식이 없거나 늦다. 있어도 뿔뿔이 흩어진다. 말년으로 접어들면 이유 없는 병이 발동하여 고생하고 고독하다. 배우자와도 인연이 나빠지므로 덤덤해진다. 양자를 두기도 하지만 생식기 질환을 조심해야 한다.

7. 근묘화실(根苗花實)

사주를 분석하는 방법은 아주 많다. 수 많은 방법 중 한 가지가 근묘화실(根苗花實)의 방법이다. 이 이론은 간명(看命)에서 가장 먼저 사용하는 방법이지만 무시하는 경우도 아주 많다. 따라서 사주 명식에서 가장 먼저 정리하고 적용하여야 하는 방법이고 기법이다. 근묘화실의 관계에서 육친을 대입하는 것이 간명의 시작이다.

근묘화실은 같은 육친이라도 어느 자리에 배치되어 있는가를 살피는 것이다. 즉 연주, 월주, 일주, 시주에서 일어나는 현상과 작용이 다르므로 육친의 대입을 살펴 구별하는 가장 기초적인 적용이다. 따라서 근묘화실을 반드시 이해하여야 하고 네 기둥에 해당하는 통변을 이어가는 것이 원국을 가장 정확하고 빠르게 간명하는 방식이다. 따라서 육친이 8개의 글자에서 어느 위치에 포진하고 있느냐를 살펴 해석하는 것으로 간단하지만 명쾌한 해석을 할 수 있다.

1) ≪연해자평(淵海子平)≫의 의미 분석

≪연해자평≫은 명리학의 고전으로, 이 책에 근묘화실의 적용을 이해할 수 있는 글이 있다. 이 글에 따르면 다양한 해석이 가능해지는데 근묘화실에 대해서는 간단하게 요약을 해 볼 수 있다.

☯ 년(年)은 근원(根源)이 되고, 월(月)은 싹(苗)이며, 일(日)은 꽃(花)이 되고, 시(時)는 열매(實)가 된다.

☯ 일간(日干)을 위주로 하여 사주를 분석한다.

☯ 천간(天干)은 하늘이 되고, 지지(地支)는 땅이 되며, 지지 속에 감추어진 것(地藏干)이 인원(人元)이 된다.

☯ 년(年)은 조상이 되고 선대의 종파(種派)가 성(盛)하고 쇠(衰)하는 이치이다.

☯ 생년(生年)은 조상의 궁(宮)이다. 형충파해를 꺼리니

상처를 입으면 비록 음덕이 있어도 의지할 곳이 없다.

☯ 월(月)은 부모이다. 부모의 덕과 명리를 파악한다.

☯ 월은 형제의 궁이기도 하다.

☯ 일(日)은 자신이 되는데 간을 주체로 삼아 다른 팔자와 대조하여 생극의 근원으로 삼는다. 일간이 약하면 생왕의 기를 얻어야 하고 왕하면 기운을 덜어주어야 한다.

☯ 일지(日支)는 처첩(妻妾)의 궁이다. 여자에게는 남편의 궁이다. 형충파해는 꺼린다.

☯ 시주(時柱)는 자식의 궁이다. 자식의 별자리가 사절지(死絶地)에 의미하면 자식의 수가 적다.

2) 근묘화실, 각 주의 의미

근묘화실을 적용할 때는 육친뿐 아니라 나이도 적용한다. 시기와 나이를 적용하는 방식은 각 주마다 15년을 배정하는데 년주(年柱)부터 배정한다.

☯ 근(根), 년의 기둥은 년주라 하고 초년운 15년에 해당한다.

☯ 묘(苗), 월의 기둥은 월주라 하고 청년운 15년에 해당한다.

☯ 화(花), 일의 기둥을 일주라 하고 중년운 15년에 해당한다.

☯ 실(實), 시의 기둥을 시주라 하고 말년운을 포함하여 이후가 모두 해당한다.

근묘화실은 계절과도 관계가 있다. 이는 사계절을 의미하기도 하는 것이다.

보통 성명학에서도 사용하는 방식으로 원형이정(元亨利
貞)이라는 용어가 사용되는데 근묘화실과 크게 다르지 않
다. 달리 보면 봄 여름 가을 겨울의 사계절이 인생사 생로병
사의 단계와 다르지 않다.

근묘화실은 나고 자라며 성장하고 죽음의 단계를 말하고
있다. 만물이 생성되어 나고 자라며 거두어 들이고 쉬는 일
련의 과정을 의미하는데 사주의 각 기둥이 이러한 과정을
나타내는 것이다.

3) 년주의 의미 조견표

년주(年柱)	바탕과 근본이다. 조상의 덕을 알 수 있으며 초년의 자라온 환경을 알 수 있다.
궁(宮)	조상의 궁이다. 집안의 가풍과 선대의 업적을 알 수 있다. 선대의 유산과 가문의 명예를 파악할 수 있는 자리이다.
나이	태어나서 15세 까지의 유년기를 의미한다.
계절	봄이다.
성명(姓名)	성명학에서 인용하는 사격(四格) 중에 원격(元格)에 해당한다.
길성(吉星) 득령(得令)	길성이 자리하면 좋은 집안의 출신이라는 것을 알 수 있다. 좋은 집안에 태어나 학업의 장애가 없고 귀함을 받고 자라므로 초등학교나, 중학교 시절에 우수한 성적을 내고 부러움 없이 자랄 수 있다.
형충(形冲) 흉성(凶星)	선대의 유업이 허망하다. 지키지 못하고 탕진하니 대체적으로 선대의 유덕을 잇지 못한다. 집안 형편은 좋지 못하고 심한 경우는 학업이 중단되기도 한다. 공부를 하지 못했으므로 후일 영향을 미칠 것이고 의식주가 풍요롭지 못하다. 식복 또한 없으니 일찍 돈벌이에 나서야 한다.

4) 월주의 의미 조견표

월주(月柱)	인생에서 가장 큰 영향을 미치는 자리이다. 청년기 시절의 환경을 의미하는 곳이며 어머니의 영향을 가름할 수 있다.
궁(宮)	주로 부모님과 관련된 자리를 살피는 곳으로 집안의 가장이 하는 일을 파악할 수 있다. 특히 영향력이 큰 어머니의 모습을 살필 수 있다.
나이	15세에서 30세까지의 대략적인 청년기의 모습을 알 수 있다. 직업 선택과 향후 인생의 전개가 예측 가능하다.
계절	여름이다
성명(姓名)	성명학에서 인용하는 사격(四格) 중에 형격(亨格)에 해당한다.

길성(吉星) 득령(得令)	가장 활동적인 시기이다. 가업이 늘고 나날이 수입도 는다. 발전성을 느낄 수 있다. 윤택한 생활이 이어지고 성장하며 조직에 적응한다. 재력이 형성되고 경제적 안정이 이루어진다. 주변과 조화를 이루고 인기가 생기며 사람 속에서 어울린다.
형충(形冲) 흉성(凶星)	진로가 불투명하여 고민이 많고 잡스러운 일에 끼어들거나 기웃거리고 잡스러운 재주에 눈이 간다. 뚜렷한 실력이나 재주가 없어 항상 기대치에 미치지 못해 고민이 생기고 집안의 가업은 기울거나 대를 잇기 어려우며 경제적으로 안정감이 떨어진다.

5) 일주의 의미 조견표

일주(日柱)	인생의 중년기이다. 일의 성취도를 알 수 있다.
궁(宮)	일지를 통해 배우자의 운을 알 수 있다.
나이	30세 이후를 알리는데 대략 15년을 살피니 45세까지이다.
계절	가을이다.
성명(姓名)	성명학에서 인용하는 사격(四格) 중에 이격(利格)에 해당한다.
길성(吉星) 득령(得令)	좋은 집안에서 태어난 현숙하고도 총명한 배우자를 만나니 길하다. 뛰어난 배우자를 맞아들여 배우자의 덕을 입으니 큰 출세에 해당하는 기반을 얻는다. 건강하고 만사가 행복하여 말년의 준비가 시작되고 단란하고 아름다운 가정을 영위한다.
형충(形冲) 흉성(凶星)	배우자 운이 나쁘거나 배우자로 인한 근심이 있고 건강상으로도 좋지 못하다. 갑작스러운 질병과 고난을 의미하며 사업의 실패도 있다. 배우자와의 이별을 암시하며 가정 생활의 스트레스를 의미한다.

6) 시주의 의미 조견표

시주(時柱)	45세 이후 인생의 말년을 의미하고 있으며 살아온 결과를 보여 준다
궁(宮)	자녀의 궁이다. 자식의 운세를 추론할 수 있다.
나이	45세 이후 말년이다.
계절	겨울이다.
성명(姓名)	성명학에서 인용하는 사격(四格) 중에 정격(貞格)에 해당한다.
길성(吉星) 득령(得令)	자식이 번성하고 번창하며 부모를 아끼고 은덕을 생각하는 효자를 둔다. 국가의 녹봉, 가문의 번창과 자식의 덕으로 말년이 평안하다.
형충(形冲) 흉성(凶星)	자식의 건강이 좋지 못하고 총명하지 못해 우수한 학업성적이 어둡다. 여명의 사주에서는 자식을 두지 못하거나 잃을 수 있으며 자식들의 직업도 안정적이지 못하다.

8. 왕상휴수사(旺相休囚死)

십간의 계절에 대한 왕쇠를 뜻한다. 사주에서 목화토금수(木火土金水)의 오행이 어느 계절에 왕(旺)하고 어느 계절에 쇠(衰)하는지를 말한다. 왕(旺)이란 나와 동기(同氣)로서 왕성한 것이고 상(相)이란 내가 생하는 상태이고 휴(休)란 나를 생하는 것이고 수(囚)란 내가 수극(受剋)이 되는 상태이고 사(死)는 내가 극하는 상대를 보는 것을 말한다.

왕(旺)이란 세가 가장 왕한 것이고 상(相)이란 강하지도 약하지도 않는 것이며 휴(休)는 왕(旺)에 이어서 다음으로 강한 것이며 수(囚)란 사(死)에 이어 약한 것이다. 그리고 사(死)라고 하면 가장 약한 것이다. 일간의 오행과 생월의 오행의 상대 관계를 특히 강조하고 이들이 령(令)을 득하고 있는지 득하지 못했는지 파악한다.

추명을 할 때 기본적으로 파악하는 것은 오행의 생극제화(生剋制化)이다. 그러나 오행자체의 성쇠도 두루두루 살펴야 한다. 일주(日柱)가 지닌 자체의 기세를 판단하는 것이 가장 중요하지만 다른 일곱 개의 글자를 비교함에 있어서 일주의 인생 항로에 대한 길흉 관계를 충분히 가늠할 수 있기 때문이다.

일주와의 비교 및 관계에서 통상적으로 일주와 월령의 관계를 가장 중요하게 살피는데 이 관계를 일컬어 왕상휴수사(旺相休囚死)라고 한다.

예를 들어 갑을(甲乙)과 같은 목(木)의 기운을 지닌 일주가 월을 따질 때 같은 목의 기운을 지닌 인묘월(寅卯月)에 태어났다면 이를 왕(旺)이라 칭하며 가장 강한 것으로 본다.

갑을과 같은 목의 기운을 지닌 일주가 목을 생조 하는 해자월(亥子月)에 태어났다면 이를 상(相)이라 칭하며 두 번째 강한 것으로 본다.

목의 기운을 지닌 갑을 일주가 설기시키는 사오월(巳午月)에 태어났다면 휴(休)라고 하며 설기시키는 것이니 약하다고 보는 것이다.

목의 기운을 지닌 갑을 일주가 토의 기운을 지닌 진술축미월(辰戌丑未月)에 태어났다면 수(囚)라고 보며 휴보다도 더욱 약하다고 본다.

갑오 일주가 목의 기운을 극하는 신유월(辛酉月)에 태어났다면 사(死)라고 칭하는 것으로 가장 약하다고 본다.

일주가 왕한 달과 상한 달에 태어났다면 득령(得令)하였다고 하며 휴수사의 달에 태어나면 실령(失令)하였다고 한다.

월령 \ 일주	갑을(甲乙)(木)	병정(丙丁)(火)	무기(戊己)(土)	경신(庚申)(金)	임계(壬癸)(水)
왕(旺)	寅卯	巳午	辰戌丑未	申酉	亥子
상(相)	亥子	寅卯	巳午	辰戌丑未	申酉
휴(休)	巳午	辰戌丑未	申酉	亥子	寅卯
수(囚)	辰戌丑未	申酉	亥子	寅卯	巳午
사(死)	申酉	亥子	寅卯	巳午	辰戌丑未

▣ 연습 1

일간오행을 기준으로 오행을 살펴서 본다	육친 이름
일간과 같은 오행이면 비겁	음양이 동성이면( ) 음양이 이성이면( )
일간이 생(生)해주는 오행이면 식상	음양이 동성이면( ) 음양이 이성이면( )
일간이 극(剋)하는 오행이면 재성	음양이 동성이면( ) 음양이 이성이면( )
일간이 극을 당하는 오행이면 관성	음양이 동성이면( ) 음양이 이성이면( )
일간을 생해주는 오행이면 인성	음양이 동성이면( ) 음양이 이성이면( )

▣ 연습 2

육친 일간	偏財 편재	正財 정재	偏官 편관	正官 정관	食神 식신	傷官 상관	劫財 겁재	比肩 비견	偏印 편인	正印 정인
甲		己	庚	辛		丁	乙	甲	壬	癸
乙	己		辛	庚	丁		甲	乙	癸	壬
丙	庚	辛		癸	戊	己		丙	甲	乙
丁	辛	庚	癸		己	戊	丙		乙	甲
戊		癸	甲	乙		辛	己	戊		丁
己	癸		乙	甲	辛		戊	己	丁	
庚	甲	乙		丁	壬	癸		庚	戊	己
辛	乙	甲	丁		癸	壬	庚		己	戊
壬	丙	丁	戊	己		乙	癸	壬		辛
癸	丁	丙	己	戊	乙		壬	癸	辛	

■ 연습 3

육친\n일간	偏財\n편재	正財\n정재	偏官\n편관	正官\n정관	食神\n식신	傷官\n상관	劫財\n겁재	比肩\n비견	偏印\n편인	正印\n정인
甲	辰戌	丑未	申	酉	巳	午		寅		子
乙	丑未	辰戌			午	巳			子	
丙		酉	亥	子	辰戌		午	巳	寅	卯
丁	酉	申	子		丑未	辰戌	巳	午	卯	寅
戊		子	寅	卯	申	酉	丑未	辰戌	巳	
己	子	亥	卯	寅		申	辰戌	丑未	午	巳
庚		卯		午	亥				辰戌	丑未
辛	卯		午	巳	子	亥	申	酉		辰戌
壬	巳	午	辰戌	丑未		卯		亥	申	
癸		巳	丑未	辰戌	卯	寅	亥	子	酉	申

■ 연습 4

육친\n일간	偏財\n편재	正財\n정재	偏官\n편관	正官\n정관	食神\n식신	傷官\n상관	劫財\n겁재	比肩\n비견	偏印\n편인	正印\n정인
甲		己丑未	庚申	辛酉	丙巳	丁午	乙卯		壬亥	癸子
乙	己丑未	戊辰戌		庚申	丁午		甲寅	乙卯	子	
丙	庚申		壬亥		戊辰戌	己丑未		丙巳	甲寅	乙卯
丁	辛酉	庚申	癸子	壬亥		戊辰戌	丙巳		乙卯	甲寅
戊		癸子	甲寅		庚申	辛酉		戊辰戌		丁午
己	癸子		乙卯	甲寅	辛酉	庚申	戊辰戌	己丑未	丁午	丙巳
庚	甲寅	乙卯		丁午	壬亥		辛酉		戊辰戌	己丑未
辛	乙卯	甲寅	丁午		癸子	壬亥		辛酉		戊辰戌
壬		丁午	戊辰戌	己丑未		乙卯	癸子		庚申	辛酉
癸		丁午	丙巳		戊辰戌	乙卯		壬亥	癸子	辛酉

제11장.
천간의 성격

제11장. 天干의 성격

1. 일간(日干)의 성격

1) 甲일간

움직이는 것을 싫어하며, 융통성이 없으며 언변(言辯)이 없고 천진하다. 주변을 살피지 못하고 앞을 보고 달리는 스타일이다. 주변의 것에 주저하거나 신경을 쓰지 않고 오직 1등을 위해 달린다. 앞만 보고 목표를 세우기에 정직하고 내심을 드러내지 않는다. 지나치게 고독하고 자신의 고집을 세우며, 지는 것을 매우 싫어한다. 겉으로는 드러내지 않고 친절해 경쟁심이 감추어져 보이지만 무엇을 하든 최고가 되어야 직성이 풀린다.

지나치게 딱딱하다. 몸도 딱딱하고 사고도 경직되다. 자존심도 강하고 질 수 없다는 강박관념도 있다. 관절이 약하다. 건장하고 장군감이며, 어떤 일의 주체가 되고, 대체로 상체는 크고, 하체는 허약하다. 우두머리 기질이 있다. 과로는 큰 병의 시작이다.

2) 乙일간

자존심이 강하다. 의타심이 있지만 드러내지 않으려고 한다. 타인을 이용하여 성공하는 경우도 있다. 지극히 현실적인 사고를 지니고 있다. 그래서 융통성과 유연함이 있으며,

아무리 성질나도 차근차근 일처리하며, 주도면밀(周到綿密), 치밀하며, 유연한 처세술(處世術), 언변술(言辯術), 임기응변(臨機應變), 실리(實利)를 중요시하며, 체면 명예를 더 중요시한다.

이치적이나 현상적인 것보다는 자신에게 이익이 되고 도움이 되는 실질적인 것을 선호하고 상황을 유리하게 전환시키는 재능이 있다. 때로 자신을 위해 남을 이용하기도 한다. 남을 누르거나 타고 오르려는 습성이 있다. 현실과 물질을 중요하게 여긴다. 허리에 두르는 띠를 상징하기도 하며, 집착성, 애착, 유순함, 자유로운 성격이다.

3) 丙일간

태양과 같다. 정열적이며 화려한 것을 선호한다. 좀처럼 화를 내지 않지만 참지 못하면 폭발한다. 평소에는 태양(太陽)이지만 화를 내면 불이 사방으로 튀고 번지는 용광로(鎔鑛爐)가 된다. 하는 일 없이 바쁘거나 일을 만든다. 여기저기 기웃거리고 남의 일에 참견해 빈축을 산다.

은근히 화를 잘 내고 성급한 편이지만 의협심이 있다. 한결 같은 모습, 변하지 않는 마음, 무드에 약하며, 남 퍼주는 것 좋아하는 스타일이다. 일을 벌여 놓고 보자는 성격, 의협심이 지나쳐 손해 보는 일이 잦다.

4) 丁일간

촛불처럼 자신을 태워 빛을 낸다. 자신의 몸을 희생하여

봉사하는 마음, 표면적으로 조건 없는 봉사 정신이지만 즐
거워하면서도 은근히 대가를 바란다. 그러나 누군가 자신을
봐주지 않으면 짜증이 난다. 자기가 한 일에 대해 자랑을 해
야 한다. 남들이 자기를 보아주지 않으면 신경질이 난다. 여
우 기질, 연약한 듯이 하며 할 말 다한다.

　남의 어려운 것을 보면 그냥 지나치지 못하나 반드시 나
한테 오는 것이 없으면 마음뿐이다. 대가가 있는 봉사 정신
이다. 어지간한 일은 마음에 접지만 한번 폭발하면 집요하
다. 그런 관계로 입을 열면 남에게 못 박는 소리도 잘 한다.
상대에게 상처를 주기도 잘 한다. 섭섭하면 잊지 못하고 자
존심이 지나치게 강하다

5) 戊일간

　거대한 산과 같다. 에베레스트다. 중심에 있어 항상 너그
러운 마음, 여유 있고 잘 꾸미지 않는 자연 그대로의 모습으
로 누구에게나 호감을 준다. 포용력이 크고 듬직하다. 듬직
하고 우뚝 서다보니 바람을 많이 타서 곤란을 당하고 때로
피곤하다. 대체로 몸이 크다. 유행(流行)을 중요시하며 멋을
추구하는 편이며, 신용을 중요시하고 변화를 추구하나 항상
경계선이 있고 원칙을 중요시한다.

　방패와 창이 있으니 도전적이고, 포용력도 있다. 이중성
(포용과 도전)이 있다. 화를 내면 그 여파가 크고 남에게 속
기도 잘 하는 순진파이다. 똑똑한 척하지만 남에게 해를 주
지 못하는 성격이다. 자신의 일을 혼자 해결하려고 애를 쓰
니 고독하다.

6) 己일간

복잡한 사람, 자신을 감추는 사람이다. 오리무중(五里霧中)이 어울린다. 정신 구조가 복잡한 것은 아니지만 모든 다양한 기질을 다 가지고 있으며, 환경에 따라서 성격이 달라지고 모습도 변한다(카멜레온). 마음 속에 생각이 있어도 겉으로 쉽게 내비추지 않으며 타인과의 관계에서 틀리다고 해도 부딪치지도 않으려 한다. 자기 주장을 대부분 내세우지 않지만 외유내강(外柔內剛)이다. 남과 다투기를 싫어해서 상대방이 속이려 들면 알면서도 속아 준다.

약속, 신의를 잘 지키려고 하나 때때로 주변 환경 때문에 결과는 다르다. 화가 나도 웬만하면 참으려 한다. 보수적인 사람, 자기중심적. 의외로 쫀쫀한 사람이 다수 있다. 참을성은 많으나 그 덕에 신경과 소화 계통이 약하다. 우유부단하다는 말을 들을 수 있다.

7) 庚일간

묵직함이 둔탁한 쇳덩이 같아 초지일관(初志一貫)의 사고를 지니고 있다. 중도에 어떤 충격을 받아도 변동을 하지 않고 요지부동(搖之不動)이라 손해를 보기도 한다. 일밖에 모르는 우직한 사람, 의리를 중요시하고 약한 사람에게 인정을 베풀며, 강한 사람에게 순종, 직장에선 인정받지만 아내에겐 바가지를 긁힌다. 화가 나면 내질러 풀어버리느라 그 동안의 차분함을 잃어버리기도 한다.

어린이 같은 순진함이 있다. 대인 관계가 활발하지 않다.

전통 문화를 중요시한다. 현실과 타협을 할 줄 알아야 한다. 금전 유혹에 약한 단점이 있으나 의리에도 약해서 손해를 본다.

8) 辛일간

공주병이 있고 상처를 잘 받고 잘 준다. 예술적(藝術的)이다. 예술적 감각이 있으므로 눈썰미가 돋보인다. 은연중 눈에 뜨이기를 바라며 칭찬에 약해 늘 손해를 본다. 예리하고 예민하며, 남의 시선을 늘 의식, 유혹에 약하고 상처받으면 오래 기억, 순진하기도 하지만, 잔인하기도 하다. 뒤끝이 있으므로 반드시 보복하려고 하는 예리함이 있다.

자기에게 잘 하는 사람만 가까이 둔다. 자기와 맞지 않으면 삐진다. 친구가 별로 없다. 인격적으로 모독하면 잘 삐진다. 자기중심적, 자기밖에 모른다. 생각이 단순하고 깊지 않다. 지나치게 작은 성격의 소유자다.

9) 壬일간

박학다식(博學多識)한 성격이며 생각이 기발하다. 포용력이 있으며, 지혜로운 두뇌의 소유자로 변함없이 움직이는 구조, 다양한 일을 동시에 해내며, 생동감을 잃지 않는다. 그러나 겉으로는 명랑해도 속은 고민에 빠져 있다. 흘러 다니기를 좋아하고 이동하며 한 곳에 뿌리를 내리지 못한다. 선비의 기질이 있다. 주색에 빠질 수도 있다. 돌발적인 행동도 하며, 규율을 잘 지키는 사람. 느긋하지 못해서 손해를 본다.

10) 癸일간

남 앞에 나서지 않는 성품이다. 따라서 일을 다 해 놓고 주변에는 티가 안 나는 사람, 있는 듯, 없는 듯 자기 책임을 다하며, 끈기 있고, 뒷마무리 확실한 사람, 자존심이 강하며 내면을 드러내지 않는 사람, 가장 약한 사람이라는 느낌을 주나 끝까지 일을 해내는 성격, 은밀하고 계산적이며, 목적성을 가지고 일한다. 주변 환경에 적응력이 뛰어나다. 이성에 약한 면모를 지니고 있다. 상황에 따라 변화가 잦으므로 침착함을 필요로 한다.

2. 지지의 성격

드러나는 것과 드러나지 않는 것이 있다. 천간의 의미는 드러나지 않고 지지는 행위로 드러난다. 무형의 10천간은 드러나지 않으나 기를 나타내니 만물을 생하고 12지지는 천간을 따라 자신의 형체를 성한다. 이것을 합쳐 생성(生成)이라고 한다. 천간의 변화가 의미적으로 선행하고 지지의 변화가 행동으로 후행한다.

	寅 卯(木)	巳 午(火)	辰戌丑未(土)	申 酉(金)	亥 子(水)
발달 2(3)-3(4)	어질다 대인 관계 수긍 명예적 호응 어울림	예의 자기 노출 적극적 활동적 대인 관계 호응	믿음직 기대감 의지력 노력 열성	의리 솔직 통제능력 적정 계획성	지혜 사고적 아이디어 끈기 계획성
과다 (4개이상) 의 단점	욕망 지나친 욕심 서두름 약한 끈기	불안감 다혈질 싫증 서두름	고집 숨김 자기 본위 가슴 응어리	자기 본위 예리함 보복심 잔소리	끈기부족 표현부족 많은 생각 숨김
과다의 장점	자신감 끈기 진취적 기상 어려움 극복 자유로움	적극적 성공 의지 자신감 드러냄 감정표현	의리 학습 끈기 다양함 열정	계획성 예리함 의사표현 과단성 예술적 기질	계획적 끈기 매사 신중 아이디어 지혜
적성 (진학학과)	1순위 농림학과 정치학 행정학 법학 어문학과 축산학과 신문방송학과 청소년학과 심리학과 농학과 경영학과 2순위 미술학과 의예과	1순위 무용학과 스포츠학과 디자인학과 연극영화과 피부미용과 바리스타과 2순위 사회과학계열 어문계열 호텔조리학과	1순위 건축학과 토목학과 부동산학과 임학과 2순위 외교학과 어문학과 관광학과 법학과 항공학과 법학과	1순위 기계공학과 금속학과 섬유공학과 산업공학과 항공공학과 재료공학과 2순위 자동차공학과 체육학과 의예과 경찰학과 육사 해사 공사 경찰대학	1순위 경제학과 경영학과 회계학과 통계학과 물리학과 수학과 생물학과 전자계산학과 정보처리학과 2순위 연극영화과 신문방송학과 공연예술학과

지지	기본성격	장점	단점
자	도화	감각적이다	실천력이 약하다
축	고집	꾸준하다	쓸 데 없이 고집이 있다
인	역마	여유롭다	몰아치기 한다
묘	도화	꾸준하다	욕심이 많다
진	고집	적극적이다.	신경이 예민하다
사	역마	활동성이 크다	안정감이 떨어진다
오	도화	활동 영역이 넓다	성격이 급하다
미	고집	집중력이 있다	지배 받기 싫어 한다
신	역마	지혜롭다	잔재주가 많다
유	도화	재주가 많다	잔소리가 심하다
술	고집	추진력이 있다	고집이 매우 세다
해	역마	활동성이 크다	생각이 너무 많다

제12장.

일주론

제12장. 日柱論

　사주를 세우다 보면 생년(生年), 생월(生月), 생일(生日), 생시(生時)를 각각 하나의 기둥으로 세워 4개의 기둥을 이룬다. 이를 사주팔자라고 한다. 이 중 생일의 기둥을 일주(日柱)라고 부른다. 일주는 달리 체신(體神)이라고도 하고, 달리 일원(一元)이라 하여 사주를 푸는 데 가장 중요하다.

　일주는 자신을 대표하는 것으로 매우 중요한 곳이다. 모든 상황은 일주를 중심으로 풀며, 모든 글자를 일간(日干)에 대입한다. 특히 일주를 이루는 천간인 일간은 신왕, 신약을 간명하는 데 있어서 중요하고 사주의 주인이 가진 기본 성격을 나타낸다.

　사주팔자에서 일간(日干)이 본인이라면 일지(日支)는 배우자를 나타낸다고 한다. 남자의 사주에서 일지는 여자, 부인을 나타내고, 여자의 사주에서 일지는 남편을 나타낸다. 이는 자리를 따진다는 측면에서 별자리와 같은 것이다. 따라서 사주를 살필 때는 일간과 비교해 일지의 상황을 살펴 부부궁을 알 수 있다.

　일지의 작용에 의해서 부처(夫妻)의 길흉을 살피게 된다. 일지를 살펴 일간과 대입하고 용신과 대입하여 부부운(夫婦運)을 살핀다. 아울러 일주는 일간과 일지가 합해진 것으로 사주의 주인이 어떤 성향, 어떤 성격, 어떤 사람인지 파악하는 잣대가 된다. 일주는 육십갑자로 이루어진 것으로 총 60개이다.

1. 甲子

덕성이 있으며 인정이 많다. 단 자(子)는 도화(桃花)이니 외도의 기운이 있다. 직업이 일정치 못하고 늘 꿈에 부풀어 있다. 자기 과신이 있으며 마음과 행동도 크고 꿈도 웅대하여 작은 것은 눈에 들지 않는다. 작은 것은 거들떠보지 않고 자신을 과신하고 거드름을 피운다.

앞으로 나아가고자 하는 정열이 넘쳐 자만심으로 나타나며 기회가 오면 잡는 능력도 있다. 리더십도 있으나 지나침이 보인다. 그러나 지나치게 웅대하여 실직(失職)이 곤궁함을 부르고 경솔한 면이 있다. 직언과 독설을 서슴지 않으며 직업과 주거의 변동이 심하다. 보스의 기질이 있고 실익을 중요하게 생각한다.

2. 乙丑

지극히 소심한 성격이다. 의심이 많으며 불만도 많다. 매사에 조심하는 성격으로 자신조차 믿지 못하는 성격이다. 효도(孝道)에 몰두하고 중요하게 생각하는 등의 보수적인 성격이며 수시로 약을 복용하는 등 두려움을 이기기 어려워한다. 매사에 불평 불만이 있을 수 있고 개척과 새로운 학습보다는 기존의 것을 지키는 기질이 강하다.

가정에서는 좋은 가장이고 사회에서는 대부격(大父格)이다. 을축은 돈을 버는 능력이 탁월하다. 재벌(財閥)이 많은데 이는 돈을 버는 일가견이 있음을 보여 준다. 타인의 시선은 별로 의식하지 않는 점이 있으며 조용히 자신의 일을 한다.

3. 丙寅

힘이 넘치는 일주이다. 포부가 크고 성격이 급하지만 지도력이 있고 웅변도 능숙하다. 정치나 선동적인 기질도 있다. 웅변가, 달변가이다. 내일을 고민하지 않으며 명랑한 성격이다. 화려함을 추구하고 아름다운 것을 선호하니 배우자도 역시 아름다운 것을 그 기준으로 한다.

지지가 역마(驛馬)의 성격이라 항상 바쁘게 움직이고 간혹 사람들과 마찰이 있으나 그다지 신경 쓰지 않으며 크게 아파하지 않는다. 성품이 밝아 모나지 않고 대인 관계는 원만하나 여자는 자식과 부딪치고 우울증이 발생할 수 있다. 튀는 행동으로 때때로 구설수에 오를 수 있다.

4. 丁卯

이상주의자적인 성격으로 신비한 것과 공상을 좋아한다. 탤런트의 기질이 있다. 남들이 자신을 보아주지 않으면 은근히 짜증을 낸다. 타인을 믿지 못하고 매사에 시기질투(猜忌嫉妬)가 심하다. 비교적 깜찍한 외모를 자랑하며 귀여움을 독차지하지만 예의는 부족하다. 남의 앞에서 뽐내려 하나 늘 창피만 당한다. 계산이 서투르고 아둔한 편이라 모든 상황에 치밀하지 못하고 대충 건성건성이다.

늘 속상하다. 인덕이 없어 베풀어도 좋은 말보다 구설이 뜬다. 종교계나 교육계로 진출하면 역량을 발휘한다. 부부 관계에서는 신경과민과 날카로운 대응으로 불화가 있고 자기 마음이 다른 사람의 마음인 듯 판단하여 오해를 받는다.

5. 戊辰

나름 스스로를 거대한 산이라고 생각한다. 마음은 넓으나 애를 써 보아도 돌아오는 복은 없으니 마음이 늘 쓸쓸하다. 느리게 행동하며 대단히 무모하고 남의 일 때문이라도 늘 바쁘다. 모든 일을 시원하게 해 나가며 도움을 바라는 사람 이 많아도 부탁을 저버리지 않고 해치운다. 여러 가지 일에 팔방미인으로 일을 하는 과정에서 칭찬과 구설이 반반이며 자기 과신이 있다. 그래서 겁이 없는 사람으로 보인다.

신체가 손상됨을 조심해야 하는데 차라리 작은 상처를 가지고 있는 것이 좋다. 흔히 백호살(白虎殺)이라는 것으로 교통 사고가 위험하며 대체로 큰 수술할 가능성이 높다. 부 부간 불화는 양보하지 않기 때문이다. 자신의 능력을 과신 하면 남의 일에 힘들어 한다.

6. 己巳

가정은 비교적 안정되어 있고 나름 꾸미기를 선호한다. 그러나 부모형제와는 마찰이 심하고 부부간에는 문제가 발 생하기 쉽다. 그럼에도 식견과 인격으로 문제 없이 해소시 킬 것이다. 결단성은 부족하여 일을 해결하고 가정을 이끌 어가는 데 있어 용기가 필요하다.

대기만성형(大器晩成形)이니 서두르거나 옹졸하게 생각 하지 마라. 내성적 성격으로 혼자 있기 좋아하며 사람을 가 린다. 따라서 대중적이지 못하고 외톨이 같은 성향이 드러 난다. 동정심이 많지만 주위와 마찰이 있으니 주의하고 양보심이 필요하다.

7. 庚午

평소 이성과 구설 시비가 따른다. 따라서 이성을 상대할 때는 신중함과 면밀함이 필요하다. 문제의 본질은 이성을 좋아하기 때문이기도 하다. 변태적인 성격을 보이며 어떤 일이든 빨리 싫증을 느낀다. 새로운 것을 추구하고 변덕이 심하기에 인내력이 요구된다.

남녀 모두 나가 놀기에 힘쓰니 스트레스는 없지만 타인으로부터 경계의 대상이 된다. 자신 혼자 놀면 괜찮으나 늘 타인을 끌어들이기에 원망도 듣는다. 재산운(財産運)은 길하나 이성 문제는 인생의 고난점이다. 단순하지만 고상한 취미가 있으며 기분 변화가 심하니 안정이 필요하다.

8. 辛未

타인을 이해하려고 하지 않으니 늘 답답하고 짜증이 나며 화가 난다. 누군가를 이해하기 어려우니 마음이 편협하다. 타인을 칭찬하지 않으며 믿음성이라고는 없다. 허풍이 심하고 어떤 일에 잘 참견하여 빠져들고 잘 빠져나와 기회주의자적인 성격이다.

후천적 노력으로 자수성가(自手成家)하여야 하며 남의 도움으로 성공하려 한다면 마음에 짐으로 남고 힘든 인생역정이 된다. 스스로 바라보고 자립하여야 하며 일을 풀어나가는 능력이 탁월하니 노력하여야 하고 자기 주장이 강해 일을 그르치지 않게 해야 한다. 결혼운(結婚運)은 시간이 흐르며 해결되는 운이다.

9. 壬申

지혜가 출중한 것으로 그치지 않고 외모 또한 준수하다. 솔선수범하며 모범생인데 리더십도 강하니 남 앞에 서는 사람이다. 일을 두려워하지 않고 물불을 가리지 않으니 어떤 일이라도 해낼 자신이 있다.

지나치게 설친다는 비판을 들을 수 있으며 단점으로 작용한다. 경영자로서 성공 가능성이 있는데 강력한 파워를 가지고 밀어붙이는 직종이 적당하다. 자기 주장이 강한 반면에 분위기에는 매우 약하다.

10. 癸酉

지나치게 아는 체를 하고 자기 주장만 한다. 겉으로는 점잖은 것 같지만 본심과 언변이 자주 바뀌는 사람이다. 한번 미워하면 증오로 변하고 정신질환(精神疾患)이 의심된다. 고민이 많고 성격이 다변하니 우울증이나 공항장애를 조심해야 한다.

예능에 소질 있어 연예계나 예술계 진출에 기대감이 있으나 잔재주를 부리면 나무에서 떨어지는 원숭이 격이다. 남자는 편하게 살려하고 여자는 만족이 없어 늘 무언가 배우려고 한다. 고집이 있고 총명하여 어려움을 해결하는 능력이 있으나 고집이 자신을 피곤하게 한다.

11. 甲戌

독선적이고 직선적인 성격이며 외도할 가능성이 매우 높다. 앞을 보고 달리는 성격이라 주변을 살피지 않는다. 재물은 가벼이 여기며 풍류와 주색을 즐긴다. 사교술과 리더십이 있으며 권모술수 또한 뛰어나다. 탁월한 지혜와 언변술(言辯術)까지 있어 설득과 이해로써 상대방을 감화시킨다. 적을 만들거나 타인에게 감정의 찌꺼기를 남기지 않게 하는 탁월한 역량이 있는데 해결사로서는 덕망과 같다.

스스로 자립하는 운명이고 위엄과 품위는 부족하다. 급한 성격이 흠이며 합리적이며 현실적인 원만한 처세는 이미 갖추어져 있으니 완급을 조절하는 능력이 요구된다.

12. 乙亥

고상하고 성실하지만 끈기가 부족하다. 안타깝게도 배짱이 없으며 남을 배려하지 못하고 자신만을 생각하므로 사회 적응에 문제가 있다. 남에게 의지하며 성장하지만 남들 앞에서는 아닌 듯 행동하고 정점에 올라서면 올챙이적 생각 못한다.

유행에 뒤처지고 주위를 살피지 않아 센스가 떨어지며 눈과 귀가 어둡다. 자식 사랑이 남다르고 교육열이 강하다. 남자는 문학적 소질이 있고 의타심도 있다. 여자는 현모양처(賢母良妻)의 길로 들어서는 것이 인생을 편하고 우아하게 사는 법이다. 매사가 조용하고 심사숙고 하지만 기회를 놓치는 수가 많다.

13. 丙子

심약하고 불안한 심기가 있다. 합리적 사고를 지니지만 다소 딱딱하며 고지식하다. 조심성이 많아 머뭇거린다. 새로운 것을 추구하는 기상을 지니고 독창성에 창의력을 겸비했다. 남에게 의지하지 않고 신세지지도 않는다. 대접을 받으면 꼭 보답하고 흑백이 분명하다. 이러한 탓으로 출세는 느리나 기어코 성공하는 운명이다.

고관대작(高官大爵)에 이 일주가 많다. 가정 생활은 비교적 안정적이지만 부부 궁합에 오화(午火)를 만나면 다툼이 잦다. 따라서 결혼운을 살필 때는 여자의 사주명식을 살펴 오화일주를 피하는 것이 좋다. 인덕이 있으니 친구가 많고 어울리기 좋아하며 일에 도전하기를 즐긴다.

14. 丁丑

심약하기 그지 없다. 순진하고 다투기를 싫어한다. 대인 관계의 폭이 지나치게 좁고 자신이 좋아하고 자신을 인정하는 사람과 사귄다. 아울러 자기만을 보아주기 원하는 심리가 강하다. 인간미를 지니고 있으며 온화하여 칭송 받는다. 표현력이 풍부하여 사람들의 호감을 산다. 낭비를 하지 않으며 구두쇠 소리를 듣는다.

백호살(白虎殺)이 들어 몸에 수술 흔적을 남기겠다. 수술 흔적이 없으면 교통 사고 등으로 크게 고생한다. 남자는 일의 결과가 신통치 않으며 여자는 순정파이지만 사랑에 목마르다.

15. 戊寅

큰 산에 자란 큰 나무와 같은 사람이다. 명예와 품위를 중시하고 영웅적인 풍모가 있다. 자존심이 강하며 잘못을 인정치 않아 사람과의 사이에서 트러블이 있고 상대를 무시한다. 무모하게 고집이 강하여 자신이 이룩한 것을 한순간에 무너뜨리는 습성이 있다.

신왕하면 마음이 크고 대인이지만 신약하면 쓸 데 없이 고집만 부린다. 사주에 형충(刑冲)이 미치면 폭력적인 성품이 드러난다. 그러나 대기만성형이며 판단력이 뛰어나 두각을 나타낸다.

16. 己卯

자존심이 강하며 끈기가 타의 추종을 불허한다. 처음은 좋으나 끝이 좋지 않은 성품으로 단점이 두드러진다. 매사가 용두사미(龍頭蛇尾)이므로 끈기와 지구력을 길러야 한다. 깨끗한 것을 좋아하고 지기는 싫어한다. 재물과 부귀가 늘 뒤를 따르므로 행운의 일주이기는 하지만 남을 멸시하고 아집이 때로 사람을 피곤하게 하고 자신을 깎아내린다.

칭찬에 인색하고 호색이다. 여자라면 남편의 덕을 기대할 수 없으며 본인이 벌어야 먹고 산다. 여명은 직업 전선에서 승부를 내야 한다. 재주와 수완은 풍부하나 끝이 시원치 않으니 끈기를 보강하라.

17. 庚辰

괴강일주(魁罡日柱)라 지나치게 강렬한데 불의를 보면 참지 못하고 매사에 부정적 시각이 강해 사람들과 불화가 잦다. 연해자평(淵海子平)의 논괴강(論魁罡)에 따르면 네 개가 있다. 임진(壬辰), 경술(庚戌), 무술(戊戌), 경진일(庚辰日)이 그것이다. 임기응변에 강하고 다방면의 재주도 좋으니 크게 얻고 크게 잃는다. 용기가 넘치니 명예와 재물을 탐하지만 충돌과 실패가 많으므로 매사에 신중이 요구된다.

남자는 매사에 적극적으로 대응력이 좋으나 여자는 강한 성격이 주변과의 트러블로 우울증이나 신경질환을 몰고 올 가능성이 있다. 여자는 남편을 극한다. 현실적이지만 분위기를 만들어내는 데는 약하다.

18. 辛巳

뱀처럼 싸늘하며 음흉하다. 예술적 기질이 있으며 자기를 잘 꾸민다. 구설수가 많고 시비와 논쟁이 끊이지 않는다. 판단력이 빠르나 일에는 골몰하고 고민이 많다. 이익에 지나치지만 일에는 무리수를 두지 않는다. 착실하며 합리적인 성격도 있으나 고집이 강하고 잘난 체를 한다.

자선 사업이나 교육업이 좋은 운명이다. 남자는 의처증이 있다. 영감이 뛰어나며 일신상의 변화가 심하다. 일류를 좋아하고 은연 중 돋보이려는 언행과 복장을 좋아하며 리더인 체한다.

19. 壬午

 성격이 급하고 주체성이 부족하여 의타심이 강하다. 재치와 순발력이 있으며 온순하지만 시기와 질투심이 심하다. 임기응변에 능하고 재치가 돋보인다. 비위가 좋다는 말을 듣는다. 남자는 권위주의적이지만 권위를 얻기 힘이 들고 보수적이다.

 바람둥이 기질이 있어 늘 염문이 돌고 요조숙녀(窈窕淑女)의 아내를 원한다. 그러나 본인이 바람둥이이듯 아내도 바람기 있는 여자를 만날 가능성이 높다. 여자는 학자풍의 남자에 빠지거나 만나고 음흉한 남자에 빠지면 영영 구렁텅이다. 박학다식한 형으로 영감이 뛰어나고 영민하며 고향을 떠나 살거나 타국에서 살아야 길하다.

20. 癸未

 타고난 언변가이다. 말재주가 뛰어나 사람 상대에 능하지만 부하나 집에서는 잔소리가 심하다. 상대방을 믿지 못하고 의심이 많다. 욕심이 끝이 없지만 겉으로는 욕심이 없는 것처럼 행동한다. 복은 많은 편이며 인생 행로는 대체적으로 순탄하다. 모나지 않는 성격에 대인 관계는 좋은 편이며 귀인을 만나 편하게 일을 성취하는 편이다. 때로는 귀인을 찾아 방황하다 잘못된 이성 관계에 빠지며 사교술은 보배와 같다.

 겉으로만 사람을 판단할 일이 아니다. 겉으로는 차분하고 유연하지만 마음 속에는 폭발할 것 같은 정열을 품고 있다.

사람을 기르는 데는 약하다. 기획 분야에 어울리는 사고를 가지고 있다.

21. 甲申

마음이 각박하고 부드러운 면이 없으며 무뚝뚝하여, 융통성이 결핍되어 있다. 주위로부터 패기와 지도력을 갖춘 것으로 평가받지만 남을 낮춰보고 무시하며 자신을 과시하는 성격이 숨겨져 있다. 과신으로 인해 무리하게 돌진하니 배신과 실패가 있다. 의지가 약한 경우에는 남에게 이용당하고 질질 끌려 다니다가 자기 주장도 해보지 못하고 헛된 삶을 산다.

사주에 충(沖)이 있으면 과격한 삶을 살며 양보를 하지 않기에 부부싸움이 잦다. 재주가 많고 취미도 다양하며 이상은 높다. 돈을 추구하는 마음도 쉽게 지지 않는다. 부지런하고 귀가 얇다

22. 乙酉

신경쇠약에 히스테리가 있다. 외로움에 눈물이 마르지 않으며 사소한 일에 화를 내고 강한 척하지만 잔소리가 많다. 확인에 또 다시 확인하려 하기에 좋은 친구 만나기 힘들다. 친구는 물론이고 사랑하는 사람도 마음을 파악하려고 집요함을 보이기에 때로 마음을 돌린다. 그러나 근본적으로 마음은 예쁘고 귀여운 용모를 지닌다. 예술계 투신은 대성의 여지가 있어 도전을 권한다. 어려운 일에 대처 능력이 있으

며 재치가 있어 어떠한 일에도 무난하게 적응한다. 벌기도 잘 하고 쓰기도 잘 하니 인생의 멋을 안다.

남자는 꼬장꼬장하고 인색하며 여자는 암합하니 부정이 따르겠다. 서민적이며 생활력은 강하다. 행동적인 일에 강하다.

23. 丙戌

화끈한 성격이다. 따라서 논리적이기 보다 즉흥적이라 다소 큰일을 그르치니 신중히 행하라. 사주가 혼탁하면 침착하지 못하고 기친 성격이다. 사소한 일에 흥분하니 차분함이 필요하고 불과 같은 성격을 자제하여야 명석한 두뇌가 빛을 발한다. 성격적인 불합리를 자제하지 못하면 고통과 시련을 불러올 것이며 순리를 따라야 한다. 발끈하기보다는 끈기를 가져야 하며 자신을 갈고 닦아야 한다.

신체가 커지고 살이 붙으면 가산이 늘고 왜소하면 몸이 축소하는 것만큼 재산도 준다. 몸에 흉터가 있어야 길하니 작은 상처에는 신경 쓰지 않는 것이 좋다.

24. 丁亥

희미한 촛불이 물을 만난 격이니 조심성이 있다. 남들이 보아주기를 기대하는 심리가 강하며 남 주는 것은 싫어하지만 받는 것은 좋아하니 어느 모로 보나 도둑놈 심보다. 남이 보아주지 않으면 짜증이 난다. 주위에서는 온순하고 착하다고 하지만 심중(心中)에 숨어 있는 욕심과는 별개의 문제고 욕심과 욕망이 넘쳐 재물을 가득 채우고도 의식주는 신경 쓰지 않고 또 축재를 추구한다.

남자는 간혹 의처증이 있고 여자는 천성이 요염하다. 여자는 아름다운 자태로 얌전을 부리고 자기를 칭찬해 주는 사람에게 이끌리며 사람을 골라서 사귄다. 교양과 학식을 따지고 말을 할 때 문자를 쓰며 남자를 고를 때 신경을 써서 좋은 남편을 택할 확률이 높다. 내심으로는 유아독존이고 특이한 인생을 사는 사람이 많다.

25. 戊子

재물을 추구하고 재물에 대한 집념이 강하다. 겉으로는 돈 욕심이 없는 체하지만 내심으로는 공돈을 바라며 허덕거린다. 운이 좋으면 한 때 큰소리도 치지만 타고난 운세는 약하여 평생 우여곡절(迂餘曲折)을 피하기 어렵다. 따라서 사람에 대한 투자가 제일이다. 가정 생활은 원만하지 못하고 비애가 따르니 매사에 신중함과 현명함이 필요하다.

남자의 경우에는 외도할 가능성이 매우 높고 여자는 재물 욕심에 지극히 인색하다. 감정이 급하고 격하니 자중하고 순리를 따르면 부와 명예를 얻을 수 있다.

26. 己丑

말주변이 약하고 수줍음을 타며 낯가림이 심하다. 천성이 순진하고 착하며 조용한 곳을 좋아하며 많은 사람이 모인 곳을 좋아하지 않는다. 마음은 순진하며 봉사 정신도 있다.

변명을 잘 못하여 때로 변명하면 바로 탄로가 난다.

단 고집은 황소고집이다. 자기 주장을 굽힐 줄 모르고 설혹 틀린 주장이라 할지라도 끝까지 간다. 그러나 하고야마는 고집은 장점으로 작용하기도 한다. 부부 인연이 박하니 신경 써야 할 일이고 시간이 지날수록 저력이 생겨 실력을 발휘한다.

27. 庚寅

바른 마음과 바른 정신을 지녀 낙천적으로 생각하고 생활한다. 긍정적으로 생활하지만 한편으로는 성격이 급하여 타인과 다툼이 잦다. 돈에 대해서는 건전치 못하고 일확천금(一攫千金)을 노리니 유산을 받는다면 보존에 힘써야 한다. 전업을 하면 매우 힘들어 하고 일을 할 때마다 유난히 어려움을 느끼니 참고 견뎌야 한다. 남의 장점을 자기 것으로 흡수하는 재주가 있지만 끝까지 노력하여 결실을 보는 경우는 드물다.

남자는 정의로운 사람이나 양보심이 없어 부부 불화가 있다. 남녀 사이와 부부 사이에도 정의가 있고 양보가 있음을 알아야 한다. 여자는 오기가 있어 다툼을 부르고 자기본위의 사람이라 주위와 인간관계가 틈이 생긴다.

28. 辛卯

마음이 삭막하고 자존심이 강하니 남들과 화합하기 어렵다. 미적 감각과 예술 감각이 뛰어나며 합이 많으면 시적감각(詩的感覺)도 있다. 감수성이 예민하고 예술적이다. 전문 직종에 종사하기를 권한다. 재능에 따르는 직업을 가지지 못하면 주거와 직장의 변동이 심하며 편한 생활은 기대하기 어렵다. 한번 실직하면 다시 구직을 하기 어려우니 한 가지 일에 전력투구하여야 한다.

사주에서 형충을 만나면 포악하고 합이 되면 정념(情念)에 약해진다. 애정이 풍부하여 헌신적이지만 때로 바람기로 나타날 수 있으며 일류에 빠지는 경향도 있다.

29. 壬申

괴강일주라 고집이 강하고 급한 성격이지만 때로 지나치게 느리다. 주색을 탐하니 때로 외도에 빠진다. 영특하고 임기응변에 강하며 말주변이 좋으니 나름 다재다능(多才多能)이라는 말이 실감난다. 영특함이 지나쳐 남들을 속이려 하니 간혹 자기 꾀에 빠진다.

남자는 생활력이 강하고 여자는 팔자가 억세고 자신이 뛰어나고 강하다 생각하기 때문인지 남자를 무시한다. 약간의 지성적인 면도 있으며 숫자에 밝아 세파를 헤쳐 나가는 재주가 비상하다.

30. 癸巳

원칙을 중요하게 여기고 나름의 정직을 추구하지만 자기 재능을 믿고 지나치게 타인을 멸시하고 낮추어 본다. 자신에 대한 우월감으로 남을 대함에 소홀함이 있고 안하무인

(眼下無人)으로 행동하는 경우도 있다. 따라서 스스로 고립을 자초하고 이해타산을 너무 따져서 타인에게 원성을 듣는다.

특수한 기술이나 전문 직종에서 성공한다. 남자는 남의 일에 참견하기를 좋아하지만 순리대로 살고 여자는 사랑하지 않으며 엉거주춤 교제하지만 의부증이 있다. 아울러 다소 음란하다.

31. 甲午

수단이 좋은 팔방미인으로 명랑하고 언변이 뛰어날 뿐 아니라 행동도 쾌활하다. 멋을 내기 좋아하고 이리저리 떠돌아 정착하고는 거리가 멀다. 기능적인 것은 물론 예능에도 재질이 있고 멋을 내고 뽐내지만 싸움과 대립에는 사납기도 하다. 관공서에 직업을 얻으면 출세하고 적극성이 결여되어 기회를 놓치기도 한다.

이성 문제가 생기면 빠져나오기 어려우니 신중해야 하고 예쁜 여자를 좋아하지만 시비가 있으니 조심해야 한다. 여자는 바람기가 강하다. 영감도 있고 심성도 순수하지만 적극성은 부족하다.

32. 乙未

가진 것이 돈이다. 주머니가 비면 자연적으로 채워진다. 한평생 돈이 떨어지지 않는다. 다만 부모형제와는 사이가 좋지 않다. 나만을 생각하는 마음 때문이지만 착하고 악의는 없다. 부모형제와도 협력하고 처음에는 서로 의지하지만 힘이 생기면 자신이 최고인줄 안다. 겉으로 보기에 원만한 성격이니 남과 다투거나 충돌을 싫어하는 듯 보이나 자기 보호의식이 강하기 때문에 약간의 트러블이 있다.

언변이 뛰어나기 때문에 잔소리가 많아지고 말이 앞서는 경향이 있다. 때때로 형제와 부모에게도 잔소리를 한다. 솔직하고 노력하는 성격이지만 수기(水氣)가 약하면 우매하다.

33. 丙申

모든 일을 척척 해내는 기질이 보인다. 솔선수범이 몸에 배어 함께 일하고 나서서 해결하는 사람이다. 두뇌 회전이 빠르고 명석하기 때문에 항시 무엇인가 분주하고 들떠 있는데 침착이 필요하다. 대체적으로 솔직하지만 때로 감정변화가 심하고 언변은 좋으나 구설수를 몰고 다닌다.

사고를 조심해야 한다. 사고가 나면 대형이니 교통 사고 등에 유의해야 하며 사주 명식에 합이 많으면 다정다감하여 이성간의 정에 깊이 빠진다. 새로운 일에 빠져들기를 좋아한다.

34. 丁酉

아름다운 용모를 지닌 경우가 많다. 비교적 길한 사주라 할 것이다. 합리적인 사고 방식에 천성이 착한 사주이다. 용모가 수려하니 빼어난 미모를 자랑하고 배우, 가수 등 연예인이 많아 연예인 사주라 할 만하다. 미적 감각이 있어 화려함을 추구하고 중시한다. 사치와 허영을 조심하여야 한다. 텔런트적 기질이 있어 보아주지 않으면 외로움을 탄다.

인내력은 부족하고 어려움에 허둥거리며 자기 주장에 약하다. 결과가 빨리 나오기를 원하다보니 허둥거린다. 섬세한 성격이 돋보이고 때로 대담하나 성공과 패배의 등락이 아주 심하고 명백하다.

35. 戊戌

괴강의 역할이 무섭다. 모 아니면 도라는 명식(命式)이다. 몸과 마음이 지나치게 바쁘다. 바쁜 대로 나름 실속이 있고 능란한 수완이 있어 해결사의 역할을 한다. 자기 주장(自己主張)이 강하고 소유욕이 있으며 나름 절약하여 저축도 한다. 지기 싫어하기 때문에 나날의 발전이 있다.

남자라면 기풍으로 보이지만 여자라면 괴강의 역할이 드러나 지나치게 똑 부러지고 남편을 극할 수 있다. 부부의 인연이 박하고 재물과 명예운(名譽運)은 부족하지 않다. 엄청난 낭비벽과 수전노의 아낌이 동시에 있다.

36. 己亥

겉으로는 평온하나 마음 속은 바쁘고 생각이 많다. 주색잡기(酒色雜技)에 빠지면 반드시 이성 문제가 발생되어 곤욕을 치른다. 이는 스스로 원한 것이니 누구를 탓할 수 없지만 자신을 다스림에는 힘이 든다. 기발한 아이디어를 가지고 있어 매달리면 대성하지만 생활에 변화가 많은 것이 조심스럽다. 일을 시작하지만 마무리가 약하고 주위 형편에 따라 휘둘리는 경향이 짙다.

차분한 수학이 성공의 지름길이다. 재운과 관운 모두 따르니 뜻을 펼치는 것도 기대할 수 있다. 남녀 모두 이성과 교제하는 특징이 있고 부부간에 의심이 많다.

37. 庚子

재주가 뛰어나고 수수하니 맑다고 할 것이다. 미남미녀가 많고 인기도 있으며 무모하지 않은 용기가 있다. 특출한 두뇌와 우수한 재능이 있지만 빛을 보기 어려우며 아집을 잠재워야 명성을 올릴 수 있다.

대기만성형(大器晚成形)으로 매사 겸양으로 때를 기다려야 하며 남자는 의리파에 모범적인 사람이나 여자는 미인이지만 고독하다. 머리가 좋아 신경도 예민하여 간혹 중도에 머무니 끝까지 밀고나가야 대성할 수 있다.

38. 辛丑

신중하고 밖으로 드러내지 않는 성격이다. 겉으로는 착하지만 이중적인 성격이고 지적으로 보이도록 위장하지만 지극히 게으르다. 인색하지만 타고난 저축성은 장점이다. 지혜와 지모가 뛰어나 권모술수(權謀術數)가 있다. 때로 그것이 드러나는 오해일 수 있다.

자기의 노력이 성공의 원천이라는 것을 알고 최선을 다해야 권세와 재물을 얻는다. 겉으로는 부지런하고 안전해

호감형이다. 인내하며 강력하게 밀어붙이는 뚝심도 있다.

39. 壬寅

성급하다. 화끈한 기질이 있지만 그것이 낙천적인 성격으로 드러날 때도 있고 풍류를 즐기며 친화력을 바탕으로 대인 관계를 유지한다. 내일을 걱정하지 않는 낙천가(樂天家)이기에 오해하고 매수하려는 사람들이 몰려드는 경우도 있다. 구설과 시비도 있고 급한 성격과 경솔은 화를 자초하니 차라리 느긋하게 행동하는 것이 도움이 된다.

남자는 인정이 많으니 이용당하기 쉽고 여자는 조급함이 약점이다. 예술에 남다른 감각이 있고 직감력이 있으니 실질적인 것을 좋아한다.

40. 癸卯

요령과 수단을 모두 지닌 팔방미인(八方美人)으로 인정과 봉사심을 지니고 있다. 마음이 순수하지만 풍류가 있다. 모든 일에 실력을 드러내며 어떤 경우라도 자신의 능력을 드러냄에 주저함이 없다. 세상을 힘 안들이고 살아가는 사람이고 얄밉게 보이지 않는 행운아이다.

반드시 주색과 염문은 피해야 한다. 남자는 의지력이 약하고 여자는 유혹에 약하다. 여자는 음식 솜씨가 있으며 가정살림에 재주가 있다. 부지런하지만 실속은 적고 미를 추구한다.

41. 甲辰

남에게 지기 싫어하고 잘난체 한다. 인정은 많지만 진토 (辰土)가 수(水)를 만나 흙탕물이 되면 우울증, 의처증(疑妻症), 의부증(疑夫症)으로 가정불화를 부른다. 명식이 좋으면 품위가 있고 학문적 소질이 있다. 부모에게 유산을 받으면 땅에 묻어라. 남에게 이용당하고 재산이 흩어질 수 있으므로 재투자하려는 생각은 애초에 포기하는 것이 좋다.

큰 흉터가 있으면 위기를 모면할 수 있다. 신앙심이 있고 남에게 지기 싫어한다. 따라서 타인과 경쟁 심리로 물려받은 재산을 날릴 가능성이 있다. 보수적 성향이 강하다.

42. 乙巳

성정이 고르지 못하고 적재적소 찾아갈 자리를 가르고 자기 자신을 피력할 줄도 아는 인생이다. 살아감에 주저하지 않고 겉으로 보이는 온순함과 달리 속으로는 충고 따위는 아예 거부하는 반항아(反抗兒)이다. 처세술이 있어 대인관계가 부드럽고 슬기롭다. 어려움이 있지만 자수성가 하는 명식이며 부모와 인연이 박하기 때문이다.

남자는 비교적 성실하지만 대우를 받지 못하며, 성격이 깔끔하고 속정이 있어 받아주기만 한다. 의처증이 있다. 여자는 남편을 무시하고 타인을 흉본다. 사치와 허영심이 있고 남편에게서 자유를 원해 외간남자를 둔다. 자기중심적이고 이성에게 인기가 있다.

43. 丙午

양인일주로 기운이 왕성하다. 일주가 지나치게 조열(燥熱)하여 강성한 기질을 지니고 있으며 겉과 속이 다른 양면성이 있다. 겉으로는 수긍하나 속으로는 반대하고 비난하는 기질이 있다. 항상 남 위에 있기를 원하고 아랫사람을 엄중하게 다스리며 강압적이다. 독선적인 기질을 내포하기 때문이며 이복형제(異腹兄弟)가 있는 경우가 많다.

여자는 지나치게 격동적이며 만족이 없다. 명랑한 듯해 보여도 고독하며 사치하는 중에 절약하고 열심히 일을 하며 보람을 찾는다.

44. 丁未

말솜씨가 뛰어나지만 깡패 기질이 있다. 풍류 기질이 돋보이며 호색이다. 성격이 트이고 활달하며 대범하지만 남에게 신세지기를 싫어한다. 금전운(金錢運)과 관운(官運)이 좋아 쓰기를 좋아하고 대인 관계를 넓힌다. 정력이 강하니 이성 문제를 일으킨다.

남자는 여자를 다스리려 하니 불만이 싹트고 여자는 남편의 시중과는 인연이 없으니 서로가 불만이다. 개방적 성격으로 비밀이 없으니 남편이 싫어하고 비판을 잘 한다.

45. 戊申

의식주(衣食住)가 늘 풍부하다. 세상의 모든 것을 가지고 싫어 하고 모든 것을 가질 수 있다. 왕성한 식욕이 가세가 살찌는 증거가 된다. 다소 딱딱하고 냉정한 심성을 지니고 있으며 이기심으로 타인을 불쾌하게 만든다.

여자는 남편은 별로이나 자식은 끔찍이도 위한다. 복잡한 것을 싫어하고 느긋하나 일처리에서 마무리가 뛰어나고 사람을 잘 관리한다.

46. 己酉

온순한 성격이 돋보인다. 겉으로 보이기에는 지배보다는 수긍을 잘 한다. 신경이 예민하여 일시에 정신질환(精神疾患)이 올 수 있다. 자기고집이 강하니 조금 양보함의 미덕이 필요하고 협동의 자세가 필요하다.

여자는 남편 덕을 기대하지 말아야 하며 남편에게 충격 받으면 믿지 못한다. 부지런하지만 주관이 강해 자기중심적으로 일처리를 하니 종종 마찰이 일어난다.

47. 庚戌

똑똑하다는 말을 듣는다고 좋아하지 마라. 그것이 문제가 되어 타인이 경계를 한다. 어떤 상황이든 이유를 파악하고 행동을 하며 용기가 있다. 그러나 폭력적 기질이 있고 무모하다.

남자는 귀한 사주이나 여자는 억세다. 때로 형충(刑沖)이 있으면 물불 가리지 않는다. 외유내강(外柔內剛)으로 온화해 보이지만 불의를 보면 참지 못하니 때로 피해를 보거나 상처를 입는다.

48. 辛亥

명예를 중히 여기며 주관이 뚜렷하여 한 가지 일에 매진한다. 예리한 성정은 피해가기 어렵고 눈썰미가 있다. 매정하고 스스로 고독을 즐기는 성정은 단점이라 할 수 있다. 고민이 많고 우유부단(優柔不斷)하지만 정확한 일처리는 장점이다. 타인에게 현혹되지 말고 직진하라. 만에 하나 빠져들면 헤어 나오기 어렵다.

학자의 기풍이 있으니 세인에게 존경받는 교수와 같은 직종에 좋다. 중용을 지키며 노력하는 이성적인 성격으로 참모의 소질이 있다.

49. 壬子

큰 호수처럼 이해심이 있으며 속 깊음이 장점이나 한번 화가 나면 물불을 가리지 않는다. 능력을 지닌 재주꾼으로 기능인이나 전문 직종에서 빛을 발하고 안내 업종은 보석이 땅에 묻힌 격이다. 대인 관계에서 포용력이 떨어지는 흠이 있고 설득력으로 커버한다.

색정과 음주가 문제가 되며 비뇨기계 건강이 의심스럽다. 남자는 강인하고 성공욕이 강하며 여자는 양인(羊刃)이라 고독하다. 박학다식에 여행을 좋아하며 타향이나 타국에서 성공한다.

50. 癸丑

믿음이 강하고 조용하며 부지런하니 교육 사업이나 새로운 직종을 창출하면 성공한다. 자발적(自發的)인 사고가 장점이다. 합리적이며 공정하니 정력적이고 탁월한 의욕이 존경을 받는다. 사업은 좋은 선택이며 직장인이라면 상사로부터 신임을 얻는다.

사업과 직장이 모두 어울린다.

사주가 탁하면 술을 좋아하고 호색하며 인생이 위선이다. 충이 있으면 포악하고 장애인이 될까 두렵고 여자는 고집스러워 남편과 불화한다.

51. 甲寅

간여지동(干與支同)으로 뿌리가 튼튼한 나무와 같다. 독립심이 있고 통솔력과 배짱이 두둑하나 융통성은 결여되어 있다.

매사에 자기 뜻대로 하려고 하여 파란만장한 생활이다. 스스로 자제력을 갖추고 행동하고 봉사하면 우두머리가 되어 추앙을 받는다. 지나치게 확고부동을 찾아 자신의 자리를 후배에게 물려주려 하지 않는다.

한 가지 일에 전심전력하면 명랑하게도 친화력이 풍부하여 친구가 생긴다. 남자는 독선적인 성격이기에 부부 불화(夫婦不和)가 있고 여자는 외로움을 느끼고 자만심으로 대인 관계가 나쁘다.

52. 乙卯

내 일이건, 남의 일이건 나서서 참견하는 사람이다. 남의 잔치에 배놔라 감놔라하니 참견 때문에 타인에게 좋은 인상을 심어주지 못한다. 이는 판단력(判斷力)의 문제이다. 신념이 강하고 확고부동의 목표를 세워 매진하는 성격이다. 대쪽 같은 성격에 기분에 살고 죽으니 화끈한 성격이다. 간혹 판단력이 결여되는 것이 단점이다. 얌전하여 대인 관계가 원만하지만 자기 주장이 지나치게 강하다.

남자는 너그럽지 않고 여자에게 강자인 척 한다. 남자는 여자를 지배하려는 속성을 보인다. 그래서 여자가 남자를 존경하지 않으니 폭력을 행사하는 경우가 있다. 여자 또한 남자를 이기려고 기를 쓰니 불만이 많다.

53. 丙辰

뛰어난 친화력에 침착하며 끈기가 있다. 큰 불길처럼 타인을 돌보는 것으로 보인다. 끝까지 물고 늘어지는 인내력이 탁월하지만 간혹 괴팍한 성격으로 비위 맞추기가 힘들다. 육체적인 일을 싫어하고 편안한 직업을 선택한다. 중후한 인품과 인격이 있어 존경을 받는다.

다사다난(多事多難)한 가정사와 번거로운 일들로 외로움과 소외감을 느끼나 초년을 벗어나면 대길할 수 있다. 인간성은 나쁘지 않으나 고독함에 빠지기도 하고 부족한 사교성은 신의로 메운다.

54. 丁巳

성격이 고강하고 자존심이 강하지만 외로움을 잘 타고 고독도 즐긴다. 우아한 것을 선호하는 기질이며 파란만장 (波瀾萬丈)하지만 용하게 자신의 삶을 개척한다. 그러나 시련과 고통은 참기 어렵고 부부 갈등은 극복이 어려우니 시한폭탄이다. 악하지 않은데도 인생은 시련이 많고 40세가 넘어야 유복하다.

이성에 대해서 어려움이 다가오지만 스치는 인연이다. 겉으로 보이는 부드럽고 다정다감한 모습은 속으로 지키는 건강한 자아와 예민한 성격과 대비된다. 남자는 두려움이 없음에도 포기를 잘 하고 뒤처리는 미숙하다. 의처증(疑妻症)으로 마음이 고생한다. 여자는 고상하게 살기 바라니 남편이 뜻을 받아주어야 편하다.

55. 戊午

자존심이 우선이다. 육친과 형제가 아무리 있어도 덕이 없고 형제 친구가 없는 것과 같으니 늘 쓸쓸하고 외롭다. 주위를 돌아보면 섬은 많으나 갈매기가 없는 것과 같다. 지나치게 자신을 과신하고 때때로 감정을 억제하지 못하니 주위로부터 소외되고 급한 성미가 일을 그르치므로 자제가 필요하다. 재산증식에 일가견이 있으므로 사주에 따라 사업이 좋다.

사주가 탁하면 정신질환(精神疾患)이 의심된다. 흑과 백이 분명하니 오해가 있고 피곤하지만 선도자적 역할에는 적격이다.

56. 己未

거짓과 가식이 없으니 진실 되다. 합리적인 성격을 지니고 있으며 꼼꼼하고도 착실하다. 인내심과 봉사 정신(奉仕精神)은 타의 모범이지만 운은 강하지 못하여 주장을 강하게 펼치기에는 부족하다. 간혹 생각지 않던 흉과 길이 번갈아 나타나 당황한다. 능히 대적할 수 있어 그나마 다행이다.

기능직이나 전문직이 좋고 잔걱정을 버려라. 배우고 가르치는데 탁월하다. 인생의 행로에서 변화의 폭이 크고 사람들을 가르치고 인도하는데 탁월하다.

57. 庚申

원칙을 고수한다. 완강한 성격을 지니고 있으니 군이나 검찰, 경찰 등 쇠붙이를 사용하는 직종이 어울린다. 자신의 말이 곧 법이고 어긋난 행동이나 틀린 말을 하지 않으려 한다. 때로 스포츠와 같은 직업에 투신해 성공한다. 예술에도 이름을 날릴 가능성이 있다. 민감한 성격 탓에 지기 싫어한다. 조용한 성품이나 갑자기 뜨거운 정열로 돌변하는 변화난측의 성분이 있다.

남자는 부인을 잘 살펴야 하고, 그럼에도 백년해로(百年偕老)는 어렵다. 여자는 자신의 성격이 모남을 깨닫고 추스르는 지혜가 요구된다. 남녀 모두 자신을 낮추고 인내해야 가정의 평화가 유지된다.

58. 辛酉

냉정하고 쌀쌀함이 서릿발과 같다. 예술적인 기질도 있다. 강하고도 부드러운 성정으로 이중성을 모두 지니고 있다. 판단력이 탁월하고 정의감이 있지만 가족 간의 불화를 무시하기 힘들다.

마음도 크고 뜻도 크다. 그러나 양면성(兩面性)이 대두되어 심적으로 결정이 힘들고 무엇 하나 이루기에 힘이 부친다. 신중함이 필요하다.

형충이 많으면 포악하고 합이 많으면 다정다감하다. 남녀 공히 다치는 것을 조심하라. 부지런한 만큼 강직하니 숫자에 밝고 예능에 재주가 있다.

59. 壬戌

백호일주(白虎日柱)로 포악하지만 때로 순진하다. 괴강(魁罡)으로 고집이 있고 자존심도 무시하지 못한다.

주체성이 강하여 타인과 불화를 빚으며 부정과 긍정 측면에서 좋은 사람은 끝까지 좋아하고 싫으면 끝까지 싫어한다. 가정과 사회생활에 염증을 쉬이 느껴 실의를 느끼며 몸에 수술과 교통 사고 등이 늘 뒤따른다.

박학다식(博學多識)하니 어디에서도 두각을 나타낼 수 있으며 남의 일에 간섭하면 간혹 파란을 일으키니 피하는 것이 상책이다.

60. 癸亥

음험함이 먼저 떠오르니 조심해야 할 사주이다. 목적을 이루기 위해 수단과 방법을 가리지 않는다. 겉과 속이 다르고 표리부동(表裏不同)에 이익에만 눈이 먼다. 일찍 고향을 떠나니 부모와 인연이 희박하고 초년은 불운하나 중년 이후는 좋다.

겉보기에는 연약해 보이지만 실제로는 활달하고 매사에 자신감을 가진다. 인내력이 장점이다. 부부는 화합하기 어렵고 서로 대립하니 이별수(離別數)가 따르고 부부관계에 신경을 써야 한다.

제13장.

사주이해

제13장. 四柱理解

1. 사주(四柱)의 각 주(柱)가 지닌 의미

1) 년주(年柱)

본인이 태어난 해. 띠와 관련이 있다. 띠가 나타내는 해. 태어난 해인 생년의 기둥을 말하는 것으로 달리 태세(太歲)라고도 한다. 조상을 의미하며, 상급자, 종교, 국가를 나타낸다.

년주는 조상과 부모의 궁(宮)으로 판단한다. 년주가 사주에 좋은 영향을 미칠 때에는 조상의 음덕이 후하다고 보고 부조(父祖)의 덕(德)을 받게 된다. 그러나 년주가 사주에 나쁜 작용을 미칠 때에는 조상의 음덕이 없고 조업불계승이다. 조상의 업을 잇지 못하니 독립하여 일가를 이루는 경우이다. 사주에서 좋고 나쁨을 가릴 때는 용신의 관계에서 판단하고 일주와의 상관성을 판단한다.

년주는 사주의 기초이므로 근묘화실(根苗火實) 중 근(根)에 해당한다. 15세까지를 살피며 학업과 질병을 주로 본다. 그 외에도 조국, 상사, 임금, 기관장, 관청 등을 헤아린다.

☯ 년주(年柱)에 희신(喜神)이 있으면 조상의 덕으로 부유하고 어린 나이에 출세한다. 희신을 알아야 한다. 희신은 용신을 구하는 과정에서 익히게 된다. 가정이 화목하고 유복하여 충분히 지원받으며 생활할 수 있다. 좋은 조상을 둔 것이다.

☯ 년주에 기신(忌神)이 있으면 조상의 음덕(蔭德)이 없어

어려서부터 고생을 한다. 기신은 용신을 극하는 나쁜 오행이다. 기신이 자리하면 배고프고, 지원이 없어 공부를 하기 힘들다. 혹 학교를 다닌다 해도 좋은 성적을 내기가 어렵다.

☯ 년주에 비견(比肩)이 있으면 장남이 아니다. 비견은 육친을 적용하는 것이다. 장남이라면 장남의 역할을 못한다. 비견은 형제이고 친구며 경쟁자이다. 비견이 있으면 매사에 경쟁자가 많고 방해하는 자가 있다.

☯ 년주에 비견이 있으면 장손가(長孫家)가 아니며 분가(分家)한 집안에서 태어났다. 다른 형제가 있다는 의미이기도 하다. 장손가에서 태어났다 해도 장손가의 역할을 하지 못한다.

☯ 년주에 겁재(劫災)가 있으면 부모의 사후(死後)에 유산(遺産) 다툼이 있으니 조상의 덕이 없다. 겁재는 육친에서 분석되는 것으로 재산을 겁탈 당한다는 의미이다. 년주에 겁재가 있으면 부모와 조상의 유산을 물려받기 어렵다. 형제간의 다툼으로 재산이 흩어지고 형제간의 우애도 깨진다.

☯ 년주에 식신(食神)이 있으면 평소 먹을 복이 있고 물려받을 재산이 있으며 조상의 덕이 있다. 식신은 먹을 복이다. 아울러 여자에게 식신은 자식복이다. 자식이다. 따라서 장자가 아니거나 차자나, 삼자, 사자라 해도 먹을 복이 있다.

☯ 년주에 상관(償官)이 있으면 조상의 업을 망가뜨린다. 상관은 관을 깨는 것이니 명예를 깨는 것이다. 때로 조상의 명예에 먹칠을 하거나 조상의 업을 이어 망가뜨린다. 조상

의 얼을 잇지 못하니 마음이 아프다.

☯ 년주에 상관이 있으면 부모가 장수하지 못한다.

☯ 년주에 상관이 있으면 여자가 시집을 와서 남편의 집을 망가뜨린다.

☯ 년주에 편재(偏財)가 있으면 부모가 상업(商業)에 종사한다. 편재는 상업이다. 일정하게 벌어들이는 돈이 아니라 불규칙하게 벌어들이는 돈이다. 따라서 사업이나 투기다.

☯ 년주에 편재가 있으면 부친이 양자(養子)이다.

☯ 년주에 정재(正財)가 있으면 사업을 하였거나 물려받은 조상의 재산으로 부유한 집안이다. 정재는 일률적으로 나오는 돈이고 물려받는 재산이며 온전한 내 재산이다. 정재가 있다는 것은 재물의 안정감이다.

☯ 년주에 정관(正官)이 자리하면 학자나 교육자, 전통적인 명문가 태생이다. 정관은 국가의 지배를 의미하니 관직자이다. 학문과 명문가를 의미하기도 한다.

☯ 년주에 정관과 재성이 함께 있으면 부유한 집안에서 태어났다. 조상이 일정한 직업을 가진 관리였을 것이다. 따라서 유복하고 평안한 유년기를 보낸다. 아울러 관성과 재성이 함께 자리하면 가문이 명망 있다.

☯ 년주에 편인(偏印)이 있으면 타향이나 외국에서 살 운명이다.

☯ 년주에 편인이 있고 타주에도 편인이 있으면 어려서

부터 편모편부(偏母偏父)를 모시거나 부모 곁을 떠나 양자(養子)로 간다. 편인은 계모격이다. 편인은 친모가 아니니 편안하지 않다.

☯ 년주에 인수(印綬)가 있으면 문장가(文章家)나 명망 있는 가문 태생으로 조업(祖業)을 계승하고 재산이 많은 부자이다. 인수는 친어머니 격이니 도움을 받는 것이다. 년주에 인수가 자리하니 조상의 덕을 보았다.

☯ 년주와 일주가 모두 충(沖)하면 단명하거나, 혹 견뎌낸다고 하여도 변사(變死)하고, 타향을 떠돌다가 객사(客死)도 의심스럽다. 년주가 충하면 조상의 묘역도 좋지 않다.

☯ 년주가 공망(空亡)이면 조상의 덕이 없고 일찍부터 고향을 떠난다. 옛날에는 유리걸식(遊離乞食)이라 했다. 공망이 해당되는 년도는 조상의 덕도 없다. 년주가 공망이면 조상복 없다. 조상 묘가 흉하다.

☯ 년주는 길성(吉星)인데 월주가 기신(忌神)이거나 년주를 극하면 부모 대에 이르러 유산이 없거나 집안이 기운다. 혹 부모가 가업을 물려받았다고 해도 지켜내기 어렵다. 부모가 조부모를 충하는 격이니 물려받을 것이 없고 물려받아도 남지 않는다.

☯ 년주에 비겁이 있는데 희신이면 장자라 할지라도 장자의 구실을 못한다. 용신이라면 장자의 구실을 한다. 비겁의 존재가 무섭다.

☯ 년주에 비겁이 있어 기신이면 조상이 비천하다. 기신

은 용신을 극하는 것이니 조상의 직업을 알 수 있다.

☯ 년월간이 합이 되고 희신이며 길성이면 조상과 부모의 상속이 있고 음덕이 지대하다. 희신이냐, 용신이냐의 배치가 그렇게 중요하다. 어려서부터 걱정 없이 살 수 있으니 조상 덕이다.

☯ 년월이 공망이면 출신이 미미하다, 공망은 모든 것을 깨버리니 길신이나 희신도 깨트려 좋지 않다. 공망은 여러 가지로 좋지 않음을 나타내지만 나쁜 것일 때는 좋게 본다.

☯ 년월이 모두 공망이면 조상의 음덕을 받지 못해 고아나 양자로 가서 살아야 하는 운명이다. 부모의 도움도 받을 수 없다. 조상의 음덕을 받지 못한다는 것은 조상의 묘역이 나쁘다는 것을 말해 준다.

☯ 년월이 공망이면 조상의 음덕이 없어 안정감이 떨어지며 일을 해도 매사가 용두사미격(龍頭蛇尾格)이다. 조상의 묘도 좋지 않다.

☯ 년월이 삼합을 이루는데 인성이면 아버지가 바람을 피우는 등의 일로 인해 모친이 둘이거나 두 집 살림이다. 인성이 강해지고, 삼합으로 인성이 생긴다는 것은 어머니가 생긴다는 것이다. 아버지가 바람을 피우거나 새어머니가 들어오는 것이다.

2) 월주(月柱)

태어난 달, 즉 생월을 말하며 월건(月建)이라고 한다. 부모, 형제, 친구, 동료, 직장, 사회를 나타낸다. 월주는 생일(일주)과 그 계절을 대표하는 월과의 관계를 중요시하는 의미가 있으며 억부용신을 판단할 때 매우 중요하다. 또 생월은 부모 형제의 궁으로 하며 대체로 월간을 부(父), 월지를 모(母)로 한다. 억부 용신을 판단할 때 월지는 다른 글자와 달리 2개로 판단할 정도로 중요하다.

월주는 줄기에 해당하는데 묘(苗), 또는 제강(堤綱)이라고 한다. 계절로는 여름, 나이로는 15~30세로 봄이 적당하며 부모, 형제, 사회, 직장, 상사, 친구 이외에도 가문, 가옥, 사업, 유산, 상속, 학업, 유골, 현재, 현생을 본다.

☯ 월주에 비견과 겁재가 있으면 형제가 있다.

☯ 월주는 물론이고 타주에도 비겁과 겁재가 있으면 형제가 있다. 때로 형제가 많다. 사주 8자에 비견과 겁재가 2자 이상이면 형제가 많은 것이다. 따라서 배가 고프고 충돌이 있다.

☯ 월주 이외 타주에 비겁이 여러 개 있으면 양자로 간다. 비견이나 겁재가 있다 하여도 월주에 자리하고 있으면 양자로 가지 않는다.

☯ 월주 이외에 타주에 비겁이 여럿 있으면 생가를 탕진하고 형제간에 유산으로 다툰다. 비견과 겁재는 형제이니 형제가 많으면 재산을 다투는 것이 당연하다. 한 그릇의 밥을 여러 형제가 나누어 먹어야 한다는 것이나 같다.

☯ 월주에 식신이 있고 신왕하면 체구가 좋고 도량이 넓

다. 살이 찔수록 재산이 늘어난다. 따라서 비만이 되지 않을 정도로 살을 찌우는 것이 재물운(財物運)이 좋다.

☯ 월주에 편인을 만나면 복록이 약하다

☯ 월주에 상관이 있으면 삼촌, 백부, 숙부가 온전치 못하다. 또한 상관이 월간에 자리하여 일주와 바짝 붙어 있으면 이혼수가 있다.

☯ 월주와 타주에 상관이 있으면 빈곤해진다. 상관이 많다는 것은 먹을 것은 없고 입만 살아있다는 증거이다. 상관은 행동력을 의미하지만 하나 이상 있으면 좋지 않다. 월주에 상관이 3개 이상이면 입으로 먹고 살려고 하니 사기성(詐欺性)이 농후하다.

☯ 월주에 재성이면 부모가 사업을 하거나 부유하다

☯ 월주에 정재, 식상의 생부가 있고 신왕하면 어려서부터 부잣집이요, 그렇지 못하다면 스스로 성공하니 자수성가한다.

☯ 월주에 편관이 있으면 부모덕이 없고, 타주에 편관이 많으면 참견하는 삼촌, 백부, 숙부가 득실거리는 격으로 생활고에 형제의 연이 박하다. 편관은 참견자이다.

☯ 월주가 기신이면 액이 많다.

☯ 월주가 희신이면 복덕을 누린다.

☯ 월주가 희신이고 년주가 기신이면 조상대에는 가난하고 비천할지라도 부모대에는 재산이 는다.

☯ 월주가 식신격이고 편관이 당령하면 본인 출생 후 집안이 핀다. 식신격이므로 당장 먹을 것이 늘어나는 것으로 태어나는 아이가 식신이니 그 순간부터 집안에 먹을 것이 생기는 격이다.

☯ 월주가 편인격인데 인수가 당령하면 나를 낳아준 생모와 인연이 다하여 헤어지고 서모나 양모를 둔다.

☯ 월주가 정재격이고 편재가 당령하면 부모의 재산을 유산으로 받는다. 정재격은 일정하게 들어온 돈이나 이 경우에는 유산이다.

☯ 년월에 편인이 있고 일시에 인수가 있으면 어머니가 재취다.

☯ 월주가 인수, 편인이 당령하면 서자(庶子)출신이지만 본처의 자식이 아들 노릇을 전혀 하지 않으므로 어쩔 수 없이 적자 노릇이다. 혹은 본처가 자식을 두지 못하는 경우도 있다.

☯ 년월이 형충파가 되면 조상의 인연이 약하여 일찍이 가문이 무너지거나 물려받을 유산이 없으며 고향을 떠난다.

☯ 월주에 편인이 있으면 양자로 가거나 서자출신으로 고독하다.

☯ 월주가 공망이면 부모와 인연이 약하다. 월주는 부모의 자리로 부모의 덕을 살피는 곳이다. 공망이면 있던 재산도 돌아올 수 없다.

☯ 월주가 공망이면 만사에 장애가 있고 파란이 우려된다.

☯ 월주가 희신이고 형충파해가 없으면 유복하다

☯ 월주에 인수가 있으면 학자나 교육자 집안이다.

3) 일주(日柱)

본인이 태어난 날을 말하며 일진(日辰)이라고도 한다. 일간은 본인, 일지는 배우자를 나타낸다. 그래서 일간을 명주(命柱), 일주(日柱), 일원(一元)이라고 한다.

일주는 달리 체신(體神)이라고도 하여 자신을 대표하는 중요한 곳이다. 일간을 본인으로 삼아 사주 전체를 대입하는 것이다. 일간은 신왕, 신약을 간명하는 데 있어서 매우 중요하다. 일지는 배우자의 궁이라고 한다. 따라서 사주 중에서는 일지의 작용에 의해서 부부의 길흉을 보게 된다. 부부의 궁을 파악할 때는 용신과 관계가 있다. 일지가 용신에 대하여 길한 작용을 하면 배우자의 궁이 좋으며 반대로 나쁜 작용을 하거나 기신(忌神)이 되면 부부가 서로 다투고 가정불화가 일어나니 배우자 운이 나쁘다.

일간과 격이 중화가 되어 균형이 잡혀있는 것을 최대로 길하게 보게 된다. 활짝 핀 꽃에 해당하므로 화(花) 또는 좌(座)라 부르기도 하는데 나이로는 30~45세 정도이다. 일부에서는 25~50세로 폭넓게 보는데 이는 활동성에 근거하기 때문이다. 일지는 주로 배우자나 가정의 아랫사람, 후배, 신하, 이성 친구, 얼굴, 피부, 생명, 현재, 지금 처해진 상황을 말해 준다. 일주의 간지가 같은 오행이면 배우자를 극하며 신약하면 오히려 도움을 받는다.

일주의 일간은 내가 되므로 당령이 매우 중요하다. 당령이란 자기 자신이 태어난 달의 절기부터 날짜까지 일일이 세어서, 월지의 지장간 성분과 일치하는 날을 따져 그 날에 해당하는 오행이다. 즉 지장간의 초기, 중기, 여기를 따져 일간에 뿌리를 제공하는가 살피는 것이다.

☯ 일지가 식신이면 배우자의 도량이 넓다. 일지는 배우자의 자리이므로 식신은 먹을 것을 의미하므로 도움을 받아 먹고 살만하다, 혹은 먹거리 걱정을 하지 않는다.

☯ 일지가 식신이면 체격이 크고 의식주가 풍부하다. 신체가 크고 살이 찔수록 가세가 부유해지고 살이 빠지면 재산도 줄어든다. 따라서 비만에 들지 않을 정도로 항상 체격을 유지하는 것이 좋다.

☯ 일지가 식신이고 타주에 편인이 있으면 배우자가 왜소하다.

☯ 일지에 상관이나 재성이 있으면 아내가 미인이지만 말이 많다. 상관은 말이나 행동이다. 말이 많으니 유의하라.

☯ 일지가 상관이고 타주에 재성이 있으면 미모를 갖춘다. 그러나 행동과 말 실수가 염려된다.

☯ 일지에 편재가 자리하면 배우자가 명랑하다. 때로는 괴팍하거나 순종적이지 않다.

☯ 일지에 편재, 타주에 재성이 왕하면 연애결혼을 하지

만 여자관계는 복잡하다. 실정(失精)으로 부부 불화가 의심
된다.

☯ 일지에 편재가 있으면 여자가 재산을 모은다. 편재는
불규칙한 돈이니 아내가 투기(投機)나 기타의 방법에 능하다.

☯ 일지에 정재가 있으면 재물이 풍족하다. 정재는 급여
처럼 일정하게 들어오는 돈이므로 일정한 수순으로 점차 재
산이 불어난다. 재산관리도 자연스러우니 돈 걱정이 없다.

☯ 일지에 정재가 있으면 좋은 배우자를 만난다.

☯ 일주에 편관이 있으면 배우자는 영리하지만 성격이
급하고 흉폭하여 남편을 극하고 때로 남편을 업신여긴다.
때로 남편을 억압하려 하고 폭력을 휘두르기도 한다.

☯ 일주에 편관이 있으면 남자는 공처가(恐妻家)이지만,
여자는 남편을 극하며 흉폭하다.

☯ 일주에 정관이 있으면 인격 높은 배우자를 만나나 형
충이 되면 관계가 나쁘다.

☯ 일주에 편인이 있으면 아내가 계모(繼母)처럼 행동하
고 계모처럼 남편을 다루려고 하니 정신적으로 부담스러운
배우자를 만난다.

☯ 일주에 편인이 있으면 재물을 모으기 어려우며 가정
불화가 있다.

☯ 일주에 편인이 있고 신약하면 배우자의 도움을 받는
다. 이는 계모라 하더라도 몸이 약한 양자나 서자를 돌보려

는 애틋함과 같다.

☯ 일주에 인수가 있으면 어머니처럼 생각하는 현명하고 정의로운 배우자를 만난다.

☯ 일주에 인수가 있고 타주에도 인수가 많으면 여러 명의 어머니를 모시는 격으로 중년 이후에 별거, 혹은 아내와 이별한다. 일지에 인수이면 마마보이 기질이다. 이는 어머니가 아들을 받치고 있는 형상이기 때문이다.

☯ 일주가 형충 당하면 배우자와 원만하지 못하다. 특히 일지가 충을 당하면 부부 불화는 물론이고 심하면 이혼수다. 일지가 형충 당하면 있던 아내가 사라지는 격이니 이혼이나 사별일 수 있다.

☯ 일주를 년주가 극하면 조상이 업을 받지 못하고 받아도 실패한다. 반대로 년주가 일주를 극하면 조상의 복이 없다고 한다.

☯ 일주가 년주를 극하면 조상의 위업을 가리고 업을 잇지 못하며, 유산조차 받을 수 없으니 타향이나 외국에서 산다.

☯ 일주가 월주로부터 충을 당하면 가정 화목이 어렵다. 역시 시주가 일주를 충해도 가정 화목이 어렵다. 월주가 충하는 것은 부모가 가정에 참견하는 것이고 시주가 충하는 것은 자식들이 시비를 거는 것이다.

☯ 일주와 년주가 같으면 부부간의 정이 없다.

☯ 일록이면 사업을 하고 남자의 사주에 일록이면 아내

가 사업을 하거나 직업을 가진다.

◑ 일지가 정재이고 희신이면 아내의 내조를 받고 재물을 모은다. 가장 이상적인 아내의 형태는 일지에 정재가 깔리는 것이다.

◑ 일지가 길신이면 남편복이 있다. 당연히 아내복도 있다.

◑ 일지가 기신인데 망신살(亡神殺)이 있으면 배우자로 인해 화를 입는다. 일지가 길신으로 깔리면 아내가 방황을 하거나 염정을 뿌리고 바람으로 남편까지 손가락질을 당한다.

◑ 일주와 간지가 합하면 부부간의 정이 돈독하다

◑ 일지가 인성과 형충하면 고부간의 갈등이 있다. 인성은 부모를 의미하니 충하면 아내가 시부모와 다투는 것이다. 일지가 월지와 충돌해도 고부간의 갈등이 있다.

◑ 일지가 시지와 간합하는 것은 물론이고, 관성이 형충되면 자식을 좋아하나, 자식과 합하여 남편을 쫓아낸다.

◑ 일주와 월주가 형충하면 부부나 형제의 불화가 심하고 인연이 적다. 아울러 부모와도 인연이 깨지기 쉽고 고부간의 갈등이 있다.

◑ 일주와 월주가 형충되면 자식과 불화하고 자식이 불효한다.

4) 시주(時柱)

본인이 태어난 시를 말하며 제좌(帝座)라고 한다. 자식,

자손, 건강, 수명을 나타낸다. 꽃이 피면 열매를 맺어 결실을 이루니 실(實)이라고 칭한다. 일수는 12분의 1인 2시간에 해당하며 나이로는 45세부터 사망까지이다. 이는 환갑을 기준으로 한 것이다. 시주에서는 말년운과 자손궁을 주로 살피는데 재물, 명예, 업적, 자녀, 부하, 후계자, 제자, 환경, 미래, 내세 등을 본다.

☯ 시주에 비견이 있으면 형제와 화합하는 격이므로 길하다. 그러나 타주에 비견과 겁재가 많으면 많은 형제가 재물을 나누는 격으로 재물과 인연이 약하다

☯ 시주에 겁재가 있으며 타주에도 겁재가 있으면 지나침이 심해 처에게는 산액이 따르고 때때로 배우자를 극한다.

☯ 시주에 비견이 있고 타주에도 있으면 여자는 다른 남자를 보아 남편을 배반하고, 심정적으로 남편을 돕지 못하며 잔병에 시달린다.

☯ 시주에 식신이 있으며 왕하면 무병장수하고 자식이 효도하며 집안이 발전한다. 시주는 자손의 자리이고 식신은 먹을 복이니 늙어서도 먹을 복이 있다.

☯ 시주에 상관이 있으면 자식이 우둔하고 어리석다. 아울러 시간에 상관이 자리한다면 자식 문제로 부부의 불화가 생긴다.

☯ 시주에 상관이 있으면 여자는 자식복이 있다.

☯ 시주에 편재가 있으면 중년 이후에 부귀해진다. 말년에 예상치 못한 돈이 들어오는 것이므로 자식의 운과 연결

된다.

　☯ 시주에 역마살이 있고 편재가 있으면 타향에서 성공한다. 시주는 말년을 의미하므로 말년에 타향으로 나가 성공하거나 외국으로 가서 성공한다.

　시주에 정재가 있으면 자손들이 재산을 모으고 대기만성(大器晚成)이다. 자손궁의 정재는 자식들의 재물이므로 말년에 자식이 잘 사는 모습을 볼 수 있는 격이니 말년복이다.

　☯ 시주에 정관이 있으면 중년 이후에 성공, 영달하고 자식과 인연이 두텁다. 정관은 직위이고 명예이며 자식이다. 정관이 자식의 자리에 있으니 말년복이다.

　☯ 시주에 인성이 있으면 늙어서도 부모나 조부모를 모신다. 인성은 부모이기 때문이다. 부모가 자식의 자리를 차지한 이유이다.

　☯ 시주에 편인이 있으며 신강하면 박복하고 신약하면 유복하다.

　☯ 시주에 편인이 있고 식신격이면 단명이거나 말년이 박복하다.

　☯ 시주에 편인이 있고 기신이면 자손이 불효하고 여자는 산액이 있다. 자손궁에 기신이 자리하면 말년복을 기대하기는 어렵겠다.

　☯ 시주에 인수가 있으면 자식복이 있다. 자식이 어머니 역할을 해 주는 것으로 늙은 나이에 어머니를 얻은 격이다.

☯ 시주에 인수가 있으면 무병장수하며 말년이 행복하다.

☯ 시주에 문창성이 있거나 학당귀인이 있으면 자손이 똑똑하고 배움이 있다. 학당귀인이나 문창성, 천을은 귀한 출세와 명예를 나타내는 것으로 자손궁에 자리하니 말년복이 좋다.

☯ 시주에 형충이 있으면 자손과 인연이 박하고 불화한다.

☯ 시주가 목욕이고 기신이면 자손이 유랑하거나 방탕한다.

☯ 시주가 천을귀인이나 천덕, 혹은 월덕이 놓이면 귀한 자식을 둔다. 자손궁이 밝으니 말년복이다. 엄격하게 말하면 자손이 잘되는 것이다.

☯ 시주에 삼형살이 들며 도화살이 있으면 처가 바람을 핀다. 삼형살이 들어 경찰서나 재판을 할 가능성이 높은데 도화살이니 처의 바람으로 인해 법원이나 경찰서 출입이다.

☯ 시주가 기신(忌神)이면 늙어서 말년복이 없고 있던 재물도 사라지며 자식과 따로 산다.

☯ 시주가 희신이면 자식이 많다. 시주가 희신이면 늙어서도 재미있고 행복하다.

☯ 시주에 사절묘(死絶墓)가 놓이면 발전하지만 자식복은 약하다.

☯ 시주가 공망이면 자식이 없거나 자식의 덕이 없다. 시주가 공망이면 혹 벌었던 재산도 흩어지고 말년운이 좋을 수가 없다.

☯ 시지에 상관, 겁재, 편인이 있으면 자손이 적거나 불효한다.

☯ 시주가 양인(羊刃)이고 희신이면 권세를 누린다.

☯ 시주가 양인이고 기신이면 자식이 부모를 욕보이고 집안을 망친다.

2. 사주에서 가족관계 대입하기

	아버지	어머니	형제	배우자	자식
남자	편재	정인(인수)	비견, 겁재	정재	편관, 정관
여자	편재	정인(인수)	비견, 겁재	정관	식신, 상관

남자	편인 편재	유모, 계모, 양모 애인, 첩
여자	편인 편관	유모, 계모, 양모 애인, 정부

1) 정인이 어머니인 이유

남자의 일생에서 나를 낳아주고 키워주는 사람이 어머니이다. 나는 일간이다. 나를 생하는 것이 어머니이듯 일간을 생하는 것이 정인이다. 따라서 어머니가 정인(正印)이 된다.

갑목(甲木)의 경우 계수(癸水)가 정인이다. 즉 갑목을 생해주는 것이 계수이기 때문이다. 따라서 육친법에서 갑목의 남자에게 계수는 어머니이다.

2) 편재가 아버지인 이유

어머니가 사랑하는 사람이 남자이며 남편이다. 그런데 남편은 아내를 도우는 것이 아니라 지배하는 관계가 성립된다. 따라서 육친법에서는 관성(官星)이 남편이 된다. 어머니의 남편은 나의 아버지이다. 모친이 인성이고, 인성의 남편은 관성이다. 아버지와 어머니 사이에서 내가 출생했으므로 나는 어머니의 생이라 식상에 해당한다. 그리고 어머니의 남편은 관성이니 나에게는 편재가 된다.

3) 남자에게 정재는 부인이다.

나와 결혼하는 것은 부인이다. 내가 극을 하는 사람이 아내인 것이다. 내가 갑목(甲木)이라면 기토(己土)와 합이 된다. 즉 사랑하는 것이다. 간합(干合)에서 남자의 입장은 늘 사랑하는 사람과 합을 하는데 그가 아내이다. 즉 갑목이 사랑하는 천간은 기토이고 음과 양이 조화를 이룬다. 그래서 정재가 아내인 것이다.

4) 자식을 따져보면

나의 처가 낳은 자식이 나의 자식이다. 내가 갑목(甲木)이라고 한다면 나의 처는 기토(己土)이다. 그 토가 낳고 기르고 생해주는 자식이 금(金)이다. 경금(庚金)이나 신금(辛金)이다. 어머니인 기토가 바라보면 상관인 경금이든 식신인 신금이든 모두 자식이다. 이 식신과 상관인 경금과 신금을 바라보는 갑목은 이 두 개의 금을 관성(官星)이라 부르는데 갑목이 보면 경금은 편관(偏官)이고 신금은 정관(正官)이다. 이와 같은 이유로 남자의 자식은 편관과 정관이 된다.

5) 기타

(1) 남자 사주에 어머니를 나타내주는 정인이 없고 편인만 있다면 이 편인이 정인의 역할을 한다. 즉 일반적으로 편인은 편모나 의붓어머니 정도로 해석하는데 사주 원국에 오로지 정인이 없고 편인만 있다면 정인으로 해석하여 친모로 본다. 그러나 정인과 편인이 모두 있다면 정인은 생모로 보고 편인은 편모나 유모, 혹은 계모로 해석하는 것이다.

(2) 남자에게 정처는 정재(正財)이다. 그러나 사주원국에 정재가 없고 편재(偏財)만 있다면 편재를 정재로 해석하여 편재를 정처로 본다. 그러나 남자의 사주 원국에 정처인 정재가 있고 또 편재가 있다면 이 때 편재는 정처가 아니라 애인이나 첩으로 해석한다. 미혼일 경우에는 애인으로 보는 것이 타당하고 이미 결혼한 남자의 경우에는 첩이나 정부(情婦)에 해당한다. 따라서 남자의 사주 원국에 정재와 편재가 모두 있다면 부인이 있고 정부도 있다고 본다.

(3) 여자의 사주 인성은 어머니에 해당한다. 그런데 사주원국에 정인은 없고 편인만 있다면 편인을 친어머니로 대

입 해석한다. 남자의 경우에도 이와 같다. 그러나 정인은 보이지 않고 편인만 보인다면 남자와 다름 없이 생모로 본다. 그러나 정인과 편인이 모두 있으면 정인은 생모, 편인은 계모나 편모, 혹은 유모로 본다.

(4) 여자에게 정관은 남편이다. 편관은 애인, 정부(情夫)로 본다. 그런데 여자의 사주원국에 정관은 보이지 않고 편관만 보인다면 편관을 정관으로 해석하여 남편으로 본다. 그러나 여자의 사주원국에 정관과 편관이 모두 보인다면 정관을 남편으로 보고 편관은 애인이나 정부로 판단한다.

3. 육친 대입 해석

1) 각각의 글자에는 육친이 있고 그 육친은 가족관계를 나타낸다. 사주의 여덟 글자를 대입하면 가족 관계가 나타나는데 이 때 모든 글자 대비하여 그 글자에 해당하는 가족은 있다고 판단한다.

2) 사주팔자를 분석하여 해당하는 글자에 가족이 있다고 판단하지만 때로는 죽거나 위험하다고 판단한다. 즉 어느 글자가 충을 받거나 해를 당하고 흉성에 극을 당하면 해당 가족에 위험이 있거나 위기가 있음으로 푼다. 충을 받으면 죽거나 헤어진 것으로 판단할 수 있으며 합은 비교적 좋은 방향으로 풀지만 반드시 그런 것은 아니며 합으로 인해 성

분이 바뀔 경우도 때로는 좋지 않다. 길성의 도움을 받는 자는 해당 가족이 평안한 것으로 본다.

3) 공망은 모든 것을 해소한다. 좋은 기능도 해소하고 나쁜 기능도 해소한다. 따라서 공망은 때로 좋게 작용할 수도 있고 나쁘게 작용할 수도 있다. 구조적으로 지가 공망이면 한 쌍을 이루는 간도 공망이 된다. 이 때 공망이 되어 버린 간지의 육친이 제구실을 하지 못하는 것으로 본다. 공망을 당하면 사주원국에서 길한 작용을 하는 글자도 제 구실을 하지 못하게 되고 반대의 경우 흉한 작용을 하던 글자는 길한 작용을 하거나 흉한 작용이 사라진다. 그런데 다시 이 공망의 글자가 형충파해를 당하면 해공(解空)이라 해서 아무런 작용을 하지 못한다. 따라서 공망에 걸렸던 간지는 다시 자신의 역할을 하게 된다. 사주원국에는 공망에 해공되는 경우가 없지만 대운이나 해운에 공망을 충하여 해공하는 경우가 발생한다. 이 때는 운이 다하는 기간 동안만 해공되는 것이다.

4) 사주팔자의 여덟 글자는 육친이라는 해석으로 풀어 각각 가족을 나타낸다. 그런데 반드시 없는 육친이 있다. 편인, 정인, 비견, 겁재, 식신, 상관, 편재, 정재, 편관, 정관을 배치하다 보면 반드시 빠지는 것이 있다. 이 중에서 빠진 것을 찾아보면 가족 중 누군가 없다는 것을 알게 된다.

예를 들어 남자의 사주에서 비견, 겁재가 없다면 형제자매가 없다는 것이다. 그런데 형제자매가 있는 경우가 있다. 그렇다면 형제자매의 정리는 버리고 사는 사람일 것이다.

　간혹 정관이나 편관이 전혀 없는 사주도 있다. 그렇다면 남자의 사주에서는 정관이나 편관이 자식을 의미하므로 자식이 없는 것이다. 그런데 현실적으로 자식이 있는 경우가 많다. 이는 엄격하게 말하면 남편의 자식이 아니고 아내의 자식이다. 이런 경우에는 늙어 자식복을 보기는 애초에 그른 일이라 생각해야 한다. 그렇다면 자식의 효도도 받지 못할 것이다. 부모로서 할 일을 해야 하겠지만 효도를 바라거나 말년복을 바랄수록 비참해 질 것이다. 차라리 저축과 같은 것을 들어 노후를 대비하는 것이 올바른 방법이다.

　5) 간혹 모든 것은 아니지만 가족의 구성이 맞아 떨어지게 구성된 사주가 있지만 사주에 있는 육친이 사주와 달리 행동하거나 판이하게 결과가 나타날 수 있다.

　예를 들면 비견이 자리를 잡고 있는데 형제가 없는 것이다. 이 경우는 눈여겨보면 비견을 극하는 오행이 자리하고 있을 것이다. 즉 월천간이 비견인데 월지는 비견을 극하는 관성이 자리하고 있는 것이다. 혹은 월천간은 비견인데 년천간이 관성으로 충을 하고 있는 경우이다.

　이처럼 육친이 정상적으로 자리하고 있다 해도 극하는 육친이 앉아 있으면 불길하다. 공망에 들거나 이처럼 극하고 충을 받으면 흉하다고 보는 것이다. 따라서 비견이 충을 당하면 때로 형제가 어린 나이에 죽거나 사고가 나서 불길

해지는 것이다. 그럼에도 불구하고 육친을 극하는 그 육친
을 다시 극하거나 충하는 육친이 있으면 비견의 육친에게
는 아무런 문제가 없다. 또 깊이 들어가 보면 육친을 충하는
육친을 극하거나 파하는 육친을 다시 파하는 육친이 있으
면 애초의 육친에게는 역시 흉한 일이 생기니 참으로 깊이
파고 볼 일이다. 따라서 형충파해를 세밀하게 살펴야 육친
의 결과를 예측할 수 있다.

　때로 생각하기를 '형충파해는 나쁜 것이고 합은 좋은 것'
이라고 인식할 수 있다. 일반적인 경우 합은 좋은 것이라는
인식을 가지기 때문이다. 그러나 합도 때로는 좋지 않게 작
용하는 경우가 있다. 좋은 합일 경우가 먼저이다.

　천간에 갑이 있고 이 갑은 겁재로 형제를 의미한다고 하
자. 그런데 그 옆에 겁재 갑목을 공격하는 관성 경금이 있어
형제의 궁이 약해진 상태로 보자. 관성인 경금과 합을 하는
을목이 있다고 하자. 경금은 계속해 갑목을 공격하는 역할
인데 을목을 만나 연애를 하는 격이다. 그래서 자신이 공격
을 해야 한다는 점을 잊어버리고 연애에 빠져버리니 갑목
은 자유로워진다. 따라서 이처럼 합은 좋은 것이지만 반대
의 경우도 있다.

　이것은 나쁜 경우이다. 겁재인 을목이 있다. 그리고 그 곁
에는 을목을 공격하는 신금이 있다 하자. 지지에는 신금을
옥죄는 사화가 자리하고 있다. 따라서 신금은 사화를 방어
하느라 을목을 공격할 수 없다.

　그런데 사화 옆에 합이 되는 유가 있어 반합을 이루었다

고 하자. 합이 되어 좋아야 하지만 사화는 유와 합이 되어 성분이 변하기도 했거니와 연애를 하는 격으로 을목을 공격하는 신금을 공격할 겨를이 없다. 따라서 신금은 사화의 극을 피해 을목을 공격한다. 이처럼 합이 반드시 도움이 되거나 좋은 것은 아니다.

5. 육친 심화

1) 비견(比肩)

☯ 비견이 많다는 것은 형제가 많다는 것이다. 먹을 입이 많으니 늘 허기진데 식신이 없거나 하나 정도에 불과하면 식복이 약해 늘 배가 고프다.

☯ 비견과 겁재가 많으면 식복이 약하다. 형제가 밥을 다투는 격이기 때문이다. 그런데 이를 극하는 관성(官星)이 있으면 흉(凶)이 길(吉)로 바뀐다. 즉, 지나친 식탐을 억제시켜 중화(中和)를 시킨다는 것으로 풀어낸다.

☯ 비견이 있는데 삼형살(三刑殺)이 이루어지면 출가하여 승인이 되거나 신체에 이상이 있다. 삼형살이란 寅巳申(호랑이, 뱀, 원숭이), 丑戌未(소, 개, 양) 위의 두 가지가 지지에 있는 것을 삼형살이라 한다. 또한 자신의 지지에 寅巳가 있는데 申년이 오면 인사신 삼형살이 된다. 물론 인사(寅巳). 사신(巳申)도 살이 되어 좋지 않다. 예를 들어 인(寅)이 비견인데 주변의 지지가 사(巳)와 신(申)이 있으면 삼형살

이다.

☯ 비견의 생으로 상관이 강해졌는데 정관이 약하면 상관이 극을 한다. 이 사주는 형제나 친구에게 재(災)를 당한다. 예를 들어 신금(辛金)이 상관(傷官)이다. 관을 상하게 하는 것이다. 애초에는 신금이 하나였기에 그다지 힘이 없었는데 신금을 생조하는 토가 세 개나 있었다고 가정한다. 토가 세 개가 있으니 힘을 받아 신금이 강해졌다. 이 강해진 신금이 관성(官星)인 목(木)을 공격하는 것이다. 관성은 나의 벼슬, 나의 지배자, 명예이다. 즉 비견은 형제 친구인데 이 비견이 도운 상관이 나의 명예를 공격하니 결국 재앙인 것이다. 이 경우 친구와 형제가 나의 명예를 공격하는 것이다.

☯ 비견이 강하면 아버지와 인연이 약하다. 편재는 부친이다. 부친을 극하는 비견이 강하거나 비견이 월간을 장악하고 있다면 부친과의 인연은 매우 약하다. 부친의 자리에 비견이 자리하면 부선망(父先亡)으로 본다.

☯ 사주 원국 내에 비견이 없으면 형제가 없는 것으로 보고, 친구간의 의리나 친교도 그다지 좋지 않다.

☯ 비견이 너무 약하면 형제가 있기는 해도 도움이 되지 못한다. 비견이 주위의 압박을 받으면 형제가 있어도 서로 돕지 못하거나 멀리 떨어져 산다. 비견이 충을 받거나 고립되면 형제에 문제가 생긴다.

☯ 비견은 많은데 재성(財星)이 하나뿐이면 형제간에 재산 다툼이 일어난다. 비견이 많다는 것은 형제의 입이 많아

밥이 많이 필요하다는 것이고 재성이 하나뿐이라는 것은 밥그릇이 하나뿐이라는 것이다. 서로 먹으려고 다투는 격이니 형제간에 부모가 남긴 유산 상속 싸움을 하고, 애초부터 밥그릇 다툼을 해야 하니 재산을 모으지 못한다. 늘 금전적으로 힘이 든다.

◉ 비견은 친구의 역할을 한다. 비견이 적당하게 생조를 하거나 용신(用神)이 되거나, 혹은 길한 작용을 하면 친구로부터 도움을 받는다. 그러나 비견이 기신(忌神)이 되거나 흉한 작용을 하고 충(沖)을 하면 오히려 피해를 보게 된다. 배반의 결과를 미리 예측할 수 있다.

2) 겁재(劫財)

◉ 사주에서 식상(食傷), 재성(財星), 관성(官星)이 많으면 신약사주이다. 식상, 재성, 관성은 나의 기를 설기시킨다. 혹은 극을 한다. 내가 극을 하기도 하니 일원의 기를 흐트러뜨리는 것이다. 이러한 상황에서 비견과 겁재는 힘을 보태주는 역할을 한다. 즉 비견과 겁재는 친구이고 형제이다. 식상과 재성, 관성은 내 힘을 빼가는 자들인데 비견이 힘을 보태니 힘이 생긴다. 신약사주에 비견과 겁재는 길한 작용을 한다.

◉ 겁재가 많다는 것은 형제가 많아 내 먹을 것을 빼앗아 간다는 의미가 된다. 혹은 밥을 나누어 먹어야 한다는 것이다. 이 때 겁재를 극하는 관성이 있다면 도움이 된다. 즉 관성은 겁재의 극이 되니 다른 형제를 제압하여 내가 밥을 먹

는데 방해를 하지 못하게 하는 격이다. 즉, 겁재가 많을 때는 관성이 있어야 길하다.

◉ 겁재와 양인(羊刃)이 많으면 비천하다. 이는 밥은 없거나 적은데 밥을 먹어야 할 입이 많다는 의미가 되기 때문이다. 더구나 양인은 강한 살기가 내포되어 있다. 이 때 관성이 있으면 양인을 극하고 겁재를 막아주니 비로소 밥을 먹을 수 있다. 비견과 겁재가 많으면 관성이 있어야 비천함을 면한다.

◉ 겁재가 있는데 양인이 동주(同柱)한다면 자녀를 극하거나 각종 재난이 있다. 양인(羊刃)은 물(物)이 극(極)하면 도리어 악기(惡氣)를 생한다 라는 이치에 의해서 제정된 신으로 양일생(陽日生)은 건록의 후, 음일생(陰日生)은 건록의 전에 붙는다. 이것을 녹전록후(祿前祿後)의 신이라 하고, 겁재를 닮은 성정(性情)이 있으며, 재해를 관장하는 신이다. 양인은 각각 갑묘(甲卯), 을진(乙辰), 병오(丙午), 정미(丁未), 무오(戊午), 기미(己未), 경유(庚酉), 신술(辛戌), 임자(壬子), 계축(癸丑)이 양인인데 이 중 천간이 겁재를 이루면 겁재와 양인이 동주한다고 한다.

◉ 겁재의 작용력은 비견과 비슷하지만 더욱 극렬하게 작용한다.

◉ 여자 사주에 겁재가 많으면 원만하지 않다. 이는 남편의 형제를 모두 모시고 사는 격이니 얼마나 힘들겠는가? 아울러 다른 사람에게도 신경을 써야 하니 남편이 좋게 볼 일

이 아니다.

☯ 남자가 신강사주이며 일지에 겁재가 앉아 있으면 처와 생이별 하거나 사별한다. 신강사주는 인성과 비견 겁재를 합쳐 5개 이상을 이루는 것이다. 이 때 일지(日支)는 아내의 자리인데 형제가 차지하고 있으니 아내가 설 자리가 없다.

☯ 남자 사주에 신강이라는 말은 비견 겁재, 혹은 인성이 많다는 것이다. 이 경우 겁재가 많아 신강이라면 손재하거나 처와 생이별, 사별한다.

☯ 겁재와 양인이 많은데 관성이 없으면 상처(喪妻)한다. 결국 형제격인 비견과 겁재가 많으면 형제간의 사이가 좋지 않고 특히 겁재가 많으면 형제가 아내 자리를 차지하여 상처하거나 생이별한다. 이 때 겁재를 극하는 관성이 있으면 아내의 자리가 지켜진다.

3) 식신(食神)

☯ 여자의 사주에 식신이 왕(旺)하고 재성이 있으면 남편은 출세하고 자식은 현명하다. 여자의 사주에 식신은 자식이다. 식신이 있으니 자식은 있다. 재성은 돈이다. 결국 아내가 살림을 잘 해야 남편이 출세한다는 의미가 되겠다.

☯ 여자의 사주에 식신이 왕(旺)하면 우선 자식은 잘된다. 여자의 사주에서 식신은 자식이기 때문이다. 그런데 식신은 왕한데 재성과 관성이 약하면 남편은 별 볼 일 없다.

범부(凡夫)와 사는 격이다. 특히 여자의 사주에 관성은 남편인데 관성이 약하다는 것은 남편이 별 볼일이 없다는 것이다.

☯ 여자의 사주에 왕한 식신이 하나 있으면 자식이 장수한다. 식신이 왕하려면 합이나 형충파해가 주변에서 조화를 이루어야 한다.

☯ 여자의 사주에서 식신이 약하거나 극을 받으면 짐이 되는 자식이 있다. 식신은 자식이다. 그 자식을 충하거나 파하거나 해를 입히면 자식은 다치거나 모자란 상태가 된다. 이 경우 이 자식이 짐이 되는 격이다.

☯ 여자의 사주에 식신이 합이 되고 정관이 충하면 남편과 헤어지고 자식과 산다. 여자의 사주에서 식신과 합이 된다는 것은 하나의 몸이 되는 격이다. 이것은 일주에 식신이 일지를 차지하는 것과 같다. 혹은 남자의 사주에 일지가 어머니인 정인이 오는 것과 같다. 정관은 남편이다. 충이 된다는 것은 남편이 물리적 힘을 받아 헤어지거나 병이 생긴다는 것이다.

☯ 식상이 지나치게 강해진 이유로 태과하면 좋지 않은데 편인이 없다면 색정이 강하여 남편을 극한다. 태과란 3개 이상인 것이다. 여자의 사주에 식상이 3개가 넘어 지나치게 강하고 편인이 없으면 여자가 색정을 찾아 남편의 정기를 고갈시키니 이를 극이라 한다.

☯ 남자의 사주에 식신이 왕하고 희신이면 처복이 있다.

용신과 희신은 길신으로 가장 중요한 대운의 성격을 결정 짓는다. 희신은 용신을 지원하는 것이다. 식신이 왕하다는 것은 식복이 있다는 것이고 이것이 희신으로 작용한다는 것은 지원자가 있다는 것이다.

☯ 남자의 사주에 식신이 왕한데 관성이 없거나 약하면 자식이 없을 수도 있다. 남자의 사주에 관성은 명예, 나를 지배하는 것이지만 아들이기도 하다. 근본적으로 관성이 강하여야 좋은 아들을 둘 수 있다. 정관이 우선이나 편관도 아들이다.

4) 상관(傷官)

☯ 남녀를 불문하고 상관이 월간에 자하고 있으면 이혼의 확률이 높아진다.

☯ 상관이 있는 사주에 정인이나 재성이 있거나 또는 간합이 이루어지면 부귀가 따른다. 상관은 강력한 행동력이다. 정인은 상관을 극하는 것으로 설기시키지 못하도록 하는 격이며 재성은 상관을 설기시켜 준다.

☯ 여자의 사주에 상관이 많고 정관이 약하면 남편과 생이별하거나 혹은 사별한다. 월주에 상관이 자리하면 이혼할 가능성이 높은데 상관이 많으면 여자가 남편에게 신경을 쓰지 않고 자식에게만 정성을 들이는 격이다. 더구나 정관은 남편의 별인데 정관이 없거나 약하면 당연히 남편이 설자리가 없다.

☯ 여자의 사주에서 일지에 상관이 자리하고 있는데 인성이나 재성이 없는 경우에는 남편과 이별한다. 여자의 사주에서 일지는 남편의 자리이다. 자식을 의미하는 상관이 차지한다는 것은 남편의 자리를 차지한 격이다. 인성은 상관을 극하기에 상관이 강하면 제극(制剋)의 용도가 있다. 그리고 재성은 인성에서 보았을 때는 남편이고 상관의 힘을 빼는 것이다.

☯ 여자의 사주에서 식신과 상관은 자식이다. 월지에 상관이 자리하고 있고 인성이 태과하면 자식 두기가 어렵다. 때로 남편을 상한다. 월지는 부모의 자리이다. 이 부모의 자리에 자식이 자리를 튼 격이니 남편이 설 자리가 없다.

☯ 남자의 사주에서 상관은 의미가 약하다. 상관은 과감한 행동력으로 이해되는데 정관이 없다면 자식이 없는 것이다. 정관은 남자에게 자식이다. 우선 정관이 없다는 것은 자식이 없거나 있어도 자식복이 없다는 것이다. 그러나 재성이나 정인이 있다면 자식복이 없다고 보지 않는다. 돈이 자식을 대신하는 것이라고 현대적으로 해석해도 좋을 듯하다.

☯ 남자의 사주에서 년간에 상관이 있으면 재가한 어머니로부터 양육을 받는다. 년간은 조상몫이다.

☯ 남자의 사주에 일주나 시주에 상관이 있거나 양인이 있으면 배우자를 극한다. 남자와 여자 공히 월간에 상관이 자리하면 이혼율이 높아지는 것과 비슷하다.

☯ 남자의 사주에서 정인이나 재성이 없고 시주에 상관

이 왕하면 자식이 없거나 첫 자식을 잃는다.

5) 편재(偏財)

☯ 재성이 많은 사주는 아버지와 일찍 이별한다. 남자 여자 공히 편재는 아버지로 본다. 편재가 없다면 정재를 아버지로 풀 수도 있다. 재성이 지나치게 많다는 것은 재복이 많다고 볼 수 있지만 여러 아버지를 모신다는 의미도 있다. 이는 친아버지와는 일찍 이별한다는 의미가 된다.

☯ 편재의 지(支)가 비견이면 아버지의 임종을 보지 못한다. 천간에 편재가 있는 경우에 해당한다. 편재는 부친인데 다른 형제가 뿌리를 지키고 있으니 나에게는 그 운이 오지 못한다.

☯ 여자의 사주에서 관성이 없다면 남편이 없는 사주이다. 흔히 무관사주라고 하여 남편이 있어도 남편복이 없는 사주이다. 그러나 재성이 왕하면 남편복이 있는 것으로 본다. 이는 재성이 관성을 생조하기 때문이다.

☯ 여자의 사주에서 재성이 태과하면 바가지가 심하고 식상을 설기시킨다. 이는 재성이 식상의 아들인 까닭이다. 재성이 태과하다는 것은 어머니 아버지인 식상에서 설기시키니 자연히 자식의 인연이 희박해지는 것이다.

☯ 남자의 사주에서 재성이 충이 되거나 공망이면 양자로 갈 운명이다. 재성이 충이 된다는 것은 아내의 자리가 위험하다는 의미가 되기도 한다. 재성이 공망이면 아내 자리

가 공망이니 아내가 사라지는 격이다. 결국 처복이 없고 사별할 수도 있다.

🌑 남자의 사주에서 일지에 재성이 있고 희신이면 처덕이 있다. 재성은 남자에게는 여자이다. 물론 부인인가와 애인인가가 다를 수 있기는 하나 근본적으로 재성은 여자의 덕이며 재산이니 재성이 일지에 깔린 것은 부인을 깔고 앉아 도움을 받는 격이다. 처덕이 있는 것으로 본다.

🌑 남자의 사주에 정관이나 편관이 없으면 자식이 없거나 자식복이 없는 것으로 본다. 그러나 관성이 없음에도 재성이 왕하면 자식이 있거나 자식복이 있는 것으로 본다. 이는 재가 관을 생조하기 때문이다. 즉, 재가 보이지 않는 관을 끌어 들이기 때문이다. 그러나 재가 태과하면 오히려 흉이 된다. 관성은 보이지 않고 재만 태하면 자식이 없거나 자식복이 없다.

🌑 남자의 사주에서 정재는 아내이고 편재는 정부(情婦)이다. 따라서 정재와 편재가 섞여 있으면 여자 관계가 복잡한 것이다. 더구나 정재와 편재가 가로나 세로로 나란히 있으면 여자 관계가 복잡하다.

6) 정재(正財)

🌑 사주에 정재가 여럿이 있으며 또 가까이 몰려 있으면 어머니와 일찍 사별한다. 생이별하는 경우도 많다. 이는 어머니가 아닌 다른 여자들이 많기에 어머니의 존재가 필요

없기 때문으로 보인다. 그러나 관성이 있으면 괜찮다. 이는 관성이 재성을 설기시키기 때문이다.

☯ 정재와 편재가 공통으로 섞여 있으면 남녀가 공히 염문이 생긴다. 남자의 사주인 경우에는 부인을 두고 바람을 피운다.

☯ 연주나 월주에 정인이 있는 사주일 때, 정재가 심하게 정인을 극하면 부모 중 한쪽이 생사별한다. 년주나 월주는 조상과 부모의 기둥이다. 이곳에 있는 정인은 부모의 위치에 제대로 자리한 상황이다. 이곳에 있는 정인을 정재가 극을 하면 부모 중 한명을 생사별한다. 천간을 극하면 아버지일 가능성이 높고 지지가 충을 받을 경우에는 어머니를 생사별할 가능성이 높아진다.

☯ 여자의 사주에서 재성이 태과하면 자식복이 약하다. 여자의 사주에서 자식은 식상이다. 재성은 식상의 자식이다. 결국 자식의 궁을 재성이 설기시키니 자식복을 기대하기 어렵다. 재성이 약하면 자식복과는 상관없다.

☯ 남자 사주의 지지 중에서 진술축미가 정재가 되면 은밀하게 속이는 여자관계가 지나치게 복잡하고 이로 인해 정신적으로 처를 괴롭힌다. 진술축미는 토의 오행이다. 그렇다면 사주원국에서 일원은 목이 된다. 목이 극하는 것이 토이다. 따라서 내가 아내를 괴롭힌다. 또한 토는 모든 것을 지니는 속성이지만 모든 것을 숨기는 속성을 지니고 있기도 하다.

☯ 남자의 사주에서 일지에 정재가 있으면 좋은 아내를 얻는다. 일지는 부부의 자리이니 남자의 사주에서 일지는 아내의 자리이다. 정재는 좋은 아내이니 더욱 좋다. 최상의 아내자리이다. 그런데 이 정재가 희신이라면 더욱 좋아 원만하고 명망도 있다. 희신이라면 용신을 돕는 것이 임무다. 남편을 지원하고 돕는 격이다.

☯ 남자 사주에서 월지에 정재가 있으면 어머니가 아내처럼, 여자처럼 위한다는 것을 알 수 있다. 어머니와 아내는 약간의 격이 다르다. 아내는 약간의 조건이 필요하고 어머니는 무조건이다. 월지에 정재가 있으며 다른 위치에 정인이 있으면 부모덕이 있다.

☯ 남자 사주에 정재와 편재가 혼합되어 있으며 정인이 있으면 고부 사이에 갈등이 일어난다. 정재와 편재가 혼합되어 있다는 것은 남자의 사주에서 부인은 물론이고 정부(情婦)도 있다는 것으로 본다. 아내의 입장에서는 짜증이 나고 남편이 밉다. 그런데 사주 내에 정인이 있으니 친 어머니 격이다. 어머니는 본처와 정부를 막론하고 모두 며느리인 것이다. 따라서 정처는 자신을 인정하지 않는 시어머니가 미울 수밖에 없다. 따라서 이치적으로 고부간에 갈등이 생기는 구조이다.

☯ 남자의 사주가 신약한 상황에서 재성이 왕하면 모든 경제나 모든 의사 결정이 여자에 의해 이뤄진다. 왕한 재성은 왕한 아내를 보여주는 것이다. 남자의 사주에 재성이 왕

하니 재산은 있으나 이를 통제하고 결정하는 것은 아내다.

☯ 남자의 사주 중에서 네 개의 기둥 중 하나라도 천간이 겁재인데 지가 정재이면 처가 불행한 일을 당하게 된다. 겁재는 친구나 형제이고 이를 받치는 지지가 정재로 아내라면 형제가 내 아내를 짓누르는 격이니 처의 입지가 곤란해진다.

7) 편관(偏官)

☯ 사주에 관성이 왕하면 형제와 인연이 박하고 형제가 있어도 떨어져 살게 된다. 이유는 관성이 비겁을 극하기 때문이다. 관성은 남자의 사주에서는 아들이다. 이런 이치로 형제보다는 자식이 중하기에 신경을 아들에게 쓰는 격이고 근본적으로는 관성이란 비겁을 극하는 존재이다. 따라서 관성이 강하면 비겁을 극해 형제의 궁을 깨버린다. 만약 관성을 극하는 식상이 관성을 강하거나 에워싸면 형제궁이 살아난다. 식상은 비겁의 아들이기에 아버지를 극하는 관성을 역으로 극하는 것이나 다름 없다.

☯ 여자의 사주에 편관이 많으면 남편복이 없다. 또한 심신이 피곤하다. 여자의 사주에서 편관은 남자, 혹은 정부(情夫)이다. 정관은 남편이고 편관은 애인, 정부이다. 정관이 있고 편관이 있으면 정관은 남편, 편관은 애인 혹은 정부이다. 그런데 정관 없고 편관만 있으면 모두 남편인 체한다. 정관이 없고 편관 하나만 있으면 편관이 남편이다. 그런데

편관만 많으면 모두 정부인데 남편인 체하는 격이다.

　◎ 여자의 사주라면 편관이 하나뿐이라면 남편이다. 그런데 정관이 또 있다면 이는 편관이 남편이 아니라 애인이나 정부이다. 따라서 편관과 정관이 둘이 있거나 또 섞여 있으면 관살혼잡(官殺混雜)이라 부르는 것이다. 편관을 달리 칠살(七殺)이라 부르기 때문인데 편관은 좋은 별이 아니다. 어찌 되었든 편관과 정관이 혼합으로 섞여 있으면 자기 남편 외에 남자에게 정을 주니 정부를 둔다.

　◎ 여자 사주에 편관과 정관이 태과하면 혼자 사는 것이 좋다. 정관은 남편, 편관은 애인이며 정부이다. 편관과 정관이 태과하면 관살혼잡이다. 남자 때문에 마음 고생이 심하고 늘 남자 때문에 고민하고 아쉬워하니 차라리 혼자 사는 것이 좋다. 남편을 두면 반드시 다른 남자 때문에 고민하고 창피를 당하거나 이혼을 당할 가능성이 높다.

　◎ 남자의 신약사주에 재성과 관성이 섞여 있고 재성이 관성을 도와주면 각종 재난이 있다. 또 처로 인해 문제가 생긴다. 관성은 나를 지배하려는 자이고 아들이다. 재성은 아내인데 재성이 관성을 돕는 것은 오행의 순리이나 아내가 아들만 위하는 것이나 다름 없다. 따라서 처가 나보다 아들만을 위하니 좋을 수가 없다.

　◎ 남자의 사주에서 일지의 편관이 흉한 작용을 하면 처가 변덕스럽고 부부사이가 원만치 못하다. 편관이 흉한 작용은 무엇을 의미하는가? 편관의 흉한 작용이란 편관이 기

신(忌神)이거나 충이나, 혹은 합으로 인해 흉한 작용을 하는 것을 말한다.

☯ 남자의 사주에서 시주(時柱)에 있는 관성이 강하면 자식복이 좋고 약하면 자식복이 적다. 사주에서 시주는 자식의 자리이다. 이 자리에 관성이 있다는 것은 자식의 복을 이야기 한다. 남자의 사주에서 관성은 자식인데, 자식의 별인 관성이 자식의 자리인 시주에 자리한다는 것은 자식복을 이야기 한다. 특히 말년의 자식복이다.

☯ 남자의 사주에서 신약하고 사주에 편관이 왕하거나 시간이 편관이면 자식을 두기가 어렵다. 편관이 왕하면 거친 아들이다. 자식을 잉태해야 하는 일원으로서는 부담이 된다. 따라서 자식을 두기 어렵다로 해석한다.

8) 정관(正官)

☯ 사주의 원국에서 정관은 약하기 그지 없는데 비겁과 양인이 강하면 양자의 운명이거나 가족이 적다. 비겁이 강하면 형제가 많은 것이다. 형제가 많으면 입을 덜기 위해 양자를 보내는 격이다. 양인은 이를 더욱 부채질한 격이다. 극과 극은 통하는 법이라 비겁이 극단적으로 강하거나 많으면 오히려 형제가 서로 싸운 격이라 극이 된다.

☯ 정관은 약하고 상관이 왕하면 일찍 죽거나 무능해서 손자가 가계를 잇게 된다. 정관은 약한데 상관이 강하면 또 다시 상관이 정관을 극한다. 결국 아들이 힘을 쓰지 못하게

된다. 남은 것은 손자에게 기댈 수밖에 없다. 심한 경우는 손자가 대를 잇기 전에 아들이 죽을 수 있다.

☯ 여자의 사주에서 정관이 태과하거나 편관이 섞여 있거나 또는 심하게 극을 당하든지 지나치게 설기당하면 남편복이 적다. 정관이 태과하거나 편관이 섞여 있거나 하면 남자관계를 나타내고 있다. 심하게 극을 당하면 남편이 극을 당하는 격이다. 설기 당해도 마찬가지로 남자가 다른 곳에서 정분을 뿌리거나 힘을 소진해 버린다. 결국 올바른 부부관계란 기대하기 어렵다.

☯ 여자의 사주에서 관성이 없는데 비겁이 왕하여 신강해지거나 상관과 정인이 왕하면 남편을 극한다. 여자의 사주에 관성이 없다는 것은 남편이 없다는 것이며 비겁이 왕하다는 것은 여자의 형제자매가 많다는 것이다. 아울러 상관이 왕한 것은 자식이 강한 것이며 정인이 왕하면 어미가 강하다는 것이다. 어디에도 남편이 들어설 공간이 없다. 재성이라도 왕하면 관을 생조할 것인데 그렇지 못하면 남편복은 기대할 수 없다.

☯ 여자의 사주에서 정관이 태과한 사주에 상관과 인성이 있으면 남편이 출세한다. 기본적으로 정관이 있음은 남편이 있는 것이다. 태과하면 지나침인데 인성이 있어 설기를 하고 상관으로 극을 해주면 지나치지 않는다.

☯ 여자의 사주에서 관성이 있어도 인성이 왕하면 남편이 고달프다. 인성은 관성을 설기시키는 기능을 지니고 있

으니 남편으로서는 고달플 수밖에 없다.

☯ 여자의 사주에서 일지의 정관이 약하거나 충이 되면 남편과 백년해로하기 어렵다. 일지는 남편의 자리이다. 아울러 정관은 남편이다. 일지에 자리한 정관은 남편을 보여주는 잣대가 된다. 그런데 이 정관이 충을 당하면 남편이 충을 당하는 것이다. 남편의 자리인 일지에 정관이 아니라 다른 육친이 자리 잡아도 충을 당하면 남편의 운이 좋지 않다.

☯ 여자의 사주에 일지에 재성이 있으면 남편복이 있다. 여자의 사주에서 관성이 남편이다. 그런데 재성은 관성을 생조한다. 따라서 재성이 일지에 자리하면 남편복이 있다.

☯ 여자의 사주에 시주에 왕한 정관이 있으면 귀한 자식을 둔다. 여자의 사주에 정관은 남편이다. 그런데 시주는 자식의 자리이다. 이 자리에 왕한 정관은 남편의 운도 있지만 사회적으로 이름을 날리는 자식이라는 의미로도 해석된다.

☯ 여자의 사주에서 시주에 있는 정관이 약하거나 충이 되면 자식이 귀하지 못하다. 여자의 사주에서 정관은 명예이며, 나를 지배하는 자이다. 시지는 자식의 자리이다. 자식의 자리에 명예로움은 자식이다.

9) 편인(偏印)

☯ 인성이 많으면 자식이 온전치 못하다. 인성은 어머니다. 어머니는 내 자식을 극한다. 인성이 왕하다는 것은 어머니가 지나치게 강한 것이니 자식을 극한다. 따라서 자식이

온전치 못하거나 기대할 것이 없다.

☯ 신약사주인데 편인이 태과하면 배우자와 자식을 상한다. 일반적으로 편인은 의붓어머니, 계모, 유모, 양모 등으로 해석할 수 있다. 이 편인이 태과하면 자식을 극한다. 아울러 계모는 배우자를 좋아하지 않는다.

☯ 일지에 편인이 자리하고 다른 주(柱)에도 편인이 있으면 배우자는 나약하고 부부간에 화목하지 못하다. 그러나 이를 설기시키거나 극하는 육친이 자리하면 문제 없다. 편인은 계모이다. 계모가 친모정도는 아니다. 따라서 자식과 남편을 극하거나 제지를 하려 하니 부부문제가 생긴다. 그러나 계모인 편인을 극하는 재성이 있거나 계모인 편인이 충을 받거나 합을 이루어 성분이 변하면 해소된다.

☯ 일주의 천간이 화(火)의 오행인 병(丙), 정(丁)이며 월지에 편인이 있는데 또 다른 기둥에 왕한 편인이 있으면 자식 걱정을 하게 된다. 나를 기준으로 편인은 계모이고 자식은 식상이다. 지나치게 왕한 편인은 나의 자식을 충한다. 자연히 자식이 불편하고 충으로 괴로움을 당하니 나는 자식이 걱정된다.

☯ 일주와 시주에 편인, 상관, 양인 등이 섞여 있으면 배우자와 자식 인연이 약하다. 편인은 자식을 극하고 상관은 관성을 극한다.

☯ 여자의 사주에서 편인이 왕한데 식신이 약하면 자식 인연을 기대하기 어렵다. 편인은 식신을 극한다. 이는 계모

가 자식을 극하는 격이다. 지나치게 왕한 편인은 자식인 식신을 극하니 자식이 없거나 있어도 병이 많거나 만족스럽지 못하다. 자식이 태어나도 평생 자식 걱정이다.

☯ 여자의 사주에서 편인이 왕한데 관성이 약하면 남편 복이 박하다. 근본적으로 여자의 사주에서 관성은 남편이다. 관성이 약하니 우선 남편 복이 약하다. 그런데 편인은 관성으로서는 식상에 해당하니 설기시키는 힘이다. 편인이 왕하면 가뜩이나 약한 남편의 기를 설기시킨다. 결국 남편의 구실을 할 수 없거나 약하고 남편복을 기대하기 어렵다.

☯ 시주에 왕한 편인이 있으면 자식복이 없다. 시주는 자식의 자리이다. 이 곳에 식신이 자리해야 하는데 편인이 자리하면 자식궁인 식신을 극한다. 자연히 자식복을 기대하기 어렵다. 편인이 왕하다는 것은 자식을 나타내는 식신을 극하게 된다. 자식이 없을 경우를 상정할 수 있다. 혹 자식이 있어도 인성이 극을 하여 온전하지 못할 수 있다. 자식이 있어도 걱정이고 없어도 걱정이다.

10) 정인(正印)

☯ 정인이 많으면 자식에 대한 인연이 박하며 노후가 고독하다. 정인은 자식의 궁인 식신과 상관을 극한다. 정인이 많다는 것은 자식에 대한 충극(沖剋)이 많다는 것이니 자연히 자식이 없거나 바로 설 수 없다. 말년은 자식의 복인데 자식이 없거나 있어도 온전치 못하니 노후를 보장받을 길이 없다.

☯ 정인이 길신이면 자모에게 양육된다. 정인은 친어머니, 혹은 현모(賢母)이다. 편인이 고친 어머니라면 정인은 정숙하고 현명한 어머니다. 정인은 자애로운 어머니이기도 하다. 정인이 용신이나 희신의 길신이라면 어머니가 현명하고 자애롭다.

☯ 정인이 많으면 다른 사람에게 양육된다. 정인은 어머니다. 그러나 정인이 많으면 어머니가 많다는 의미가 된다. 친모일 경우도 정인이지만 정인이 많으면 아버지와 정식 결혼한 사람이 많다는 의미가 된다. 나 또한 친어머니가 아닌 아버지와 결혼한 다른 어머니에게 양육될 소지가 있다. 그러나 다행스럽게 그 어머니도 현모(賢母)이고 지혜로운 자모(慈母)이다.

☯ 정인이 없거나 약한데 극하는 정재가 많으면 어머니와 인연이 박하고 불화하게 된다. 어머니를 의미하는 육친은 나를 안정시키고 신약이거나 신강을 결정하는데 도움을 준다. 정인이 없다는 것은 어머니가 없는 것과 같다. 어머니의 궁인 정인이 약한데 정재가 많으면 어머니와 인연이 박하다. 이는 어머니가 약한 중에도 정재를 극해야 하는 위험이 있어 힘이 설기되기 때문이다.

☯ 정인이 년주나 월주에 있으면서 상(傷)하지 않으면 부모덕이 많다. 여기에서 상이란 무엇인가? 상하지 않는다는 것은 무엇인가? 형충파해 당하지 않는다는 것이다. 정인은 어머니이다. 년주와 월주는 조상과 부모의 기둥이다. 제자

리에 위치하고 있으니 길하다.

☯ 일지나 시간에 정인이 있으면 자수성가 할 운이다. 어머니인 정인은 년주나 월주에 있어야 길하다. 그런데 시간이나 일지에 자리함은 자라나며 어머니의 도움을 받지 못한다는 것을 의미한다. 간혹 일지에 인성이 자리하면 마마보이가 된다.

☯ 시주(時柱)에 왕한 정인이 자리하면 자손이 잘된다. 이는 자식의 자리에 어머니가 자리함으로써 도와준다는 의미가 있다. 다만 자식의 수는 적다.

☯ 여자의 사주에 인성이 태과하면 자식과 인연이 적다. 이는 인성이 자식의 궁인 식상을 충하기 때문이다. 그러나 왕한 재성이 있다면 인성을 묶을 수 있다. 즉 재성은 인성을 다시 극하는 기능을 지니므로 인성은 식상을 충할 여유가 없이 재성으로부터의 극을 방어해야 하기 때문이다.

☯ 남자의 사주에서 월지에 정인이 있으면 좋다. 이는 어머니가 제자리를 차지한 것이기 때문이다. 그런데 이 사주에서 재성이 일지에 자리하고 있으면 처로 인해 인생이 가시밭길이 된다. 재성이 일지에 자리한다는 것은 남편으로서는 좋은 배열이다. 그런데 이 배치는 가히 이상적이다. 그럼에도 좋지 않은 것은 재성과 인성이 극을 하기 때문이다. 남편인 일간의 아래 일지에 자리한 아내의 별 재성은 남편을 돌보고 지원하기 보다 옆의 인성과 다투기에 정신이 없기 때문이고 이 불화가 남편을 괴롭게 한다.

6. 육친의 작합(作合)과 혼잡(混雜)

1) 작합

☯ 비견의 작합

남녀를 가리지 않고 형제와 자매가 바람을 핀다. 여자는 시아버지도 바람을 피며 풍류가의 기질이 있다. 여자의 사주로 시댁의 흐름을 알 수 있다.

☯ 겁재의 작합

남녀 모두 형제자매가 바람을 핀다. 겁재가 형제자매인 까닭이다. 여자는 시아버지도 바람을 피며 풍류가의 기질이 있다. 여자의 사주로 시댁의 흐름을 알 수 있다.

☯ 식신의 작합

식신 또한 여자에게는 자식인지라 자식이 연애하고 바람을 핀다. 남자에게는 장모인지라 장모가 풍류가이다.

☯ 상관의 작합

남자는 조모나 손녀가 바람 피우고 연애를 한다. 여자는 자식이 연애를 하고 바람을 피우니 속이 상한다.

☯ 편재의 작합

편재는 아버지의 형제이니 아버지 형제가 바람을 피우고 연애를 하니 시끄럽다. 남자는 자수성가의 기운이 보이지만 여자는 외손이 바람을 피우고 연애를 하여 시끄럽다.

☯ 정재의 작합

남자는 고모가 바람을 피우고 여자는 시어머니와 외손이

바람을 피우고 연애를 하니 바람 잘 날 없다.

☯ 편관의 작합

남자는 자식이 연애를 하고 바람을 피우니 골머리가 지끈거리고 매부는 풍류가이다. 여자는 시누이가 재혼을 하니 집안에 들어 사사건건 간섭하고, 며느리가 바람을 핀다.

☯ 정관의 작합

남자는 자식이 연애하고 바람 피우니 시끄럽고 매부가 풍류를 즐긴다. 여자는 시누이가 재혼하고 며느리도 바람을 피우니 바람 잘 날 없다.

☯ 편인의 작합

남자는 외조부가 바람을 피워 시끄럽고 외손녀가 연애한다. 여자는 사위가 바람이 나 딸이 속을 썩이고 손녀도 연애를 한다.

☯ 인수의 작합

남자는 어머니와 외손녀가 바람을 피우니 머리가 지끈거릴 일이고 여자는 어머니, 사위, 손녀가 바람 난다.

2) 혼잡

☯ 비견과 겁재의 혼잡

남녀 모두 배다른 형제자매가 있다. 혹은 형제와 자매가 있다. 남자는 자식이 바람이 나거나 재혼한다. 여자는 남편이 바람을 피우거나 첩을 두어 싸우게 된다.

☯ 식신과 상관의 혼잡

남자는 할아버지가 바람을 피우거나 일찍 사별로 작은 할머니를 맞아들이니 조모가 둘이다. 딸이 재혼하니 분란이 있다. 여자는 남의 자식을 기르거나 두 집으로 시집을 가서 아이를 낳으니 재혼수가 있는 것이요, 사위가 바람을 피우거나 첩을 두니 딸이 괴로워 한다.

☯ 편재와 정재의 혼잡

남녀 공히 아버지에게 다른 형제가 있으니 아버지가 바람을 피워 딴 살림을 하거나 첩을 들이거나, 혹은 어머니가 일찍 죽거나 후실이다. 월과 일이 혼잡하면 태어난 곳과 자란 곳이 다르다. 남자는 첩을 여러 명 거느리고 어디를 가나 염문이 끊이지 않는다. 여자는 시아버지가 바람을 피우거나 첩을 두어 시어머니를 둘이나 모시니 버겁고 며느리는 모친이 둘이다.

☯ 편관과 정관의 혼잡

남자는 배다른 자식을 두니 반드시 바람을 피울 것이다. 사위가 바람이 나거나 첩을 두니 배다른 자식이 나오는 것이 당연하다. 신변에 항상 이동수가 있으니 주거 변동이 크고 직업에도 애로가 많아 직업을 자주 바꾸고 오래 견디지 못하니 생활에 고난이 많다. 장남으로 태어났다고 해도 가문의 전승이 어려우며 상속도 어렵다. 열심히 일해도 고위직에 오르기 어려우니 한숨만 절로 난다

여자는 정처가 되어도 남편의 연정에 눈물 흘리고 과부가 되거나 재혼하는 경우가 적지 않다. 때때로 첩이 되어 눈물을 흘린다. 이성을 접하는 기회가 많으니 바람을 피우고

남자를 고르는데 시간도 많이 소요되고 남편감도 쉽게 정하지 못하고 저울질한다. 삼각관계가 생겨 남편에게 고통을 받을 수 있고 바람을 피워 들키기도 한다. 남편의 신변에 문제가 생겨 신경을 써야 하고 평소 늘 남자문제가 일어난다. 딸의 시어머니가 두 분이니 참으로 신경 쓸 일이 많다.

☯ 편인과 인수의 혼잡

남녀 모두 어머니가 둘 이상이다. 때로는 서모를 봉양하는 경우도 다반사다. 때로는 편모슬하에서 자란다. 남자는 아들의 장모가 둘이다. 여자는 딸이 바람을 피워 속상하고 새 남편을 얻거나 재혼한다.

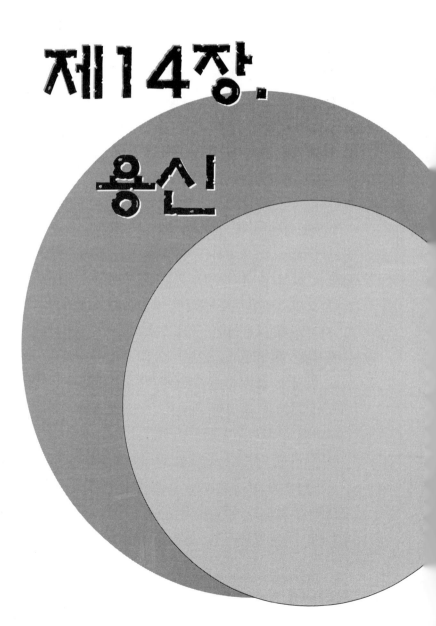

제14장.

용신

제14장. 用神

1. 용신이란?

용신은 사주의 꽃이다. "용신을 모르면 사주를 풀지 못한다"고 극단적으로 말하는 경우도 있다. 용신이란 사주에서 간명을 함에 있어 가장 중요한 한 가지로, 일간을 이롭게 하는 오행이 용신이다. 사주원국에서 가장 중요한 것은 8개의 글자 사이의 중화(中和)인데, 용신이라는 것은 사주의 중화를 위해 사용하는 것이다. 다시 말하면 나를 의미하는 일간(日干)을 편하게 해주거나 지나침을 막아주고 도와주는 오행이다.

사주를 간명함에 있어서 용신은 가장 중요한 요소 중의 하나가 된다. 일부에서는 용신을 몰라도 사주명리를 풀 수 있다는 식의 소위 '용신무용론'을 주장하는 경우도 있기는 하다. 음양오행만으로 대입이 가능하다고 하지만 역시 용신을 사용하지 않는다면 부적절하고 매우 부족하다.

용신은 기적(氣的)이기에 오행으로 나타난다. 추상적이기에 약하고 강한 것을 파악하여야 한다. 무형적인 체신에 대해서 기색을 선명히 하는데 역시 부족하고 넘치는 것을 조절하여야 한다. 사주의 질적(質的), 구체적, 유형적인 특질을 대하고 사주의 중화를 조절하기 위해 용신을 선택한다. 즉 사주의 넘치고 약한 성질에 대해 견인차적인 성질을 표명하는 것으로 각각의 오행인 목화토금수로 분류되고 표현된다.

기본적으로 용신이란 나를 도와주는 세력이 된다. 여기에서 용신이라는 단어를 사용했다고 해서 일반적으로 종교에서 사용하는 신(神)의 개념은 아니다. 기(氣)라고 인식하는 것이 좋겠다.

　사주에서 나는 일간이다. 일반적으로 용신은 좋은 개념이다. 용신이라면 우선은 좋은 개념이 되지만 반드시 좋기만한 것은 아닐 수도 있다. 반드시 사용해야 하지만 때에 따라서는 병이 있거나 해롭지 않아도 나를 약하게 만들 수도 있다. 이를 병약용신(病弱用神)이라는 이름으로 부르는 것인데 반드시 필요하지만 아주 효율적이지 않은 용신도 존재한다.

　용신의 추론은 방법이 아주 다양하다. 일반적으로 가장많이 사용하는 것으로는 억부용신(抑扶用神)이 대표적인데, 이는 누르고 보충해 주어 일주를 도와준다는 의미이다. 명리를 간명하는 많은 학자들 대부분 억부법을 사용하여 용신을 적용하는데 이는 다른 여러 가지의 법식이 있지만 억부용신이 가장 효용성이 있기 때문이다. 즉 용신은 일주에서도 일간을 도와준다는 의미이다. 일간이 나이기 때문이다.

　억부용신의 법에서는 부족하면 더해주고 남으면 덜어주는 것을 용신으로 삼는 경우가 많다. 이는 전통적이고 가장많이 사용하는 방법이다. 가령 사주 원국에서 나를 도와주는 세력이 3개가 있다고 가정한다면 이는 신약(身弱)하다고 말한다. 이 때는 나를 보충해야 한다. 즉 나를 포함하여 나를 도와주는 세력이 부족하여 균형의 중화를 이루기 위해

제일 강하며 효과적인 오행이 들어와서 사주의 원국에 중화를 이루게 되는 것이다. 따라서 용신은 사주원국을 보충한다는 의미가 있다.

용신이 반드시 중화를 이루는 것은 아니다. 가능한 중화를 이루거나 가능성이 있게 조절하는 것이다. 그렇지만 사람의 사주를 따져 팔자를 모두 다 좋게 할 수는 없다. 그러나 중화라는 측면에서 일간을 보충하거나 다른 여러 가지의 조건을 살펴 가장 합리적인 오행을 선택하게 된다. 즉 중화를 위해 선택되어진 오행이 도움을 주면 사주의 일간이 살아나서 사주의 원국이 좋아진다는 이론이다. 그러나 지나치게 힘이 쏠리면 아무리 좋은 중화의 조건을 선택하여도 중화가 이루어지지 않는 경우도 있다. 이를 달리 여러 가지 이름으로 붙여 용신을 정한다.

2. 용신이 필요한 이유

일반적으로 용신(用神)이란 [사주상 내 자신에게 가장 필요하고 나를 도와주고 이롭게 하는 것]이라는 정의를 내릴 수 있다. 즉 나는 일간으로 나를 살릴 수 있거나, 도와주거나, 나를 보충해 주거나, 내가 지나치면 나를 제극(劑剋)하거나 힘을 빼주는 것이다.

사주에서 필요한 용신의 오행(五行)을 찾는 이유는 여러 가지가 있다. 그 중에 가장 대표적인 이유는 태어날 때 사주를 완벽하게 다 갖추고 태어나는 사람이 없기 때문이다. 아마도 완벽한 사주를 지녔다면 용신은 필요 없을 것이다. 즉 사주에서 부족한 것, 반드시 있어야만 하는 것을 채워주기 위해 선택되어지는 오행이 바로 용신이다. 그러나 지나치게 강한 중에도 다시 오행을 더하는 경우가 있어 때로는 용신이 강한 자를 더욱 강하게 하기도 하는데 이를 중화라고 할 수는 없다. 어쩔 수 없이 끌려가는 상황이지만 그래도 용신이라고 하지 않을 수 없다. 즉 용신이란 반드시 사용하는 것이고 이름을 짓는 성명학 등에서도 보충 사용한다.

사람은 태어나면 반드시 사주를 지닌다. 누군가 정해주는 것이 아니라 자연적으로 주어지는 것이다. 태어남과 동시에 주어지는 것이다. 이는 사람이 정했지만 부호만 정한 것이고 자연적으로 이루어지는 것이다.

자연적으로 주어지는 이 사주는 평생 한 사람의 운명의 항로를 예견한다. 사주를 이루는 그 여덟 글자 속에 음양오행이 골고루 배정되어 균형을 이루는 것이 중요하다. 8개로 이루어진 사주의 글자에서 각각의 글자는 음양오행을 포함하여 다양한 의미를 가지는데 이를 글자로 표현한 것이지 사실은 부호라는 의미가 강하다.

사주 속의 글자가 음양과 오행이 균등하다면 중화가 이루어졌다고 하며 최상의 사주로 친다. 이를 오관사주(五官四柱)라고 한다. 인간의 사주는 오행의 글자로 이루어진다. 즉 모든 글자가 오행의 성질을 부여받는 것이다. 다섯 가지의 성질이 모두 있다는 것으로 평범해 보이지만 인간 사주의 단 20%만 음양오행이 모두 들어 있다. 즉, 나머지 80%

는 음양오행 중 한 가지는 빠져 있다는 의미가 된다. 이 빠진 것을 보충하거나 중화시켜야 한다.

음양오행의 조화는 매우 중요하다. 음양오행이 균형을 가지며 서로 견제하고 도와주는 이른바 상생상극이 자연스럽게 이루어져야 인생이 평탄하게 흘러가기 때문이다. 지나치게 한편으로 치우침은 다른 생극을 방어할 수 없다. 균형을 이루고 있으면 다른 상황에서 극이나 흉이 들어와도 어느 정도 막아주고 균형을 이루어주는 힘이 작용하기 때문이다. 즉 균형을 이룬 사주에서는 일간이 보호를 받아 편안해진다. 한편으로 치우친 사주일수록 극단적이다.

만약 음양오행이 한쪽으로 치우치고 오행이 모두 갖추어지지 않았다면 어떤 위험이 닥칠까? 오행 중에 하나의 기운이 강한 상황인데 다시 또 그런 기운이 들어온다면 다른 오행이 이를 방어할 수가 없다. 이를 병(病)이라 한다. 지나치게 강해도 병이고 지나치게 약해도 병이다. 없는 오행이 있다면 역시 병이다.

용신은 근본적으로 일간에 작용한다. 일간이 약하면 일간을 돕는 오행이 필요하다. 일간을 돕는 기운이 다가온다면 일간이 더욱 강해질 것이다. 이런 상황에서는 몸도 건강하고 축재도 이룰 수 있을 것이다. 그러나 반대로 일간을 해하는 기운이 다가온다면 몸이 아프거나 재산이 흩어질 것이다. 일간이 약한데 일간을 해한다면 도움이 필요하다. 이 때도 일간을 돕는 오행이 필요하다. 이를 막아주거나 보충해주는 오행이 바로 용신인 것이다. 반대로 일간이 너무 강하면 좀 덜어주거나 힘을 빼앗아 가야 한다. 일간이 강하면 이런 역할을 하는 오행이 용신이 되어야 한다.

어떤 사람도 완벽한 사주를 가지기는 힘들다. 지나침이 있거나 모자람이 있다. 대통령이나 재벌 총수의 경우도 고난이 있고 아픔이 있으며 좌절이 있다. 이들도 늘 행복하고 인생이 평탄한 것은 아니다. 약한 부분이 있다. 이를 보충할 수 있는 오행이 바로 용신이다. 지나치게 한쪽으로 치우쳐 강해도 대성을 이루는 경우가 물론 있다.

사주원국이 좋아도 대세의 흐름처럼 대운과 세운의 존재 또한 무시할 수 없다. 대운은 10년 단위, 세운은 매년의 운이다. 대운과 세운에서 문제가 되는 기운을 보충해 주는 기운이 들어올 때 이들도 대통령에 당선되고 재벌 총수로서 위력을 발휘하는 것이다. 평소에는 부족한 오행을 찾아 용신으로 보충하여야 한다.

용신의 가장 중요한 역할은 중화이다. 어느 한 기운으로 치우친 사주에서 중화를 해 줌으로써 안정감을 주는 것이 바로 용신의 역할이다. 사주의 주인을 나타내는 일간을 기준으로 하여 일간을 돕는 다른 오행들이 약하면 용신은 이 일간을 도울 수 있는 오행이 된다. 그런데 일간이 지나치게 강하고 돕는 세력이 강하면 아집이 강한 사람처럼 되므로 일간에서 기운을 설기하거나 극을 주어 일간이 긴장하게 하는 오행이 용신이 된다. 즉 일간이 지나치게 강하거나 약하지 않고 중화를 이루도록 조력하거나 제어하고자 하는 것이 용신이 된다.

용신을 정하는 기본적인 기준은 5가지가 있는데 근본적으로 억부(抑扶)를 무시할 수 없다. 사주 원국을 살펴 먼저 신강과 신약을 따진 다음 강하면 극하거나 설기 시키고 약하면 생부(生扶)해 주어서 최대한 사주를 조화롭게 하거나 중화시켜야 하는데, 용신은 이 역할을 할 수 있는 오행으로 배치하며 용신이란 이 오행을 가리킨다.

3. 용신 잡기

흔히 용신을 가리켜 말하기를 "용신을 찾지 못하면 십년 역학 공부 도로아미타불"이라는 말을 한다. 이처럼 사주를 간명(看命)함에 용신은 매우 중요하다. 용신을 모르면 사주를 풀 수 없다는 것이 일반론이다.

용신 잡는 법에 대해 논하고자 하면 참으로 난감하다. 용신법을 논하면 누구나 자신이 잡는 법이 최고의 방법이라 한다. 어찌 보면 통일된 법칙이 없다. 그러면 정말 법칙이 없는가? 있다. 분명 통일된 법칙이 있고 실제 적용되어야 한다. 그러나 누군가는 자기만의 방법이 있다고 하는 주장으로 내세우는 그럴듯한 이론들이 있다. 이 중 대부분은 사기술에 가깝다.

자기가 개발했다는 이론들을 내세우는 사람들 대부분 그럴듯한 이론을 내세우지만 그 이론이란 것이 제각각이다. 다시 말하자면 백인백색이란 말이다. 그러나 예로부터 이미 정해진 용신법이 있으니 증명된 법은 아마도 이것일 것이다. 각각 억부법(抑扶法), 병약법(病弱法), 조후법(調候法), 전왕법(專旺法), 통관법(通關法)이 바로 그것이다.

이 다섯 가지의 용신법이야말로 오래전부터 명리학의 보배처럼 이어진 용신법이다. 누구나 명리학을 배울 때는 이 기초적이고도 영원한 진리처럼 사용하는 용신법을 배우고 사용한다. 그런데 혹자는 이를 무시하고 자신만의 법이라고 주장하는 용신법을 사용하는데 그것이 옳은 것인지, 맞는 법인지는 아직 모르겠다.

어쨌든 용신 찾는 법을 제대로 배우고 싶다면 다른 것에 우선하여 우선적으로 음양오행에 대한 공부와 학습이 충분하게 이루어져야 한다. 명리는 오행에서 시작하여 오행에서 끝난다는 말을 한다. 용신법의 기초도 결국은 음양오행을 모르거나 깊이 이해하지 못하면 결국 근거 없는 낭설을 주장하는 것이나 다름 없다는 것이다. 오행을 찾아 이해하고 학습함으로써 천성적으로 타고난 본질의 성격과 사주에서 드러나는 습관을 정확하게 알 수 있다. 오행을 이해하고 적용하는 과정을 거치고 나서야 정확한 용신을 찾을 수 있다.

용신은 의외로 간단한 공식이 있다. 그러면 어떤 용식을 사용하는 것인가? 여러 가지 방법이 있다. 억부(抑扶)와 병약(病弱), 조후(調候)와 통관(通關), 전왕(專旺)중에서 시기와 음양오행의 조화를 살펴 감각적으로 사용하는 방법이 가장 잘 어울리는 것이다. 문제는 자신의 감각이 어느 쪽으로 발달했는가가 될 것이다. 혹자는 억부법을 가장 잘 사용할 것이고 혹자는 통관법을 잘 사용할 것이다. 가장 적합한 것은 이 다섯 가지의 용신법을 적절하게 혼합하여 사용하는 것이다. 이 다섯 가지의 가장 기본적인 용신을 무시하고 용신을 논하기는 어렵다.

　그럼 어느 것이 가장 중요한가? 중요한가 하고 묻는 것이 아니고 어느 것을 먼저 적용하는가의 물음이 될 것이다. 본인은 억부보다 조후를 먼저 적용한다. 이는 절기(節氣)를 파악하는 것이다. 기후를 파악하는 것이다. 이 이치는 아주 간단해서 만세력을 살피면 알 수 있다. 흔히 사주를 뽑는다고 말한다. 생년월일시에 맞추어 사주를 선택할 때 가장 기준이 되는 것이 절기이기 때문이다. 이 절기와 관계가 있는 것이 바로 조후용신이다. 사주는 과학이라는 명제를 이루기 전에 사실 기후와 관련 있으니 절기를 무시할 수 없다. 역학을 연구하시는 선생님들 중 한 분은 명리학을 기상학(氣象學)이라고 소개하셨다. 이는 철저하게 절기를 의미함이다. 목기(木氣)가 강하면 봄이고 금기(金氣)가 강하면 가을이다. 이처럼 어느 오행이 계절을 장악하고 있는가에 따라 그 시기에 태어난 사람에게 필요한 오행을 배정할 수 있는 것이다. 단 절기를 파악하여 용신을 적용할 때, 모든 상황에서 조후용신을 적용하지는 못한다.

　이어 사용할 수 있는 것이 억부법이다. 억부법을 사용하여 중화를 시켜주는 것이다. 이어 통관, 전왕을 적절하게 배정할 수 있다. 그렇게 배정한 용신이 병약 용신인지 파악하는 것도 중요하다. 조금 더 익숙해지면 격국(格局)이라는 것을 배울 것이다. 이 격국에 따라 용신이 바뀌는데 이를 외격(外格)의 용신이라 한다. 용신법을 따라가면 내격이냐? 외격이냐를 논하게 되는데, 이는 후일의 일이다. 격국을 논한다 하더라도 가장 많이 사용하는 방식은 크게 다섯 가지가 있다.

1) 병약(病藥)

부(扶)하는 것을 희(喜)로 하는 것, 그 부하는 것을 극하는 것을 다시 극하는 것이 병(病)으로 된다. 달리 보면 가장 약한 것이라는 의미도 있다. 제(劑)하는 것을 희로 하는 것, 그 제하는 것을 극하는 것을 다시 극하는 것이 병으로 된다. 그 병이 되는 신을 제하는 것이 곧 약(藥)이다. 이것은 병약(病藥)의 법을 용신으로 하는 법이다. 달리 보면 병이 있는 용신을 치료하는 것이 바로 약이라는 의미이다.

사주팔자라고 모두 건강한 것은 아니다. 사주팔자에서 병이 들면 고치기 위해 약이 있어야 한다. 우주 만물에는 병이 있다. 약한 것도 있다. 치료해야 한다. 병약 용신이란 아주 간단한 이치를 가지고 있다. 용신을 잡았는데 지나치게 약해 병이 있는 것으로 본다. 병이 있으면 약이 있는 법이 아닌가? 명리의 용신에서 허약한 용신을 위해 사용하는 약이란 것은 용신을 극하는 기신(忌神)을 제거해 주거나 극제(剋除)하는 오행이 바로 약이 되는 것이다. 이 기신을 극하는 것이 바로 희신이다.

사주 내에는 반드시 병이 있다. 사주 내에 병이 없고 약이 없다면 그 사주는 빈천하다고 말한다. 병약한 사주에서 해결할 수 있는 약이 있어서 해결이 된다면 이것은 단순한 사주보다 더욱 귀하게 여기며 고난을 이기고 자수성가하는 것처럼 부와 명예를 얻게 되니 진정한 사주의 예술이라 할 만하다.

2) 조후(調候)

사실 병약보다 조후를 먼저 들고 싶다. 명리학은 음양오행을 다루지만 사실 절기에 가장 영향을 받는다. 사주를 뽑는다고 하는데 생년월일시를 따져 천간과 지지를 따져 사주팔자를 뽑을 때 사용하는 만세력을 보면 절기의 표시가 확연하다. 또한 절기를 지났는지 지나지 않았는지에 따라 년주와 월주가 달라지기도 한다. 사주를 성립함에 절기를 무시할 수 없다. 이 절기는 바로 오행을 구분 짓는 일종의 선이다.

목의 기운은 봄이고 입춘(立春)에서 시작된다. 이러한 공식이 바로 오행이 절기에 영향을 받는다는 것이다. 사주의 글자 하나하나가 오행을 부여받는데 이 오행이야말로 절기력을 나타내는 부호인 것이다. 이 절기를 가장 중요하게 여겨 약하면 보충하고 강하면 제압하는 오행을 사용한다. 금수(金水)는 동(冬)에 생하고 목화(木火)는 하(夏)에 생한다. 이 시기의 절기를 타고나는 사주는 크게 냉(冷)하고 크게 서(暑)하다. 봄의 기후는 지나치지 않으니 조후가 필요치 않다. 가을도 조후를 그다지 필요치 않는다. 그러나 여름과 겨울은 지나침이 있어 반드시 조후를 필요로 한다. 지나친 치우침에서 기후를 조절하는 것이 급선무이다. 억부법에서만 따지다 보면 겨울철에 태어난 목일주(木日柱)에 수(水)를 용신으로 제시할 수 있는데 이는 매우 지나침이 있는 용신법에 해당할 수 있기 때문이다. 이것이야말로 조후의 법을 용신으로 하는 법이다.

3) 억부(抑扶)

가장 많이 사용하는 것이 억부법이다. 용신의 가장 중요한 역할은 중화를 하는 것이다. 중화에 가장 유용한 용신법이 억부법이다. 지나침이 없어 강하고 약함을 중화시키는 것이다.

사주의 주인은 일간이다. 일간을 생조하는 인성과 비겁의 세력이 강하면 신강이고 약하면 신약이다. 이를 가려 일간이 인성과 비겁의 도움으로 강하면 이를 제(制)하는 오행을 사용하게 되고 일주를 기준으로 비겁과 인성이 없거나 약해 일간이 약한 것은 부(扶)하는 억부(抑扶)의 법으로써 용신으로 삼는 것이다. 이 기준은 8개의 글자를 가지고 따지는데 1~8까지의 숫자에 대입한다. 단 월지는 1이 아닌 2로 배정하는데 이는 월지가 어머니와 같은 역할을 하기 때문이다. 즉 월지는 일간의 뿌리이기 때문이다.

4) 통관(通關)

통관은 글자 그대로 기를 통하게 하는 것이다. 대체로 두 개의 기운이 대립하는 경우이다. 이 경우는 다섯 가지로 이루어진 오행에서 3가지만 나타나는 경우가 있을 때 주로 적용된다. 두 개의 대립을 양신(兩神)이라 부른다. 두 개의 기세가 대립하고 있는 사주에서 주로 사용한다. 두 개로 나누어진 세력의 힘이 균등하거나 평균하여 각각의 기운이 대립하여 화(和)를 이루지 못할 때, 이것을 순조로운 방식으로 물 흐르듯 연결시켜 조화를 이루는 것이 통관용신이다. 일반적으로 비슷한 세력이 두 개로 나누어져 균등하고 그 사이에 두 개의 기세를 연결하는 오행이 있어야 한다. 이것이 통관(通關) 용신이다.

5) 전왕(專旺)

전왕이란 강하다는 의미이다. 8개의 글자 중에 7개가 하나의 오행을 표방을 하고 있다고 가정해 보자. 나머지 하나의 글자가 지닌 오행이 무슨 수로 거역하겠는가? 아무리 강한 장군도 일곱 명에 에워싸이면 항복해야 한다. 즉 사주의 기세가 완벽할 정도로 한쪽으로 치우쳐 거역하기 어려울 정도로 왕하면 그 기세에 거역함은 결국 죽음을 부를 뿐이니 대항하거나 다른 방법을 모색하기는 불가하다.

전쟁과 같은 것이다. 적의 군사가 100명이면 나 혼자서 아무리 강해도 싸워 이길 수 없다. 결과는 죽음뿐이다. 미안하고 안타깝지만 항복하여 목숨을 구하는 것이 가장 현명한 방법이 된다. 용신법에서도 그렇다. 주변의 모든 세력이 한 가지 오행으로 왕하고 한두 글자만이 홀로서기를 한다면 적이지만 허리를 숙여야 한다. 즉 그 세력에 순응하는 것으로 용신을 삼아야 견뎌내면서 내일을 도모할 수 있는데 이를 전왕용신이라 한다.

사람의 사주에는 '목화토금수'의 다섯 가지 오행이 있지만 모든 오행이 골고루 나누어져 있다는 보장은 없다. 이 때 한 가지의 오행이 너무 치우쳐 독불장군처럼 몰려 갈 때에는 칼을 뽑아들고 싸우자고 하거나 대들기보다는 오히려 허리를 숙이고 무리가 있는 그쪽으로 일행이 되어 따라가는 수밖에 없다. 그래야만 무너지지 않고 살아남을 수 있다. 이에 종격(從格), 화격(和格), 일행전왕(一行專旺)이 되는 격국은 모두 이 부류이다.

4. 억부에 따라 용신잡기

1) 일주의 상태를 파악하라

☯ 일반적으로 가장 많이 사용하는 용신법이 바로 억부법이다. 억부법의 핵심은 바로 중화라는 사상이다. 얼마나 균형을 맞추고 있는가? 어찌하면 균형을 맞출 수 있는가의 문제이다.

일간을 파악해야 한다. 일간의 강약을 알아야 억부를 파악할 수 있다. 억부를 찾을 때 가장 중요한 것은 일간의 편과 그 반대 편이다. 일간의 편은 비겁과 인성이다. 반대 편은 식상과 재성, 관성의 모임이다. 일간은 나를 의미하는 글자이며 이 글자가 어느 정도의 힘을 지니고 있는가를 따져 강약을 정한다. 이 때 일간의 편은 편대로 한 팀이고 일간의 반대 팀은 또 한 팀이다.

☯ 일간의 힘을 파악할 때는 점수를 매김으로써 시작된다. 사주팔자의 8개 글자는 각기 1점을 부여받는다. 그런데 유독 월지만 2점을 부여받는다. 이는 나를 가리키는 일간이 월지에서 태어나는 것이기 때문이다.

1	1	1	1
시간	일간	월간	년간
시지	일지	월지	년지
1	1	2	1

☯ 혹자는 일간을 계산하지 않는다고 하는데 결국 달라질 것은 없다. 이는 적용의 문제일 뿐이다. 이상의 점수 배정에서 일간의 오행을 파악하고 일간과 같은 오행이거나 생조하는 오행의 숫자를 세어 5개인지 파악한다. 이 숫자를 가지고 강약을 파악하는데 여러 가지 파악하는 법이 있으나 본인은 5가지로 파악한다. 다른 분은 달리 파악하고 있을지도 모르지만 일반적인 적용 방식이다.

1~2	2~3	4~5	5~6	6이상
태약	약	중화(약강)	강	태강

☯ 내 편이 몇 개인가? 내 편이 아닌 글자가 몇 개인가를 따져 결정한다. 물론 나를 알리는 일간을 포함한 숫자이다. 기준은 5라는 숫자이다. 이 때 월지는 2개로 파악한다. 따라서 8개의 글자이기에 모두 합하면 8이지만 월지가 2이기에 모두 합하면 9가 된다. 그 중심을 파악하는 것에서 억부용

신은 시작한다.

☯ 1~2개는 태약(太弱)이다. 당연이 인성이 용신이다. 즉 모자란 나를 돕기 위해서는 나를 생조하는 인성이 용신이 된다. 간혹 사주에 용신이 없는 경우가 있다. 이 때는 비겁이 용신이 된다. 그런데 내 편이 전혀 없는 경우도 있다. 이 때는 지장간을 찾는다.

월주에 비겁이 암장되지 않았다면 용신이 힘을 쓰지 못하니 병약한 용신이다. 예를 들어 나의 성분이 1이라는 것은 나 뿐이다. 이 때 나의 성분이 월지에서 나온 것이라면 당연히 나의 형제를 용신으로 삼아야 하니 같은 오행이다. 그러나 인성이 사주 내에 존재한다면 당연히 인성이 용신이다. 만약 인성에 극당해 힘을 쓰지 못한다면 비겁을 용신으로 삼는다.

☯ 2~3개는 신약(身弱)이다. 사주의 대부분은 이 공식이 가장 많은 것 같다. 다행히 인성이 있으면 그 인성이 용신이 되지만 인성이 없으면 당연히 비겁이 용신이다. 태약과 신약의 사주는 용신법이 비교적 비슷하다. 다만 2~3개의 아군은 월지에 자리한 것일 수 있고 달리 다른 기둥에서 찾을 수 있는데 대부분의 경우 인성이 용신이 된다.

☯ 4~5의 경우에는 구별이 잘 되어야 한다. 4개일 경우는 신약사주에 속한다. 이 경우에는 당연히 인성이나 비겁이 용신의 역할을 한다. 그런데 같은 4개라 해도 월지에 따라 극적으로 달라진다. 인성이나 비겁에 해당하는 오행이 월지에 자리한다면 숫자로는 4이지만 오행의 숫자는 5로

계산한다. 이 경우는 월지의 역할이 드러난다. 이 경우에는 나를 극하거나 내가 극하는 오행이 용신이다. 이 경우 대부분 관성과 재성이 용신이 된다. 월지가 비견이나 인성이 아니어도 내 편이 모두 합해 5가 된다면 당연히 관성과 재성 중에 용신이 나온다.

☯ 나를 포함하여 인성과 비겁을 모두 합하니 5개가 넘어 6개인 경우에는 지나치게 강한 상태가 된다. 적당히 강하면 나를 극하는 오행으로 용신을 삼지만 지나치게 강하면 극을 하기보다는 설기(洩氣)시키는 것이 유리하다. 즉 누군가 싸우기보다 마음을 열고 흘려버리는 것이 안전하다. 따라서 인성과 비겁을 포함한 일주의 세력이 6이 되면 설기시키니 식신과 상관이 용신이 된다.

☯ 나를 포함하여 인성과 비겁이 지나치게 많아 6개 이상이라면 이는 설기(洩氣)로 이루어질 일이 아니다. 지나치게 강한 나에게 도전할 이는 아무도 없다. 만약 대적하거나 도전한다면 칼로 벨 힘이 있으니 모든 글자들이 나에게 굴복한다. 이 때는 태강(太强)이라 하는데 전왕의 법이라 내가 바로 용신이 된다. 때로 극하는 글자가 있다면 극하는 글자의 오행이 용신이 되고 정확하게 6개라면 설기함이 옳다. 그러나 나를 포함하여 내 편이 7이거나 넘는다면 당연히 나와 내 형제들이 정권을 잡는데 비겁용신이 된다. 단 내가 아니라 상대가 7이거나 6이지만 극하는 자가 없다면 상대가 용신이다.

2) 신강과 신약을 파악하라

(1) 중화된 사주는 무엇인가?

흔히 신강한 사주, 신약한 사주라고 이야기 한다. 이 말은 일주를 중심으로 도와주는 오행과 설기시키거나 극하는 오행의 비율이 어느 정도인가를 살피는 것이다. 중화란 용신을 찾아 적용할 때 기준이 되는 말이기도 하다. 흔히 중화라고 하면 4:4를 말하는 것이다. 즉 일간을 중심으로 도와주는 인성과 비겁의 합이 4개이고 일간을 설기하고 극하며, 일간이 극하는 식신과 상관, 재성과 관성의 합이 4개일 때 중화된 사주라고 한다. 그러나 반드시 인식해야 할 것이 있다. 그것은 이 두 가지의 세력이 4:4로 대립하는 형상이라 균형을 이루고 있다 해도 오행의 '목화토금수'가 골고루 배치되어 오관사주를 이루어야 한다는 것이다. 즉 '목화토금수' 중 어느 한 성분으로 지나치게 몰려 있거나 비슷한 경우라 하더라도 '목화토금수' 중 하나가 없다면 이는 중화가 아니다. 오행의 모든 성분이 들어 있는 것을 오관사주라 하는데 중화된 사주는 반드시 오행이 모두 들어 있어야 한다.

(2) 신강(身强)사주의 조건

신강사주란 내가 강하다는 것이다. 그렇다면 나는 누구인가? 나는 일간이다. 일간을 기준으로 도와주는 인성과 비겁을 합해 5개가 되면 신강사주이다. 만약 월지가 인성이거나 비겁이라면 4개만 가지고도 신강사주의 조건을 갖춘 것으로 본다. 흔히 신강사주인 경우에 억부법에서 용신은 재관

(財官)용신이 된다.

(3) 신왕(身旺)사주의 조건

신왕이란 신강보다 강한 것이다. 신강사주가 일간을 포함하여 돕는 무리가 5개라 하였다면 신왕사주는 이보다 강한 것으로 일간을 포함하여 돕는 오행의 합이 6인 경우이다. 즉 일간은 물론이고 인성과 비겁의 합이 6개인 경우이다. 물론 이 때 월지는 2개로 인정하므로 월지가 포함되었다면 5개만 가지고도 신왕사주의 조건이 충족된다. 이 경우는 인성과 비겁이 균등하게 자리를 잡을 경우도 있겠지만 때로는 인성이 지나치게 많거나 비겁이 지나치게 많을 수도 있다. 이 경우 가장 많은 오행을 잘 사용하는 것이 사주의 주인이 판단할 일이다.

고정적인 원국이 있고 운동적이고 역동적인 운으로 대운이 있거나 세운이 있다면 이 많은 요소의 오행이 행운에 오면 좋은 결과를 가져오는 경우가 많다. 이와 같은 경우 용신은 지나치게 강한 기운을 설기시키는 것이 중요함으로 일간의 식상이 용신이 되는 경우가 많다

(4) 태왕(太旺)사주의 조건

태왕이란 지나치게 강하다는 것이다. 달리 표현한다면 태강이 된다. 누구도 거역하거나 거스를 수 없는 강한 힘이 바로 태왕이다. 일간을 포함하여 대부분의 사주 상의 글자가 일간을 돕는 것이다. 즉 일간의 비견과 겁재는 물론이고 편

인과 정인이 7개 이상이라면 이는 어찌해 볼 정도로 강한 것이니 태강이라 한다. 즉, 사주를 이루는 오행 대부분 일간의 오행과 같거나 생해주는 오행 일색으로 이루어진 것이다. 육친으로 구별한다면 비겁이나 인성의 숫자가 많은 것이다. 이를 전왕용신의 일종으로 보는데 용신은 이 강한 기운을 거스를 수가 없어 비겁과 나란히 하는 오행이다. 그런데 제극(劑剋)하는 글자가 있으면 전왕용신이 아니다.

예를 들어 일간이 甲이고 주변 사주가 모두 甲과 乙이거나 갑을 생조하는 수(水)의 오행을 지닌 글자들로 이루어진 경우라면 당연히 용신은 갑과 같은 목(木)이 된다. 그러나 나머지 한두 개의 글자가 목을 제극하는 금(金)의 오행을 지닌 글자라면 이는 전왕용신이 아니고 신왕사주가 되어 설기하는 것이 용신이다. 즉 갑이 일주이니 화(火)가 용신이 되는 것이다.

(5) 신약(身弱)사주의 조건

신약사주는 사주의 본신이 약하다는 것이다. 즉 사주에서 나를 지칭하는 글자는 일간의 글자이다. 이 일간을 도와주는 인성과 비겁의 합이 4개 이하일 경우 신약하다고 한다. 그렇다면 반대 편의 기능으로 일주를 설기하거나 제극하는 식상, 재성, 관성의 수가 지나치게 많은 것이다. 이 경우 사주가 신약하다고 말한다. 월지는 글자는 하나이지만 2개의 힘을 지니고 있으니, 월주를 포함한다면 3개에 불과하니 이 경우 신약하다고 말한다. 이 경우에 용신은 나를 도와주어 생조하는 인성이 용신이 된다. 그러나 인성이 없고 비겁만 있다면 자연 비겁이 용신이다.

(6) 신쇠(身衰)사주의 조건

쇠약한 사주라는 말이 되겠다. 신약이라는 말은 몸이 약하다는 말 정도이지만 신쇠라는 말은 신체가 쇠약하다는 말인데 약하다는 표현의 몇 배 약하다는 말이다. 이는 일간을 돕는 일간이 나를 포함하여 인성과 비겁의 합이 3개 이하인 경우이다. 만약 월지가 포함된다면 2개가 될 것이다. 이 경우에도 역시 인성이나 비겁이 용신이 된다. 그러나 때로 식상과 재성, 관성의 합이 하나의 오행으로 표출되는 경우가 있다. 예를 들면 나를 가리키는 일간이 갑이어서 다른 천간에 을이 있었다. 그래서 나는 목이 두 개인 상황이다. 그런데 화가 3개, 토가 5개일 경우가 있다. 이 때는 토가 용신이다. 이는 화가 토를 생해주는 것으로 보는 것이다. 이는 달리 종격(從格)이라 부르는 것이다.

(7) 태약(太弱)사주의 조건

태약사주를 신쇠의 사주에 포함하는 경우도 많지만 달리 파악하는 것도 도움이 된다. 힘이 되는 천간이 하나뿐이거나 오로지 혼자일 경우이다. 나를 돕는 천간이 아주 없는 경우는 자기 자신이 다시 용신이 된다. 더구나 나를 뺀 모두가 다른 하나에게 힘을 실어주는 형상이라면 이는 종격이다. 버티면 깨어지고 버틸 힘이 없으니 강한 오행에게 더부살이라도 해야 살아가는 이치이다. 이러한 사주는 자기를 나타내는 비겁운이나 자기를 돕는 인성운이 도움이 되는 것이 아니라 차라리 가장 숫자가 많은 강한 놈과 같은 글자가 다시 오는 해가 되어야 힘을 발휘하는 것이다. 그야말로 원님 덕에 나발 부는 격인데 사람 사는 모습이나 사주를 푸는 것이나 일맥상통한다.

3) 용신 잡기 실전

사주에서 용신을 잡는 법은 다양하지만 중요한 것은 올바로 잡아 올바로 적용해야 한다는 것이다. 어느 날 문득 그럴 것이다 하고 적용하는 것이 아니라 오래전부터 내려온 용신법을 익히다보면 절로 그 방법이 깨달아지기 마련이다.

대체적으로 5가지를 기준으로 한다. 즉 병약용신, 억부용신, 조후용신, 통관용신, 전왕용신이 가장 많이 이용하거나 사용하는 용신법이다. 새로운 깨달음이 이어진다면 우선 이 용신법을 적용한 후에 다시 대비하는 수순을 밟아야 할 것이다. 이뿐 아니라 가장 많이 사용하는 억부용신에서는 신강, 신약사주를 구분하는데 역시 등급을 나누었다. 즉, 중화된 사주, 신강한 사주, 신왕한 사주, 태왕한 사주, 신약사주, 신쇠사주, 태약사주가 그것이다. 이에 따라 용신을 잡아 사용한다.

이러한 공부는 용신을 찾아내기 위한 공부이다. 왜 용신이 필요한가 하고 묻는다면 이는 쇠귀에 경 읽기이다. 이미 사주에서 용신이 왜 필요한지. 용신이 무엇인지 누차 강조

했다. 이를 제대로 파악하지 못한다면 그만큼 시간이 소요될 뿐이다. 용신을 찾는 이유는 중화시키기 위해서다. 용신은 각 사주의 필요점이다. 중화를 이용하여 사주를 풀어 변고가 없으면 좋은 용신이다.

(1) 용신이 중화되었으면 재관용신(財官用神)이다. 이 말은 무엇인가? 중화라는 것은 정중앙에 있다는 것이다. 중간에서 잘 풀 수 있다는 말이다. 중앙에서 조화를 이룬다는 것이다. 중용(中庸)처럼 조절한다는 것이다.

예를 들면 사주는 8개로 이우러진 기둥이다. 이 경우에 4:4가 바로 중화일 것이다. 그러나 4:4는 평행이지 중화라고 보기 어렵다. 그러나 세상의 이치는 반드시 그렇지가 않다. 사주만 보아서는 8개의 글자이지만 중화의 기분도 달라져야 한다.

진정한 의미의 중화는 일간이 재성이나 관성보다 강한 것이다. 따라서 대략 인성과 나를 포함하는 숫자가 식상이나 관성, 재성의 합과 비슷한 경우이다. 그러나 식상, 재성, 관성보다 약하면 중화가 아니다. 다행히 월지가 일간으로 생조하는 경우라면 5:4로 판정이 가능할 것이다. 이 경우는 비록 중화라고는 하나 신강사주의 조건으로 본다. 따라서 용신은 재관용신(財官用神)이다.

(2) 일간과 비겁이 약하여 인성의 생조가 많았거나, 비겁이 많았다면 비겁과 인성이 용신일 가능성이 아주 많다. 이

경우는 신약사주에 해당하는데 힘이 달리기 때문인지 인성이나 비겁이 용신이다.

(3) 일간이 지나치게 강한 경우에는 당연히 재관용신이다. 강하다고 하기 보다는 중화가 낳을 것이다. 즉 일부 서적에서는 강한 오행이 용신이라는 말을 하지만 반드시 그런 것은 아니어서 재관(官財)이 용신이 된다. 단 재관이 없다면 달리 살펴보아야 할 것이다. 숫자가 많아서 용신이 이루어지는 것보다 관재(官財)를 바탕으로 다루는 것이 중요하다. 만약 다른 나머지 오행이 겨우 겨우 모였으면 행위가 넓거나 선입견을 가져서 이룰 수가 없다.

(4) 억부법에 따르면 일간을 포함한 일지가 강하여 신강이 되면 우선적으로 재성이나, 관성을 용할 수 있다. 억부법에 따라 나를 포함하여 신강하면 재성이나 관성을 용신으로 쓴다.

(5) 신강의 경우를 생각하자. 갑오(甲午) 일주를 살펴보겠다. 나를 지칭하는 갑오 일주 부근에 무수한 인성과 비견으로 둘러싸여 있어, 그 비율이 6:3을 넘었다면 이는 단순하게 설기라고 판단한다. 이처럼 인성이 강해지면 설기 시키거나 극하는 것이다.

(6) 신왕이라면 나를 포함한 인성과 비견이 반대 편의 식

상이나 재성 관성보다 월등히 많은 것이다. 월등히 많다는
것은 나를 포함한 세력이 6개 이상인 것이다. 이 경우에는
설기하는 것이 이상적이다.

(7) 지나치게 강하고 한두 가지 오행으로 이루어졌을 때
는 고집 피우지 말고 가장 강하고 많은 놈의 휘하로 들어가
는 것이 가장 아름답고 속편하다. 거부하다 맞아 죽는 것은
용신이 아니다. 상대가 강하면 백기 투항하여 살아남아야
한다. 사주에서는 이를 종격이라고 부른다.

5. 희용기구한(喜用忌仇閑)

1) 희신(喜神)

희신은 용신을 돕는 오행이면서 일간이 싫어하지 않는
글자이다. 즉 용신을 찾게 되면 다음으로 희신이라는게 나
오는데 이는 용신의 입장에서 도움이 되는 오행을 말한다.
즉 용신을 돕는 오행이다. 사주를 간명함에 희신의 적용은
노력보다 혹시나 했던 기대 이상의 성과를 얻을 수 있는 기
간이다. 만족스러운 기간이다. 자기 이외의 도움을 받을 수
있는 '여의'로울 때이므로 실행할 때이다.

2) 용신(用神)

용신이란 사주 전체의 형상을 살펴서 중화에 이르도록
작용하는 오행을 말한다. 즉 용신이란 사주 내에서 가장 중

요한 오행이다. 용신을 찾아내는 방법에는 크게 다섯 가지가 있으며 오행의 배열을 잘 살펴야 한다. 용신은 정하는 것이 아니다. 사주 내에서 필요한 오행을 찾아내는 것이다. 따라서 일반적으로 반드시 사주 내에 들어 있는 오행을 찾아내는 데 때로 사주 내에 존재하지 않는 오행을 찾아내는 경우도 있다. 그러나 사주 내에 오행이 없을 때는 노력이 들고 인생이 피곤하며 삶이 어렵다. 사주에 용신이 없어도 대운이나 세운에 용신이 오면 삶이 화려해진다.

용신운은 노력에 비해 기대치 이상의 성과를 얻을 수 있는 기간이다. 예상치 못했던 결과에 대단히 만족스러운 때이다. 자기 이외의 다른 사람의 도움을 받을 수 있는 '여의'로울 때이므로 실행할 때이다.

3) 기신(忌神)

용신을 극하는 오행을 기신이라 한다. 예를 들어 용신이 목(木)이라면 기신은 금(金)이 된다. 즉 금이 목을 극하기 때문이다. 용신을 방해하는 기신의 출현을 세밀하게 파악해야 한다. 기신의 힘을 설기시키는 것이 희신이라고 보면 되겠다.

대운이나 세운에서 기신이 온다는 것은, 즉 기신의 해에는 노력에 비해서 보잘 것 없는 성과를 거두는 기간이다. 되는 일이 없고, 할 일도 없다는 기간이다. 주위의 도움은 그림의 떡이다. '불여의'한 기간이다. 완전히 물러서서 다음을 위해 자기 주변을 정리하고 충전할 때이다. 피나는 각고의 노력이 필요하다.

4) 구신(仇神)

기신에게 도움을 주는 오행이 구신이다. 즉 구신은 희신을 극하는 또 다른 나쁜 오행을 말한다. 아울러 기신에게 힘을 돕는 인성이니 희신이나 용신에게는 좋은 시기가 아니다.

대운이나 세운에 구신의 운이 온다는 것은 노력에 비해서 성과가 빈약한 기간을 의미한다. 서운한 마음이 드는 불만스러운 기간이다. 모든 것이 이뤄질락 말락, 한심스러운 결과가 나타난다. 기대했던 도움을 받지 못하는 '불여의'한 기간이므로, 한 걸음 물러서서 재점검하고 충전할 때이다.

5) 한신(閑神)

운에 따라 그다지 드러나지 않는 오행이다. 한신이란 이 것도 아니고 저것도 아닌 그저 그런 운이다. 한신이란 때로 일간에 도움이 될 때도 있고 때로는 안 될 때도 있거나, 흘러가는 물이나 바람처럼 드러나지 않는다. 사주에 그저 그런 영향을 미치는 오행이라고 보면 된다.

무의미한 것은 없으나 큰 역할을 하지 않는 오행이 바로 한신이다. 그러나 때때로 한신도 작용을 한다. 별로 역할이 없던 오행이 변하여 나를 극하는 경우에는 한신이라 부르고 기신처럼 역할이 주어질 수도 있다. 오행의 변화는 무섭다. 따라서 한신의 동태를 무시할 것이 아니라 세밀하게 살펴야 한다.

어쨌든 기신이나 구신과는 차이가 있다. 노력한 것만큼 성과를 얻을 수 있는 기간이다. 땀의 대가만큼 얻을 수 있는 기간이기는 하나, 만족스럽지는 않다. 한신 단계는 원국을 잘 살펴 처신해야 한다. 상황에 따라 그 역할이 변하는 기간이기 때문이다. 제일 처신하기가 까다로운 때이다.

제15장.

행운

제15장. 行運

1. 대운

1) 대운이란?

사주팔자는 인간이 태어나는 순간 하늘의 기운과 땅의 기운을 받는 것을 부호화 한 것이다. 따라서 사주팔자는 인간의 손이나 기술, 혹은 어떤 기도(祈禱)나 주술(呪術)로 변화 시킬 수 있는 것이 아니다. 혹자는 부적(符籍)이나 어떤 행위의 기도, 혹은 굿이나 주술적인 일체의 행위로 하여 사주를 바꿀 수 있다고 말하는 사람들도 있는 모양인데, 이는 사주팔자가 왜 정해지는지조차 모르는 사기꾼이라는 것을 명심하자. 어떤 경우에도 사주팔자는 변하는 것이 아니다.

사주는 영원히 변하지 않는다. 애초에 인간이 태어나는 순간 화인(火印)처럼 정해진 것이다. 그러나 이 사주가 모든 것을 지배하는 것은 아니다. 만약 사주에 따라 완벽하게 삶이 틀에 짜여진 것이라면 살아가는 의미가 없을 것이다. 그러나 인간은 살아가며 다양한 변화를 느끼고 적응해야 한다. 살아가는 중에 변화를 우리는 운(運)이라고 한다. 이처럼 변화가 일어나는 이유는 사람이 지닌 각각의 사주가 우주의 기와 만나 변화를 일으키는 것인데 이를 대운이라 한다. 사주의 흐름과 대운의 기가 만나 다양한 변화를 일으키는 것이다. 대운 속에서 좋은 대운을 만나면 좋은 변화가 일어나는 것이고 나쁜 대운을 만나면 나쁜 변화가 일어난다.

사주는 숙명이기에 인간이 이 세상에 태어나는 순간 만들어지는 것이다. 인간이 생을 누리고 사망하기까지는 일정한 삶의 변화가 주어진다. 즉 사람마다 그 사주에 맞추어 변화의 진폭이 형성되는 것이다. 이것이 대운이다. 즉 하늘에서의 큰 적기(適期)로 돌아오는 운명이다. 사주에서 사주팔자 그 자체는 원국(元局)이라 하여 선천(先天)이고 운의 흐름은 행운이라 하여 후천(後天)이다. 운이라는 말은 후천을 말하는 것이다. 후천운은 다시 대운과 세운으로 구분할 수 있다.

대운은 10년마다 자연의 섭리로 돌아오는 천(天)의 기(氣)이다. 인생살이가 10년 단위로 각각 다른 기운이 돌아온다는 개념이다. 즉 대운이라고 하는 것은 그 시기에 사주의 영역을 확대 내지는 연장으로 볼 수 있을 정도로 개개인의 후천적인 운세에 미치는 영향이 크다. 그러나 가장 중요한 것은 분위기적인 측면이지 행동력이라는 측면은 아니라는 것이다. 즉 흐름을 잡아주는 측면이 강하다.

대운이 분위기이므로 사주원국과 비교해 보아야 한다. 사주원국은 자동차와 같다. 개개인이 타고 어머니의 품에서 태어나는 자동차와 같아서 태어날 때부터 중형 자가용을 타고 태어나는 사람도 있지만 때로는 소형차나 이륜차를 타고 태어나는 경우가 있다. 사주를 풀 때 원국이 좋고 나쁨이 없다고 말하기도 하는데 이는 진실이 아니다. 사주 원국은 이미 정해진 것으로 좋고 나쁨이 있고 길함과 흉함이 있는 것이다. 애초부터 사주가 나쁘다고 하면 기분이 나쁘겠지만 이는 사실이다. 즉 자동차로 비유한 것처럼 아주 좋은 사주가 있고 좋은 사주가 있으며 나쁜 사주도 있고 아주 나쁜 사주도 있다.

대운은 자동차가 달려가는 도로라고 할 수 있다. 자가용이 사주 원국이라면 그 사주 원국이 달릴 수 있는 도로와 같다. 결국 타고난 사주를 대운이라는 도로에서 굴려가는 것이다.

대운은 사주 원국과 만나 변화를 가져온다. 타고난 사주가 아무리 좋아도 나쁜 대운을 만나면 큰 뜻을 이룰 수 없다. 타고난 사주는 중형 자동차이며 스포츠카인데 도로를 논두렁을 만난 격이라면 달릴 수 없는 것이다. 사주원국도 좋은데 자동차 전용도로나 고속도로를 만난 격이라면 금상첨화에 더 이상 바랄 것이 없으니 이 때는 운이 좋다는 것이다.

반대의 경우도 있을 것이다. 소형자동차나 이륜차를 만났는데 죽 뻗은 도로를 만났다면 160킬로미터의 속도로 달릴 수도 있는 것이다. 그러나 흔히 말하기를 대운이 좋아도 사주원국이 좋은 것만 못하다는 이야기도 있다. 그 반면에 사주가 아무리 좋아도 운을 만나야 꽃을 피우니 대운이 좋아야 한다고 하는 말도 있다.

두 가지 경우를 두고 각각 좋다고 주장하는 사람들이 갈라져 핏대를 세우며 주장하는 것으로 보아서는 두 가지 모두 중요하다는 결론이 틀리지 않는다.

이처럼 대운의 적용에 대해 현재부터 맞게 될 대운이 길할 경우에는 향록운(向祿運)이라고 하며 대운이 사주에 대하여 흉할 때에는 배록운(背祿運)이라 한다. 흔히 "운이 왔어"라고 말하는데 이는 틀린 말이다. 운은 늘 오는 것이다. "이제 정관 대운이 왔어." 혹은 "이제 정재운이 왔어"라고 말하는 것이 옳다고 본다.

어떤 사람은 운이 없다는 말을 한다. 누가 보아도 실력이 있고 착하고 성실한데도 빛을 보지 못하는 사람이 있다. 그것은 흔히 말해 팔자가 피는 운이 오지 않았기 때문이다. 세상은 공평하다고 말하지만 사실은 불공평하다. 사주원국과 대운을 살피면 더욱 불공평하다. 태어날 때 좋은 원국에 대운도 좋은 사람이 있다. 누군가는 오로지 머리만 좋게 태어나고 원국과 대운이 나쁜 사람도 있다. 공부만 잘했지 그 이후는 살맛이 나지 않는 사주 말이다. 주위에 그런 사람이 반드시 있다. 마을에서 천재가 났다고 난리를 쳤는데 대한민국 최고의 대학 법대를 갔는데 그 후로는 아무 것도 하지 못하고 50살이 되도록 빈둥거리는 사람. 이런 사람의 사주가 사람 미치게 하는 사주다. 그러나 노력하면 반드시 써먹고 빛을 볼 수 있는 것 또한 사주가 가진 매력이니 누구를 막론하고 노력하고 공부하며 힘써 준비를 하고 대운을 기다려야 한다. 그래야 기회가 오고 좋은 대운이 왔을 때 운의 힘으로 상승하는 것이다. 준비하지 않고 노력하지 않으며 공부하지 않으면 좋은 대운이 와도 크게 빛을 볼 수 없다. 따라서 사주팔자는 바꿀 수 없지만 운이 왔을 때 그 받아들이는 폭은 바꿀 수 있다고 보는 것이다.

사람의 사주 원국을 살피면 신강한 사주가 있고 신약한

사주가 있다는 말을 한다. 이미 배운 것처럼 신강은 일주를 포함하여 인성과 비겁이 많아 강한 사주이다. 신강한 사람이라고 늘 대운이 좋을 수는 없다. 그러나 신강한 사주는 뚝심이 있고 좌절을 하지 않기 때문에 꾸준히 노력하고 일하며 기회를 엿본다. 생각만큼 뜻을 이루지 못해도 주저하지 않고 매진한다. 그것이 신강사주의 장점이다. 그러던 중에 좋은 대운이 찾아온다. 대운은 10년 단위로 지나가는 것이니 긴 인생에서 어느 순간에는 좋은 역량을 주는 대운이 올 수밖에 없다. 결국 이루기 위해 노력한 결과가 드러나는 것이다.

　신약사주는 그렇지 못한 단점이 있다. 신약사주는 자신인 일주를 포함하여 인성과 비겁의 수가 5가 되지 못하는 경우이다. 이 경우는 몸이 약해 힘이 부쳐 일을 잘 하지 못하는 것과 같다. 신약사주의 대표적인 약점은 정신력이 약하다는 것이다. 정신력이 약하다는 것은 끈기가 약하다는 것이다. 포기를 잘 한다는 것이다. 좌절을 잘 한다는 것이다. 꿈은 원대할지라도 이루고자 하는 끈기와 밀어붙이는 힘은 약하다. 꿈은 크지만 노력은 약하다. 준비도 약하다. 도전을 할지언정 꾸준하지 못하다. 몇 번 도전하다 실패하거나 힘에 겨우면 포기한다. 도전하다 원하는 것을 이루지 못하거나 확신이 보이지 않으면 남 탓을 하고 불만을 토로한다. 신세를 한탄한다. 남을 비판하고 이유를 만들어 낸다. 불평의 대상을 찾아 신경을 쓴다. 자신이 도전하지 못한 것은 생각하지 않는다. 막상 좋은 운이 오면 망설이거나 결정에 서툴다.

결정을 하여야 하는 순간에도 망설이기 일쑤다. 망설이다 기회를 놓치거나 포기하기에 이른다. 따라서 신약사주보다는 신강사주가 좋다. 특히 남자는 더욱 그렇다.

가장 좋은 사주는 중화가 이루어진 사주다. 중화가 이루어진 사주는 오행이 골고루 배치되어 있고 지나치게 강하거나 약하지 않은 사주다. 그러나 모든 사주가 중화가 되기는 어렵다. 반드시 부족한 오행이 있기 마련이다. 대부분 신강이나 신약사주 쪽으로 치우쳐져 있다. 이것을 가려 꼭 필요한 오행을 찾으니 이를 용신이라 한다. 운이 좋아 사주원국에는 없는 이 오행을 대운에서 만났다면 운이 좋다고 하는 것이다.

2) 대운 세우기

대운을 세우는 방법도 일정한 법칙이 있어 몇 가지 법칙만 알면 세우기는 어렵지 않다. 대운은 10년 단위로 바뀐다. 그러나 꼭 1살 때 바뀌는 것이 아니다. 누군가는 1년이라는 숫자에 바뀌지만 다른 누군가는 4라는 숫자에 바뀌기도 한다. 사주원국에 따라 대운수는 각각 다르다. 이렇게 바뀌는 나이를 대운수라고 부르는 것이다.

1년부터 10년 사이에 대운수가 전해지는데 혹자는 1년, 11년, 21년, 31년과 같이 1년이 돌아오는 해에 대운수가 들어오고, 혹자는 2년, 12년, 22년, 32년, 42년과 같이 2년이 돌아오는 해에 대운수가 들어오는 경우도 있다. 이런 식으로 3년에 대운수가 바뀔 수도 있고 5년에 대운수가 바뀔 수가

있다. 대운수는 사람마다 바뀌는데 년간(年干)을 기준으로
한다. 생일이 같다 해도 남녀가 역행과 순행의 단계가 바뀌
어 다르다.

생일이 같으면 대운수의 주기는 똑같이 10년마다 바뀌지
만 음양이 반대로 적용되기 때문에 대운의 진행 방향이 바
뀐다. 즉 생일이 같아도 년지(年支)의 천간이 음이냐 혹은
양이냐에 따라 대운의 진행이 순행이 되거나 역행이 된다.
따라서 60간지를 배치하게 되는데 전혀 다른 방향으로 내
달리게 된다.

사실 대운수는 일반적으로 시중에 나와 있는 '만세력'을
보면 일주 밑에 대운을 적은 칸이 있으므로 찾아 적으면 된
다. 대운수는 1~10까지 총 10개가 있다. 예를 들어 대운수
가 5이면 첫 번째의 대운수 간지가 5살이라는 것이다. 이후
두 번째 대운 간지는 15살이 된다. 이는 10년 단위로 대운수
가 바뀌기 때문이다. 그래서 대운은 10년 단위로 살핀다. 만
약 첫 번째 간지가 9라면 9살 때 첫 번째 간지인 것이고 따
라서 두 번째 간지는 19년이다. 세 번째 간지는 당연 29년이
고 네 번째 간지는 당연히 39년이다.

눈여겨봐야 할 것은 순행과 역행이다.

☯ 양년(년천간이 甲, 丙, 戊, 庚, 壬)이라면
　　-- 남자는 순행
□ 만약 월천간이 甲이었다면, 乙- 丙 - 丁 - 戊 - 己 -
庚 - 辛 - 壬 - 癸
□ 만약 월지가 子였다면 丑 - 寅 - 卯 - 辰 - 巳 - 午

- 未 - 申 - 酉 - 戌 - 亥

　　　-- 여자는 역행

　　□ 만약 월천간이 甲이었다면 癸 - 壬 - 辛 - 庚 - 己 - 戊 - 丁 - 丙 - 乙 - 甲

　　□ 만약 년지가 子였다면 亥 - 戌 - 酉 - 申 - 未 - 午 - 巳 - 辰 - 卯 - 寅 - 丑

　☯ 음년(년천간이 乙, 丁, 己, 申, 癸)이라면

　　　-- 남자는 역행

　　□ 만약 월천간이 甲이었다면 癸 - 壬 - 辛 - 庚 - 己 - 戊 - 丁 - 丙 - 乙 - 甲

　　□ 만약 년지가 子였다면 亥 - 戌 - 酉 - 申 - 未 - 午 - 巳 - 辰 - 卯 - 寅 - 丑

　　　-- 여자는 순행

　　□ 만약 월천간이 甲이었다면, 乙- 丙 - 丁 - 戊 - 己 - 庚 - 辛 - 壬 - 癸

　　□ 만약 월지가 子였다면 丑 - 寅 - 卯 - 辰 - 巳 - 午 - 未 - 申 - 酉 - 戌 - 亥

2. 년운(年運)

1) 년운이란?

　년운은 달리 세운(歲運)이라 한다. 해마다 들어오는 운이다. 또 그래서 한글로 해운이라 부르는 경우도 있다. 일 년마다 운을 보는 것을 "일년 운세를 본다"라고 말한다. 또는 일 년 신수를 본다고 하는 경우도 있다.

때로 토정비결을 보는 사람도 있다. 혹은 토정비결 대신 사주에 의거하여 세운을 보는 사람도 있다. 운을 본다 라는 측면에서 가장 많이 보고 가장 많은 영향을 미치는 것이 대운과 세운이다.

년운은 대운(大運)의 중(重)함에 미치지는 못하나 원국과 대운을 억부할 수 있다. 혹자는 대운의 강력한 힘이 미치는 영향을 힘주어 설명하나 실제 생활에 가장 영향을 미치는 것은 대운이 아니라 세운이다.

대운은 크게 분위기를 바꾸는 역할을 한다. 즉 느낌이다. 그러나 해마다 나타나는 현상은 세운의 흐름에 따라 나타나는 것이다. 따라서 대운은 흐름을 나타내고 세운은 움직임을 나타낸다고 보겠다.

일반적으로 대운은 대략 30%의 영향을 미치고 세운은 70%의 영향을 미친다고 말한다.

세운이란 매년 맞이하는 해마다의 운세를 말하고 달리 또 유년(流年)이라고도 한다. 대운과 비교하면 대운은 느낌이고 세운은 드러남이다.

항상 중심은 사주원국의 일간을 기본으로 한다. 일간은 어떤 경우에도 판단의 기본이다. 모든 운을 판단할 때는 반드시 일간을 기둥으로 삼는다.

다양한 방법으로 년운을 판단하는 방법이 있다. 재육친을 조견하는 방법도 있으나 일반적으로 일주에 적용하는 방법을 많이 사용한다.

세운과 대운은 서로 얽혀 있고 사주에 관하여 후천운을 형성해 나간다. 즉 대운은 큰 범위의 흐름과 개념, 분위기를 형성하고 세운은 사주에서 매년 운의 길흉을 따진다.

따라서 세운이 그 시기에 가장 강한 작용을 하며 이 세운이 반복적으로 누적되고 순차적으로 다가와 작용을 함으로써 그 사람의 일생을 좌우한다고 해도 과언이 아니다.

일반적으로 세운이 가장 큰 영향을 미친다고 한다. 특히 세운은 촌전척마(寸前尺魔)의 인생에 있어서 큰 범위를 살피는 대국적이거나 비현실적인 느낌이 아니라 매우 현실적인 가치를 가지고 있다.

세운의 간법에 따른 해석의 요법은 사주원국의 일주를 중심으로 삼아 세운의 천간을 가장 중요시 한다. 그 해의 천간이 어떤 운이냐가 흐름을 결정한다. 그 해의 오행이 대운이나 원사주의 일주에 맞추고 다른 모든 글자에 맞추어 보아 길흉을 따진다.

원 사주의 8글자를 대비하여 합충파해를 따지고 신살과 중첩을 따져 어떠한 영향을 미치는가를 분석하면 그 해의 운을 알 수 있다.

세운을 따질 때는 세운의 간지(干支)를 우선 사주국의 간지와 생극이 어떠한가를 보고 그 다음으로 대운의 간지와의 生剋이 어떠한가를 봐서 길흉의 관계를 판단해야 한다. 반드시 천간은 천간으로 대비하고 지지는 지지로 대비한다.

2) 일간의 적용

(1) 사주원국 갑(甲) 일주에 대한 세운

갑세(甲歲)가 오면 비견운(比肩運)

을세(乙歲)가 오면 겁재운(劫財運)

병세(丙歲)가 오면 식신운(食神運)

정세(丁歲)가 오면 상관운(傷官運)

무세(戊歲)가 오면 편재운(偏財運)

기세(己歲)가 오면 정재운(正財運)

경세(庚歲)가 오면 편관운(偏官運)

신세(辛歲)가 오면 정관운(正官運)

임세(壬歲)가 오면 편인운(偏印運)

계세(癸歲)가 오면 인수운(印綬運)

(2) 사주원국 을(乙) 일주에 대한 세운

갑세(甲歲)가 오면 겁재운(劫財運)

을세(乙歲)가 오면 비견운(比肩運)

병세(丙歲)가 오면 상관운(傷官運)

정세(丁歲)가 오면 식신운(食神運)

무세(戊歲)가 오면 정재운(正財運)

기세(己歲)가 오면 편재운(偏財運)

경세(庚歲)가 오면 정관운(正官運)

신세(辛歲)가 오면 편관운(偏官運)

임세(壬歲)가 오면 인수운(印綬運)

계세(癸歲)가 오면 편인운(偏印運)

(3) 사주원국 병(丙) 일주에 대한 세운

갑세(甲歲)가 오면 편인운(偏印運)

을세(乙歲)가 오면 인수운(印綬運)

병세(丙歲)가 오면 비견운(比肩運)

정세(丁歲)가 오면 겁재운(劫財運)

무세(戊歲)가 오면 식신운(食神運)

기세(己歲)가 오면 상관운(傷官運)

경세(庚歲)가 오면 편재운(偏財運)

신세(辛歲)가 오면 정재운(正財運)

임세(壬歲)가 오면 편관운(偏官運)

계세(癸歲)가 오면 정관운(正官運)

(4) 사주원국 정(丁) 일주에 대한 세운

갑세(甲歲)가 오면 인수운(印綬運)

을세(乙歲)가 오면 편인운(偏印運)

병세(丙歲)가 오면 겁재운(劫財運)

정세(丁歲)가 오면 비견운(比肩運)

무세(戊歲)가 오면 상관운(傷官運)

기세(己歲)가 오면 식신운(食神運)

경세(庚歲)가 오면 정재운(正財運)

신세(辛歲)가 오면 편재운(偏財運)

임세(壬歲)가 오면 정관운(正官運)

계세(癸歲)가 오면 편관운(偏官運)

(5) 사주원국 무(戊) 일주에 대한 세운

갑세(甲歲)가 오면 편관운(偏官運)

을세(乙歲)가 오면 정관운(正官運)

병세(丙歲)가 오면 편인운(偏印運)

정세(丁歲)가 오면 인수운(印綬運)

무세(戊歲)가 오면 비견운(比肩運)

기세(己歲)가 오면 겁재운(劫財運)

경세(庚歲)가 오면 식신운(食神運)

신세(辛歲)가 오면 상관운(傷官運)

임세(壬歲)가 오면 편재운(偏財運)

계세(癸歲)가 오면 정재운(正財運)

(6) 사주원국 기(己) 일주에 대한 세운

갑세(甲歲)가 오면 정관운(正官運)

을세(乙歲)가 오면 편관운(偏官運)

병세(丙歲)가 오면 인수운(印綬運)

정세(丁歲)가 오면 편인운(偏印運)

무세(戊歲)가 오면 겁재운(劫財運)

기세(己歲)가 오면 비견운(比肩運)

경세(庚歲)가 오면 상관운(傷官運)

신세(辛歲)가 오면 식신운(食神運)

임세(壬歲)가 오면 정재운(正財運)

계세(癸歲)가 오면 편재운(偏財運)

(7) 사주원국 경(庚) 일주에 대한 세운

갑세(甲歲)가 오면 편재운(偏財運)

을세(乙歲)가 오면 정재운(正財運)

병세(丙歲)가 오면 편관운(偏官運)

정세(丁歲)가 오면 정관운(正官運)

무세(戊歲)가 오면 편인운(偏印運)

기세(己歲)가 오면 인수운(印綬運)

경세(庚歲)가 오면 비견운(比肩運)

신세(辛歲)가 오면 겁재운(劫財運)

임세(壬歲)가 오면 식신운(食神運)

계세(癸歲)가 오면 상관운(傷官運)

(8) 사주원국 辛(辛) 일주에 대한 세운

갑세(甲歲)가 오면 정재운(正財運)

을세(乙歲)가 오면 편재운(偏財運)

병세(丙歲)가 오면 정관운(正官運)

정세(丁歲)가 오면 편관운(偏官運)

무세(戊歲)가 오면 인수운(印綬運)

기세(己歲)가 오면 편인운(偏印運)

경세(庚歲)가 오면 겁재운(劫財運)

신세(辛歲)가 오면 비견운(比肩運)

임세(壬歲)가 오면 상관운(傷官運)

계세(癸歲)가 오면 식신운(食神運)

(9) 사주원국 임(壬) 일주에 대한 세운

갑세(甲歲)가 오면 식신운(食神運)

을세(乙歲)가 오면 상관운(傷官運)

병세(丙歲)가 오면 편재운(偏財運)

정세(丁歲)가 오면 정재운(正財運)

무세(戊歲)가 오면 편관운(偏官運)

기세(己歲)가 오면 정관운(正官運)

경세(庚歲)가 오면 편인운(偏印運)

신세(辛歲)가 오면 인수운(印綬運)

임세(壬歲)가 오면 비견운(比肩運)

계세(癸歲)가 오면 겁재운(劫財運)

(10) 사주원국 계(癸) 일주에 대한 세운

갑세(甲歲)가 오면 상관운(傷官運)

을세(乙歲)가 오면 식신운(食神運)

병세(丙歲)가 오면 정재운(正財運)

정세(丁歲)가 오면 편재운(偏財運)

무세(戊歲)가 오면 정관운(正官運)

기세(己歲)가 오면 편관운(偏官運)

경세(庚歲)가 오면 인수운(印綬運)

신세(辛歲)가 오면 편인운(偏印運)

임세(壬歲)가 오면 겁재운(劫財運)

계세(癸歲)가 오면 비견운(比肩運)

3) 운세 풀이

(1) 비견운(比肩運)

비견운은 육친에서 가족, 형제 친구를 나타낸다. 따라서 비견운은 이들 친구와 형제들이 얽히고 설키는 것인데 기존의 사주원국에 형제나 친구들이 더 늘어나는 격이다. 하나의 비견이 있을 경우는 크게 문제가 없지만 사주원국에 2개 정도의 비견 겁재만 있어도 비견운이 되면 형제가 셋이 되는 격이다. 따라서 나의 것을 나누어 가져야 한다. 한 그릇의 밥을 늘어난 여러 명의 형제나 몰려든 친구들이 일일이 나누어 먹는 것이나 같으므로 내가 가져야 하는 양이 적어진다.

비견운이 되면 매사에 일을 추진하더라도 일이 중단이 되거나 친구와 형제들의 간섭으로 실패하는 것처럼 실패하는 수가 있고, 새로이 시작하고자 하는 신규 사업이나 새롭게 수립하려던 계획이나 일들이 잘 안 되는 수가 생기며, 기존의 이어오던 일이 시들해져서 매사에 새롭게 일을 추진하려고 한다.

비견운에는 신중해져야 한다. 남에게 보증을 서면 부도가 나거나 도장을 잘못 찍었다는 이유만으로 책임져야 할 일이 빈번하게 발생한다. 집을 이사하거나 직장을 이동하는 일이 빈번하게 발생하기도 한다. 평소와 달리 귀가 얇아진다. 평소 남의 말을 듣지도 않던 사람이 친구나 형제의 달콤한 유혹에 빠져 재산과 시간을 탕진하기도 한다.

비견의 해에는 남을 믿으면 손해가 나므로 자신의 판단

에 신중해야 한다. 본인 스스로 노력해서 의사 결정을 해야 한다. 특히 금전 거래나 친구나 형제의 말만 믿고 보증을 서면 절대로 안된다. 한번 나간 돈은 절대로 들어오지 않는다. 서류를 잘못 쓰거나 도장 잘못 빌려주면 결국 좋은 일하고 주먹 맞는다. 무엇인가 쉽게 이루어 보려는 욕심을 억제하는 것도 힘이 든다. 투기, 투자 등의 기회나 유혹이 적지 않고 이 때 일확천금의 욕심이나 요행수를 바라다가는 도리어 돈 떼이고 인심 잃으며 크게 당하고 만다.

나이가 들어도 미혼자라면 수없이 다가오는 혼담은 좋지 않으니 아쉽거나 욕심이 나도 다음으로 미루어야 유익하다. 결혼운으로 보면 아직 이른 시간이다.

보통의 경우 경쟁을 좋아한다고 해도 비견운에는 남과 절대 경쟁하지 말라. 모든 좋지 않은 일들이 지나친 경쟁으로 이루어지는 까닭이다. 성격이 급하고 결정을 받아야 하는 욕심이 생겨도 비견운만큼에는 항상 양보하는 자세로 임하는 것이 좋겠다.

비견운에 직업을 가지자면 자신의 사주 원국에도 영향이 있지만 우선적으로 유통이나 서비스업이 좋다. 이 시기에는 질시도 받는다. 돈을 많이 벌었다거나 명성을 얻었다거나 소문이 크게 나서 타인의 시선을 모으고 질시를 받는다. 소문은 크나 실속이 없으니 맥이 빠진다. 차분한 마음으로 추스르며 저축에 힘써야 한다.

여학생의 경우는 특히 조심해야 한다. 학생 신분의 경우에는 주변 친구의 꼬임에 빠져 유흥가를 전전하고 기웃거리게 되니 신중히 파악하고 껄렁거리는 친구를 멀리하라. 친구를 좋아하는 성격이라 멀리할 수 없다면 가능한 집에서 만나거나 친구를 집으로 불러들이는 방식으로 나가지 말고 차분하게 공부나 하라. 이성 친구를 만난다면 공부에 지장이 많아 대학입시나 고시에 실패한다.

고등학교 3학년에 비견운이 들어왔다면 학업에 지장이 많다. 이사나 이직 등과 같이 다양한 이동이 있을 수 있지만 결국 어떤 이동도 좋지 않으니 모든 것을 내려놓는 자세로 안정을 취하고 가능하면 다음 해로 미루는 것이 좋다.

이성을 특히 조심해야 한다. 활동력의 증가는 좋은 것이나 절정기의 생리작용을 하는 사람들에게 이성관계는 일을 그르치는 요소가 된다. 남녀 사이에 새로이 눈에 들어오는 이성이 나타나니 남자는 평소와 달리 의식하지 못하는 사이에 유흥에 빠지고, 여자는 마음이 모두 내 마음 같지 않게 애인이 생긴다.

관직에 있는 자는 특별히 잘못한 일이 없음에도 진급이나 영전이 늦어지고, 무직자는 그 동안의 노력으로 기회가 온 듯 보여도 경쟁자가 많아 임용이 멀어지거나 순서가 멀어져 짜증이 난다. 부동산은 아주 작아 누구라도 쉽게 달려들어 매매가 이루어질 것 같지만 쉽게 팔리지 않는다.

비견운이 온 해에는 모든 것이 쉽게 이루어질 듯 보이지만 보이지 않는 힘이 작용이라도 생긴 것처럼 좀처럼 이루어지기 힘이 들며, 혹 운이 닿아 어찌하여 이루어지더라도 고무줄 늘어지듯 자꾸만 늦어진다.

이럴 때는 서둘러서 얻을 것이 없다. 차라리 안정을 취하며 느긋한 마음으로 기다리는 심정으로 여행을 떠나라. 혹 여행지에서 새로운 아이디어가 생기거나 기존의 조급하던 마음이 사라져 여유를 찾을 수 있게 될지도 모른다.

☯ 비견의 희신 작용

비견이란 이름 그대로 어깨를 나란히 하려는 자이다. 형제, 친구, 동업자를 가리킨다.

비견의 해에는 여러 사람이 몰려드는 일이 있다. 그들의 조력으로 나름의 이익을 취한다.

역동성이 보장되며 활동성이 강하면 강할수록 역마성을 띤다.

사주원국의 타 육친과 조화가 되어 잘 어울리면 활동이 유쾌하며 인기가 있다.

비견운 뿐 아니라 모든 사주는 각 육친간의 어울림이 좋아야 한다. 비견운도 다르지 않다.

비견이 용신에 해당하면 비견운에 대단히 큰 이익이 생긴다. 활동을 많이 하게 된다.

☯ 비견의 기신 작용

비견은 나와 동등한 자이다. 즉 나와 겨루려는 자가 많이 생겨난다.

오래도록 믿고 있던 형제, 친구, 동아리, 동업자로부터 예기치 못했던 분쟁, 송사, 사기, 재산 손실 등이 일어난다.

그 동안 문제가 일어나지 않던 사이이지만 부친과 회복하기 어려운 괴리가 생기고 내가 처첩을 극하며 친구 등 친한 사람과 동창으로부터 손실이 일어난다.

기신 작용을 하게 되면 대운의 비겁운 중 재운에 꼭 재산 손실을 본다.

(2) 겁재운 (劫財運)

겁재는 재산을 강탈당하는 것이다. 재산을 강탈해 가는 자들은 친구, 형제, 부모, 그리고 친한 사람이다. 겁재운이 되면 재산을 빼앗기는 것처럼 남에게 찬스를 빼앗기는 일이 많이 생긴다. 사기, 도난, 보증으로 인한 손해, 실물 등이 있고, 오래도록 계획했다 하더라도 신규사업 또는 계획을 중단하는 일이 속출한다. 그 동안 이어온 사업이나 아이템을 내 의사와는 상관없이 남에게 물려주거나 강제적으로 빼앗기게 된다.

착하기만 하던 자녀들은 가출하여 돌아오지 않아 마음을 졸이게 하고 방탕으로 속을 썩이고, 직업에 변동이 생기는 것은 작은 것이고, 원치 않는 이사 등으로 생각지도 않았던 손해가 생긴다.

회사에서도 약간의 핍박이 있다. 몇 날 며칠 열심히 정성껏 만든 작품이나 기획이 의미 없이 반납되기도 하므로 마음이 상처를 입는다. 때로 눈에 보이는 아이템이 있어 남에게 돈을 빌려 투자하고 싶은 생각이 굴뚝같더라도 절대 욕심을 내어 투자하거나 친구의 꼬임에 투자하거나 형제와 동업을 하면 안된다.

친구이던 형제이던 돈을 빌려주는 것도 신경써야 한다.

형제에게 꾸어준다면 차라리 받지 않을 생각을 해야 한다. 때때로 남의 이유 없는 구설에 휘말려 관재수가 있기도 하므로 남의 이권에 개입하지 마라.

겁재운은 학생에게도 힘이 드는 해이다. 이유 없이 공부에 싫증을 느끼고 만사가 귀찮아지면서 집중이 안되어 결국 잠을 자거나 게임에 빠지기도 한다. 생각지도 않던 집수리, 느닷 없는 이사 등으로 재산이 깨지는 경우가 있고, 불행하게도 갑자기 병원에 입원하던지 예상에도 없던 중병이 생기기도 한다.

임신중인 산모는 일시에 건강이 나빠져 아이를 잃고 자신도 기진할 수 있으므로 건강 관리에 철저해야 한다. 여자의 경우 겁재운은 남편에게 증거도 없으면서 공연히 트집을 부리고 하나에서 열까지 의심하는 마음이 생겨 지갑을 뒤지거나 전화번호를 확인하려 든다.

이 시기에는 보아도 못 본 듯, 들어도 듣지 못한 마음으로 이해하고 풍요로운 마음을 가지도록 노력해야 한다.

친척이나 친구, 형제나 친한 사람과 돈거래를 하지 않는 것이 좋다. 투자가 의리를 깨는 요소가 되기도 한다. 친척이나 가족으로 인한 손재수도 있으며 먼 곳에서 들려오는 슬픈 소식을 접하여 처음 가보는 곳을 가거나 마음 내키지 않는 먼 곳으로 출행할 수 있다.

누구나 여행을 하는 시대에 살고 있지만 여행을 해도 위험하니 국내 여행은 물론이고 특히 해외여행의 경우에는 특별히 안전에 신경 써야 안전하게 돌아올 수 있다.

겁재운이 들면 욕심을 버려라. 욕심을 부려도 그다지 큰 이득이 없으니 차라리 양보하고 좋은 사람이란 소리를 듣는 것이 나으며 차분하게 수신해야 한다.

☯ 겁재의 희신 작용

겁재의 흐름은 친한 사람들로 인해 일어난다. 형제, 친구, 동업자, 조력자, 직장 동료 등의 조력으로 경제적 이익을 취한다.

활동성이 강하면 역마성을 띤다. 돌아다니며 이익을 얻는다.

타 육친과 조화가 잘 어울리면 활동이 경쾌해지고 건강하고 유쾌하며 인기가 생긴다.

비견이 용신에 해당하면 비견운이 온 해에 이익이 생긴다.

건강이 좋아져서 활동을 많이 하게 된다.

☯ 겁재의 기신 작용

문제는 늘 가까이 있고 가까운 사람들로 인하여 발생하는 것이다. 형제, 친구, 동료, 동업자로부터 분쟁, 송사, 사기, 재산 손실이 일어나 고심한다.

평소 다정했다고 해도 겁재운에는 부친과 메울 수 없는 괴리가 생기고 착하기만 하던 처첩을 극하며 믿었던 친구 등 동창으로부터 금전적인 손실을 본다.

겁재가 기신 작용을 하게 되면 재산을 겁탈 당한다. 이 시기에는 대운의 비겁운 중 재운에 꼭 재산 손실을 본다.

(3) 식신운(食神運)

식신이란 먹을 복이며 자손의 복이다. 식신운이 오면 뜻하지 않게 귀인의 도움이 많고 식구가 늘게 된다. 오래도록 아이를 낳지 못했다면 이 시기에 자손의 출산을 기대해 볼 만 하다. 상업이나 사업상 거래처가 많이 생기는 것은 자식을 보는 것과 같은 이치이고 부하 직원 또는 종업원의 도움도 예상되므로 생각했던 것 이상으로 대단히 큰 이익을 볼 수 있다.

신규사업도 길하며 보다 이미 경영하고 있던 기업이나 사업체가 있다면 여러 사람의 도움을 받아 아이템이 늘어나며 좋은 사업을 경영하기도 한다.

그러나 욕심은 내지 말아야 한다. 너부 욕심을 내거나 무리하면 과욕으로 자신의 머리나 능력으로 통제의 범위를 벗어나 크게 실패할 수도 있다. 돈을 빌리지 않는 사업이 알차다.

좋은 운이라 하면 집을 팔아서라도 사업을 확장하고 대출을 받는 경우도 있다. 반드시 본인 분수에 맞게 운용하는 것을 전재로 해야 하며 남의 돈을 빌리지 않는 범위 내에서 사업을 시작하는 것이 좋다.

학생에게도 좋은 운이다. 학생이 식신운에 들면 집중력이 높아져서 실력이 향상되고 성적이 오른다. 학생에게는 성적이 자식인 셈이다. 혹 좋은 교육 환경을 찾는다는 의미에서 전학 하는 수도 있다. 몸이 유지가 되어 학업에 탄력이 붙는다.

사업성 또한 이익이 생긴다. 성실하게 노력하는 사람에게는 제법 큰 돈을 벌 수 있는 해가 되므로 열심히 뛰고 달리면 돈이 된다. 결혼도 좋은 운이다. 미혼자는 좋은 배필을 만날 수 있으므로 사람을 만나며 신중하게 생각해 배필을 고르고 눈여겨 주위 사람을 살펴보아야 한다. 집을 살 수 있는 기회가 왔다. 내 집 마련의 기회도 생기기 때문이다.

그러나 지나치게 욕심은 내지 마라. 기회는 여러 번 있다. 건강도 대체로 좋다. 열심히 뛸 수 있다. 세상 모두가 나를 도와주려 하니 역행하거나 지나친 욕심을 버리고 순리를 따른다면 반드시 대성공할 수 있다. 단, 기혼자일 경우 남녀를 불문하고 애인이 생길 수 있으니 이성 관계를 각별히 조심하라. 미혼여자일 경우에는 불의의 사고로 인한 혼전 임신과 잠시 마음을 놓아버린 임신도 조심하라.

☯ 식신의 희신 작용

새로운 것의 생성이다. 창작, 창설, 창업, 변화, 활동, 정기누설, 임신을 의미한다.

새로운 변화의 조짐, 재복의 풍부함, 주변에서 생각지도 않았던 기쁜 일이 일어난다.

남녀 공히 노력하였던 일이 이루어지며 친구나 애인이 생기는 등, 그 동안 원했던 교제가 이루어진다. 아울러 좋은 인연이 시작된다.

여자는 임신이 이루어지고 남자는 정액의 방출이 있다. 그러나 미혼은 조심하여야 한다. 미혼의 경우 임신으로 인한 여파가 운을 반감 시킬 수 있다.

☯ 식신의 기신 작용

추진하던 일이나 현재의 지위에서 명예의 실추가 있고 정기누설이 되어 빈곤하다.

억압의 기운이 사슬처럼 다가오니 형사, 송사, 사고 등으로 연결된다. 그러나 그 억압의 무게는 비교적 경미하다.

지나친 생산이 정력으로 나타난다. 여자와 남자 공히 색정으로 고생한다.

식신은 생산하는 것이다. 임신, 유산 등으로 몸이 아프다.

(4) 상관운(傷官運)

상관운은 행동력이다. 식신이 생각이라면 몸이 움직인다는 것을 의미한다. 따라서 상관운이 오면 평소 조용하던 사람도 입이 열리고 말이 많아지며 행동력이 강해진다. 평소와 달리 주장을 내세우지 않던 사람도 매사에 자신 있게 자기의 주장을 내세운다. 이로 그치지 않고 양보심이 줄어들어 평소와 달리 모든 상황에서 자신 있게 주장을 전개하고, 그것이 지나쳐 때때로 모든 상황을 자기의 마음대로 하려고 설치게 된다.

상관운은 자신감도 준다. 때로 그러한 자신감이 자신을 창피 속으로 몰고 가기도 한다. 그럼에도 주저하지 않거나 알면서도 불구덩이 뛰어들 듯 자신의 주장에 열을 올린다. 다른 때는 주저하던 사람도 상관운이 오면 주저하지 않으며 남의 안목도 아랑곳 하지 않는 특이성을 보인다.

다른 사람들이 말하기를 "내가 아는 사람 같지가 않아"라는 이야기를 하게 되는 시점이다. 주변에서 충고해도 듣지 않음으로 해서 구설수가 적지 않다.

남의 시선을 의식하지 않는 경향도 드러난다. 그래서 무작정이라고 할 수밖에 없을 정도로 움직인다. 그 과정에서 이익에 관련된 행동도 한다. 남을 의식하지 않고 자기 이익만 채우려고 몸부림을 침으로써 원성을 들을 수도 있다. 사주원국에 상관이 1~2개 있는 경우 비교적 활동력 증가로 보나 대운과 해운에서 다시 상관이 오면 운이 극대화 되어 사기, 혹은 과장이 지나치게 된다.

지나친 욕심을 부리고 목표를 이루기 위해 지나치게 과장하고 사기성을 지니게 되다 보니 오히려 상대에게 당하거나 손재, 실패, 사기 등을 당할 가능성이 높아진다. 지나치면 오히려 좋지 않다. 넘치면 모자람만 못하다고 지나치게 심하면 돌발사고로 이어진다. 수술, 부상이 의심되고 때로 아는 사람이나 모르는 사람에게도 불의의 사고를 당한다. 때때로 남에게 상해를 당하는 불상사도 있을 수 있다. 이로서 건강을 잃고 심한 우울증이나 기력의 쇠진을 가져오므로 상관운에는 말을 줄이고 행동을 줄여야 한다. 또한 입이 거칠어지고 주장이 강해지는 결과로 부부간의 불화가 일어나거나 이해심의 부족으로 인한 가정파탄도 염려된다. 자신의 주장을 강하게 하고 남의 말을 듣지 않으니 가족간의 분화가 빌미가 되어 자녀가출이 있고 심한 경우 이혼수가 있고 친척간에도 다툼이 심해질 수 있다.

상관운은 행동력의 증가이다. 따라서 말뿐 아니라 움직임도 빨라지고 힘도 어느 정도는 생겨난다. 힘이 생기고 말이 강해지니 무리하게 일을 벌이거나 처리하려고 애를 쓰고 자신감으로 평소 하지 않던 행위도 한다. 이로 인해 평소와 달리 관재수도 있겠다. 지나친 액션이나 입방정으로 인해 타인에게 해를 끼치기도 하는데 때로 이직이나 새로운 사업에 몰두하기도 한다. 직장인, 관직에 근무하는 사람들은 해고나 파직의 우려도 심하다. 자영업자는 지나친 욕심에 투자를 하거나 지나치게 서두르다가 오히려 역공을 당하거나 파산을 할 수도 있다. 행동력의 증가가 반드시 좋은 것은 아니어서 건강 상태가 불안해지기도 하고 때로는 급변사가 일어난다. 빠르게 움직이니 제법 돈은 모이나 결국은 입방정과 행위의 부정확성으로 손재수가 더 많으므로 자중해야 한다. 임산부일 경우 임신중독증이나 유산 등이 있으므로 늘 살피고 건강 관리에 조심해야 한다. 미혼자는 혼담이 좋지 못하니 다음 해로 미루는 것이 좋다.

◉ 상관의 희신 작용

활동성의 확대를 통한 변화를 의미한다.

급작스러운 이동, 심한 변동, 예정되지 않은 변화, 스스로 선택한 변화가 일어난다.

경제적인 변화도 일어난다. 투자를 통한 재산의 이익도 나타난다.

아래 사람들의 원조가 다른 때보다 확연하므로 관공서 근무자는 진급의 가능성도 있다.

경영자는 생산운이 살아나 생산율이 월등하다.

진취적인 발전, 창업, 개업, 확장의 의미를 지닌다.

지나친 활동성이 오히려 역효과를 내어 몸이 아프거나 다친다. 지나친 욕심으로 시비가 종종 있다.

☯ 상관의 기신 작용

지나친 활동성으로 몸을 다친다.

생산을 의미하기에 임신을 하지만 기신 작용으로 유산한다.

몸과 마음의 아픔이 따른다.

색란에 빠진다. 특히 예상치 못한 사랑이 따른다.

송사, 일의 막힘, 정체, 큰 변화, 변동, 동요, 죽을 고비, 아귀다툼, 분쟁, 분란, 대형 사고, 인패, 재패, 사망

(5) 편재운(偏財運)

편재는 가장 나쁜 운 중의 하나다. 편재운이 오면 창피를 당하기도 한다. 남이 알지 못하던 비밀이 폭로되기도 하는데, 이를 창피로 볼 수 있고 때로 약점으로 잡히기도 한다. 따라서 남이 알아서는 불리한 비밀이 폭로되어 남이 알고 악용할 수도 있다. 특히 정치를 하는 사람이나 경영을 하는 사람에게는 불리한 운이다. 정치를 하는 사람은 은밀한 돈 거래나 이권 개입이 드러나기도 하므로 심사숙고해야 한다.

경영자나 일반 개인은 투기나 무리한 욕심을 내지 말아야 한다. 일확천금을 노리는 사고가 생기는 운이므로 도박장이나 카지노 등을 출입할 수 있다. 혹 돈을 딴다고 해도 결국은 모두 잃게 되는 운이다. 춤, 술, 혹은 도박과 관계있는 유흥장 출입이나 평소 즐기던 주색이라도 이 운에는 삼가고 일확천금의 허욕을 삼가라. 결국은 화액을 당할 수 있다. 혹 누군가 해외여행을 가자고 하여도 듣지 않는 것이 좋다. 가능하면 여행을 삼가야 하는데 원행하면 건강만 해치

고 몸을 망치며 지출이 많아진다.

투자는 멈추는 것이 좋다. 타인과 금전 거래를 하면 손해 본다. 특히 일확천금을 노려 사채놀이를 하면 반드시 실패한다. 도박도 실패하고 이 시기에 친한 사람에게 꾸어주는 돈도 돌려받기 힘들다. 친구나 친척, 형제에게 돈을 꾸어준다면 찾을 생각을 하지 않는 범위 내에서 빌려주어야 한다. 남자에게는 여자가 돈이다. 편재운에는 남자에게 여자가 많이 따르게 되며 말썽이 생긴다. 편재운의 여자는 반드시 사고를 치니 유의해야 한다.

투자에는 투자 이전에 신경 쓰고 분석해 보아야 한다. 꼭 투자를 해야 할 일이 생겨 어떤 이는 빚이 산덩이처럼 늘어나기도 하는데 이 돈은 결국 날아가 버리는 돈이다. 집을 팔고 돈을 빌려 투자하는 것은 이 시기의 운이 아니다. 돈을 빌리려고 안간 힘을 쓰기도 하는데 이 시기에는 모든 돈이 내 것처럼 보이기에 더욱 안달이 난다. 때때로 큰 목돈을 만져보기도 하고 횡재수가 있기도 하지만 결국 보전이 어렵다. 본인의 잘못이나 실수로 돈이 사라지는 어이없는 경우를 당하는데, 허위 문서나 계약 잘못으로 인한 사기를 당하기도 한다. 따라서 어찌해서 돈이 수중에 들어온다고 해도 손에 남지 않는다. 투자보다는 차분하게 직장에 다니고 하던 사업에서 내실을 기하는 것이 좋다.

편재운에는 지나치게 나서는 것 또한 손해를 가져온다. 자신의 주장을 하면 자신이 책임져야 할 일이 생긴다. 사랑은 아직 어렵다. 남자에게도 편재운은 여자의 운이지만 좋은 결혼운이라 보기는 어렵다. 결혼운은 아직 오지 않으니 좋은 혼처와 사랑을 나누는 연애기간이라고 생각하면 된다. 학생은 시험운이 좋지 못하다. 좋은 대학을 가기에는 역량이 부족하다.

☯ 편재의 희신 작용

편재는 남녀 모두 부친을 의미하므로 부친을 양육할 운이다.

재물이 풍성해지고 경제적 호황을 누린다. 생각지도 않았던 돈이 들어오기도 한다.

며느리는 어머니의 사랑을 누리게 된다. 효도하라.

재물의 증식과 처첩의 인기 속에 기쁨이 넘친다. 특히 첩이나 애인이 잘해준다.

갑자기 생각지도 않았던 횡재수가 있다.

적은 노력으로 큰 돈을 벌고 경제적으로는 매우 큰 성과가 있다.

☯ 편재의 기신 작용

부친을 극한다. 부모와 분란이 일어나고 처첩과 분란이 있다. 특히 애인과 분란이 심하다.

생각지도 못했던 재물의 손해가 있다.

무모한 투자, 지나친 욕심으로 재산상의 손해가 일어나고 빚이 쌓인다.

첩을 들이거나 처첩으로 인해 화를 만들거나 화를 당한다. 이 시기의 첩은 좋지 않다.

유혹에 투자를 결정하기도 하고 재산 증식이 안되며 투

자하면 잃게 된다.

지나친 육욕으로 치정이 일어나고 첩으로 망신을 당한다.

음주와 색정은 물론이고 인재와 재패, 패가망신하고 방황하다 심하면 자살도 한다.

여자는 시부모와 불목하고 그로 인해 남편과도 다투는 일이 많다.

남자의 외도가 발각되어 처가 방황하다 가출한다.

(6) 정재운 (正財運)

가장 좋은 운의 시기이다. 정재운이 온다는 것은 님이 꽃길을 따라 오는 것처럼 좋은 일이 많이 생긴다. 정재운은 일률적으로 받는 급여나 같다. 따라서 항시 금전 회전이 잘 되고, 돈 걱정이 없게 된다. 사업은 탄탄하게 성장하고, 부하 직원이 열심히 움직여 재운을 가져온다. 직원 선발이나 채용에서도 좋은 결과가 있다.

집안 경제가 살아나 활력이 넘친다. 가정적으로는 경사스러운 일이 많이 생기니 활력이 생기고 집안 분위기도 꽃처럼 화사하다.

사업자는 신규 사업을 확장시킬 시기가 다가와 활력이 넘치고 금전거래도 활발해진다. 경제적인 능력이 살아나거나 없던 경제력이 생겨난다. 오래 동안 숙원했던 내 집 마련의 기회도 있고, 남녀 간에 애정도 싹튼다. 취직운이 살아나 백수를 면하기도 한다. 사랑도 좋은 운에 해당한다. 뜻하지 않은 곳에서 배우자를 만날 수도 있다. 평소 친구라고 생각했던 이성에게 사랑을 느낄 수도 있다. 이성간의 사랑은 여행 등에서 사랑이 싹트고, 정재운에서는 항상 행운이 따르고 모든 곳에서 재미를 본다.

직장인은 오래도록 힘들었지만 승진하거나 실적이 나타나기도 하고 월급이 올라가고, 공직자는 막혔던 체증이 사라지듯 영전하고 진급도 순조롭다.

학생은 좋은 운이라 대학에 진학이 쉬워진다. 공부가 잘되어 시험운도 좋고, 대학을 상향지원해 볼 만하다. 오래도록 취직이 안 되었던 무직자는 생각지도 않던 인연이나 늘 떨어지던 곳으로부터도 취직 된다.

의기소침한 성격의 소유자도 매사 자신과 용기가 생기는 시기이라 하고자 했던 일을 추진할 수 있고 결과도 좋다. 평소 건강이 좋지 않았던 사람도 건강이 양호하여 활기가 생긴다. 중병자는 치유의 시기가 된다.

정재운은 가장 좋은 운 중 하나이다. 만인이 약속이나 한 듯 서로 도와주려고 하니 활기차고 즐거운 한 해가 되겠다. 이 기회에 경제적 성장과 인간관계를 통한 명예의 상승이 있을 수 있다. 생산이 가능한 시기인지라 임산부는 건강하게 출산할 수 있고 대체로 즐거운 일만 생기는 시기가 이어진다. 단 지나치게 좋은 운이므로 자만하거나 교만하면 물거품이 될 수도 있다. 기준을 넘지 않는 운의 운용이 요구된다.

☯ 정재의 희신 작용

정재운은 재산이 느는 시기이다. 일정한 급여를 받는 돈이 정재이다. 따라서 흔들리지 않는 안전적인 재산증식이 이어진다.

대단한 안정감이 주어지는 운이다. 안락하고 동요가 없는 평안함이 이어진다.

이전의 어렵던 사업이라 해도 이 시기에는 사업이 술술 풀린다.

상사와 부하의 운도 좋다. 위아래 사람들의 도움이 큰 성과로 나타난다.

명예도 높아진다. 재운도 좋으므로 직장에서는 봉급이 오르고 보너스가 주어진다.

진급 케이스.

☯ 정재의 기신 작용

남편에게 정재는 여자. 즉 아내다. 처의 외도가 있을 수 있다.

부모와 처가 불목하여 집안이 시끄러워지는데 돈 문제가 개입될 소지가 많다.

남자에게 재는 처와 재물이다. 처와 재물로 인한 고생이 심해진다. 재물의 소실로 인한 궁색, 남자는 여색에 빠져 재산을 잃고 명예도 사라진다.

영향적인 면에서 편재와 비슷하나 정재는 다소 약하다.

(7) 편관운(偏官運)

편관은 좋지 않은 별이다. 편관운이 오면 평소에 잘 하던 일도 어그러지기 쉬우며 무슨 일이던 막힘이 많다. 모든 일들이 순리대로 풀리지 않아 애를 먹는다. 사업인은 전에 없이 실패수가 많고 어음을 잡으면 부도나기 쉬우니 신중하게 처신하고 보증을 서는 일이 없어야 한다. 아울러 사업인은 담보를 획득할 때도 확인에 확인을 거듭해야 한다.

편관운은 사람과 부딪치면 부딪칠수록 해가 나는 운이다. 사람에게 당하고 국가 권력에 지배를 당하는 운이다. 따라서 피해를 입지 않으려고 어디론가 아무도 없는 곳에 도망가서 혼자 지내는 운이다. 나라와 겨루거나 재판에 휘말리지 않도록 힘써야 한다. 여자는 마음이 안정되지 못하고 늘 좌불안석이다. 남편 몰래 남의 돈을 꾸었거나 부동산 투기를 하면 위기에 다다르고 지난 날 문제를 일으킨 것이 이제 드러난다. 여자는 이유 없이 불안 초조감이 생기며 속이 바싹바싹 타는 일들이 허다하다. 여자는 남편에게 속인 것이 있다면 혼자만 알고 있어야 하는 비밀이 탄로 날 것이다. 따라서 이혼 이야기가 나올 것이고 죽느냐 사느냐 하는 형국이 되어 잘못하면 갈 곳 없는 신세가 된다. 시간이 길어지면 일이 깨진다. 무슨 일이던 미루지 말고 속전속결해야 한다. 계획과 실천 결과가 속전속결로 진행되어 마무리를 해야 하니 매사에 부지런해야 한다.

혹 요행수를 바라지 말아야 한다. 불법으로 죄를 짓게 되면 어떤 경우도 법망을 벗어날 수 없다. 평소에는 그냥 넘어갈 작은 일도 법의 심판을 받는다. 억지로 하면 관재수가 있으니 매사에 월권을 하지 말고 순리대로 향하라. 달밤에 옷 벗고 목욕할 운이라. 즐겁고 시원하기는 고사하고 망신살이 보인다. 여자는 슬프고 처연한 현상이라 먼 길을 혼자 갈 운이니 얼마나 외로운고. 일을 잘못 저지르면 혼자 고향으로 돌아갈 것이다. 여자는 밤길이나 낯선 곳에 몸조심과 마음조심이다. 시시때때로 망신 당할 일이 생기니 항시 주변을 돌아보고 말하며 행동하라. 부정한 일에서 으뜸은 여행이 될 것이다. 친구의 꼬임에 빠져 여행할 수 있는데 몸조심해야 한다. 술 한잔 마시고 자고 나면 모르는 남자가 옆에 누워 있는 격이다. 여행에는 반드시 관재건이 따른다.

가정에는 원치 않고 생각지 않는 이유로 불화가 계속 되는 바로 심하면 이별, 별거, 가출도 생긴다. 산모는 위험하니 여행을 삼가고 외출에도 신경을 써서 움직여야 하니 각별히 조심해야 한다.

편관운에는 법의 지배를 받는 경우가 적지 않다. 관재, 투기, 폭력, 사기, 부도 같은 사건이 생겨 법정에 설 수 있다. 원하지 않는데도 일이 꼬여 부도를 일으키고 법정에 가니 가능한 투기를 삼가라. 가능한 돈을 빌려 투자하거나 장사하지 마라. 그러나 군인이나 경찰일 경우 반대로 대단히 좋은 해가 되기도 한다. 이는 편관운이 정부의 힘이고 억누르는 힘이기에 경찰이나 군인처럼 무기를 사용하는 직종은 잘 풀리는 경우가 있다. 학생은 머리가 어지럽고 집중이 되지 않아 공부에 장애가 있으나, 그럼에도 법학, 정치학, 군인, 경찰 등 사회적으로 무기를 사용하고 타인을 지배하고 억압하는 직종이나 학과에 진학하면 좋다. 편관운은 나보다 강한 무엇으로부터 강한 지배를 받는 운이기에 어떤 일을 하더라도 요행수, 횡재수를 바라면 일이 깨질 뿐 아니라 크게 후회하는 일이 생긴다.

☯ 편관의 희신 작용

편관은 지배의 신이다. 남을 억누르는 힘이다. 카리스마적인 기질로 대중을 압도, 직업적으로 대성장 한다. 진급과 출세의 기쁨을 누린다.

사업을 유지하는 사람은 관청이나 각종 나라에서 투자한 사업, 혹은 가지가지 공사 등에서 수의계약이 이루어지므로 힘들이지 않고 공사를 수주하는 기쁨을 누린다.

편관은 지배자이다. 지배는 관의 일이다. 따라서 관청에서 진행되는 수주나 공사가 유리하게 진행되고, 수주과정에서나 비교경쟁과정에서 경쟁자를 앞지른다.

편관은 지배자이니 윗사람이다. 손위 사람들이 호의적이다.

지배자의 결정에 따라 진급의 기회가 생기지만 주위에서는 시기하는 사람이 생긴다.

☯ 편관의 기신 작용

편관은 지배자이다. 내가 지배를 당하니 스트레스가 크다.

몸을 크게 다침, 절단, 수술, 치료불가능의 병과 같은 횡액이 적지 않아 늘 조심해야 한다.

사업적으로도 불안하다. 파산, 도산, 재기불능, 인재패의 위기가 다가온다.

사업적으로 잘 풀리다가도 일시에 부도가 나거나 무너지니 그 원인으로 철장에 갇힌다.

불운이 계속될 수 있다. 죽을 고비, 감금, 구속, 명예훼손, 관액, 송사, 시비, 막힘, 다툼이 멈추지 않는데 이는 지배당하는 기운 때문이다.

타인으로부터 인식이 천박해진다.

자식의 속썩임이 있다.

(8) 정관운(正官運)

정관은 올바른 지배자의 기운이다. 정관은 정직하고 청렴하며 정확하다. 따라서 정관운이 오면 관청에서 좋은 소식이 온다. 나를 지배하는 것이 정관이다. 국가는 나의 정관이다. 따라서 국가에서 부름이 있거나 좋은 운이 있다. 나라에서 치르는 각종 시험은 나의 지배자가 벌이는 행위이니 나에게 행운이 따른다. 각종 국가고시에 좋은 결과를 낼 수 있는 운이기도 하다. 만약 행정고시나 외무고시, 사법고시와 같은 행위가 있다면 이로운 결과를 가져올 수 있다.

국가에서 치러지는 시험이라면 승운이 따른다. 심지어 운전면허와 같은 것도 시시해 보이지만 국가에서 운영하는 것이라 생각하면 매우 중요해진다. 특히 고시생은 합격의 영광이 기다리고 있다. 이는 나라에서 실행하는 시험에 내 운이 정관운이기 때문이다. 나를 지배하는 것은 모두 정관이다. 따라서 회사원에게 정관은 회사가 된다. 정관운의 해에는 회사운도 비교적 좋다. 공무원이나 회사원은 정관운에 승진, 진급, 영전운이 있다. 이는 자신을 지배하는 국가, 회사에 따라 달라진다. 정치인은 선거에서 당선의 영광도 있다.

정관운은 순리를 역행하지 않는 것이다. 따라서 매사에 서둘지 않아도 순리대로 발전하게 되는 특징을 보여준다.

서둘지 않아도 차근차근 진행된다. 그로 인해 만인에게 인정받게 되며 일이 순조롭게 진행된다. 사업가는 생각만 하고 있던 것을 진행시킬 수 있게 되고 몇 년 동안 통과하지 못했던 면허도 통과된다. 발명가나 머리를 쓰는 직업인이라면 발명이 잘 되고 놀랍도록 집중이 잘 된다. 신규 사업에 있어 정관운이 올 때 시작하면 실패가 없고 방해자가 없어 크게 발전한다. 정관운에 들어 좋은 아내는 남편을 출세시켜주기도 한다.

성공운이라 부른다. 작은 것으로 실패 없이 크게 이루니 기쁨 또한 상상 이상으로 크다. 임산부는 자녀를 건강하게 출산하고, 나쁘던 건강도 좋아져 건강한 아이를 출산한다. 약간의 삐걱거림이 있었던 부부라 해도 정관운에는 부부지간의 운도 좋다. 별거했던 부부도 이 때는 합쳐 좋은 감정을 지니게 된다. 먼 곳에서 생각지 못했던 기쁜 소식도 있고, 때로 해외 여행을 포함하여 다양한 여행수도 있는데, 이것이 생각지도 않았던 행운으로 연결된다. 미혼자는 혼담으로 좋은 배필을 만나기도 한다.

정관은 안정이다. 국가가 나에게 무엇을 해주기 바라지 않아도 기회가 온다. 사업을 하는 사람이라면 국가의 입찰에서 이익을 보기도 한다. 가정은 태평하여 만사에 근심이 사라지고, 오랜 질병자는 불현 듯 좋아지거나 치유되는 시기가 되고 병치레가 양호하게 변한다. 그다지 욕심내거나 미친 듯 매진하지 않아도 매사 순리대로 잘 되는 운이다. 그러나 이미 어느 정도의 이룸이 보이고 행운이 찾아옴에도 지나치게 욕심을 내면 한순간에 모든 것이 물거품이 될 수도 있다는 것을 반드시 명심해야 한다.

☯ 정관의 희신 작용

국가가 관련된 모든 일들이 술술 잘 풀린다. 국가를 상대로 용역사업을 하거나 국가가 필요한 물건을 만들어 납품하거나 입찰하는 경우에도 승률이 높아간다.

국가에서 실행하는 고시, 임용에 매우 유리한 해이기에 기대를 해도 좋다.

국가 기관에서 근무하거나 회사에 근무하면 진급의 기회가 찾아온다.

사업을 하는 사람에게는 사업확장의 기회가 찾아온다. 여러 사람을 소개받거나 대인 관계의 급성장이 기대된다. 국가 및, 사업체, 혹은 회사와 회사 사이에서 거래를 통한 계약이 잘 이루어진다.

개인이나 회사 등의 송사 등에서 매우 이롭다.

자식이 크게 성공하여 이름을 날리거나 여러 가지 일에서 이롭게 된다.

정관운에는 사회전반의 확장성을 볼 수 있다. 정관에 든 개인은 사회로의 진입이 유리하고 국가를 상대하는 일에도 호조가 있다.

사람과 관청, 나와의 관계가 좋아진다.

어려움의 시기가 지나가고 있다. 어려운 고비에서 큰 인물이 나타나 이끌어 주어 일을 해결하거나 해결해 준다. 작은 노력으로도 대성과의 기쁨을 누린다.

☯ 정관의 기신 작용

자식이 어른처럼 군다. 자식이 상전이 되는 시기이다. 자식이 무던히도 속을 썩이는데 가출하는 등 여러 가지로 부모의 속을 상하게 한다.

지배자로부터, 혹은 상급자로부터 질책을 당하거나 책임을 추궁당하기도 하고 때로는 내몰리기도 하여 불명예스러운 일이 생긴다. 윗사람으로부터의 질책으로 자존심 상하여 회사를 그만두어야 하나 하는 고민이 깊어간다.

상사의 압력이나 불유쾌한 결과로 인해 자리이동이나 좌천이 있을 수 있으며 경쟁자와의 자리다툼 등이 일어나 자존심 싸움이 벌어진다. 결국 불명예를 안고 자리를 이동하는 경우가 다변하며 마음고생이 심해진다.

엉뚱한 소문이 나를 억압한다. 이성과의 관계를 통한 구설시비, 송사가 일어나고 이로 인해 구속이 되는 경우가 있다. 인재패를 조심해야 한다.

정관의 기신은 편관의 기신과 같으나 그 흉폭함이 다소 약하다.

(9) 편인운 (偏印運)

편인은 계모와 같다. 올바른 결정이 어렵고 매사가 생각하지 못한 방향으로 튀기에 예측이 불가능하다. 편인운이 오면 생각지 못했던 지출이 일어나는 일이 많고, 결과도 엉뚱한 방향에서 일어난다. 생각지도 않았던 전혀 다른 곳에서 일이 시작되어 엉겁결에 손을 대는 일이 일어나는데 여지없이 손재 당하고 실패한다. 그 동안 없던 일도 자주 일어난다. 남녀 간에 하지 말아야 할 못난 짓을 하여 남에게 들키거나 망신당하기도 하는데 이는 전형적인 편인운이다.

　오래도록 숨겨왔던 비밀이 폭로되어 지난날의 일로 인해 가정파탄도 될 수 있고, 최근 벌인 일로 가정파탄이 오기도 한다. 평소라면 무리 없이 지나가거나 소리 없이 해결되어 흘러갈 일이지만 대중 앞에서 심하게 망신당하기도 한다.

　동업자가 나타나거나 나를 위하는 사람이 있는 듯 하고 도와주는 이가 있어 사업이 처음에는 좋은 듯하지만 믿을 것이 없다. 나를 위하던 사람이 적이 되는 경우가 허다하며 그렇지 않아도 주위 여건 때문에 나를 도울 수 없는 일이 생겨난다. 결국 뒤에 가서는 좋지 못하여 일을 시작하였지만 결과를 지을 수 없는 일들이 많아지니 의욕이 생기지 않고 때로 송사를 당하기도 한다.

　문서를 계약하거나 새로운 일을 추진할 때, 동업을 할 때는 눈여겨보고 사전에 조사를 할 필요가 있다. 허위 문서 계약 등으로 금전적 손재와 더불어 회복하기 어려운 사기도 당할 수 있다. 직장인은 아랫사람을 잘 살펴야 한다. 자신은 잘못이 없어도 책임져야 할 일이 생겨 돌이킬 수 없는 결과로 인해 좌천되거나 파직되기도 한다.

　대인 관계를 잘 해야 하는데 주변이 모두 먹이를 노리는 독수리와 같다. 함부로 행동하여 이성을 잃는 일도 없어야 이성으로부터 발생할 우환을 막을 수 있다. 특히 술집 같은 곳에 근무하는 이성을 조심해야 한다. 가벼운 여자의 유혹에 넘어가 신세를 망칠 일이 보인다. 염정을 잘못 뿌려 가정이 흩어질 수도 있다.

남들의 말에 귀를 기울여야 하지만 목적을 가지고 다가오는 사람이 적지 않으므로 심사숙고해야 한다. 주위에는 나를 뜯어먹고자 하는 사기꾼들이 득실거리니 신중해야 한다. 심지어 부모 형제도 나를 움직여 이익을 취하려고 하니 면밀하게 살펴야 한다. 차라리 아무런 금전거래를 하지 않는 것이 좋다. 그 동안 지병이 있었다면 건강이 악화되거나 재발될 우려가 있으므로 신경을 써야 함이 옳다. 임신부는 낙태나 유산의 우려가 있으니 매사에 놀라지 않아야 하고 격한 행동으로 몸을 망치는 일이 생길 수 있으므로 조심해야 한다.

이사도 가급적 삼가는 것이 좋다. 이 시기에는 이사해야 할 운이 생기며, 이 경우 금전 부족으로 낭패당하고 마음이 괴롭다. 마음에 드는 집이 있으면 금전적인 문제가 생기고, 금전이 충분해도 마음에 드는 집이 없다. 결국 낭패를 당하기 쉬운데 대충 내지르는 심정으로 결정하면 반드시 후회한다. 때때로 여행할 일이 생기지만 섣불리 움직이면 실물수가 있어 공항에서 짐을 잃어버리거나 엉뚱한 곳으로 가버린다. 해외에서 돈이나 짐을 잃어버리는 경우도 생긴다. 이래저래 지출만 늘게 된다. 만약 관재구설이 생기면 대거리를 하지 말고 신속하게 합의해야 한다. 어떤 경우도 편인운에서는 승소하기 어렵다.

특히 남녀 모두 이성의 유혹에 빠지지 말라. 유부녀와 유부남은 사랑에 빠지면 가정을 깨고 파탄에 이를 가능성이 높으니 주의해야 하고 미혼의 남녀도 이 시기에 사랑하거나 몸을 허락하면 크게 후회한다.

☯ 편인의 희신 작용

짧은 도움이 나에게 온다. 나에게 해를 끼치던 사람이나 흉물스러웠던 것들이 순간적으로 길한 작용으로 바뀜에 따라 마음이 안정되고 해결되지 않았던 일들이 해결된다.

판매에서, 혹은 매매에서 이익을 본다. 이익보다 더욱 좋은 개념은 순조로움이다. 토지 매매, 가옥 매매, 택지매매 등에서 순조롭게 풀려간다.

학문적으로도 이익이 생기거나 원했던 길로 간다. 책, 서류, 학문 등에서 유리하다. 대학 진학이나 대학원 진학 등에서 원했던 길을 가게 되고, 논문 등이 통과된다.

그 동안 묶였던 계약서가 순조롭게 풀린다. 상장을 받는 등의 생각지도 않았던 일들이 이롭게 다가온다.

학문 등에서 인연이 생긴다.

사람과의 관계도 좋아진다. 나와 경쟁자이거나 나를 좋지 않게 보던 사람과 화해가 될 수 있으며 때로는 호의적으로 다가와 좋은 인연으로 변모하기도 한다.

☯ 편인의 기신 작용

편인은 나를 억압하는 굴레가 된다. 하는 일에서 모든 일이 막히고 서류의 계약 등에서 불이익을 보거나 불리해진다.

잘 아는 사람의 소개로 만난 사람에게 속아 사기를 당하는 경우가 생기기도 하는데 소개시켜준 사람도 나를 속인다. 이처럼 수많은 남들로부터 속임을 당한다.

사람을 조심하여야 한다. 내 속을 남에게 보이면 이용당한다. 인간관계에서 많은 사람들이 나에게 흉한 역할을 하는데 이는 결국 나를 해하는 도구가 된다. 마음을 모두 주면 반드시 후회할 일이 생기는데 연인까지도 나에게 그런 나쁜 역할을 한다.

유년시절에 편인이 기신이면 계모에 학대받거나 부모에게 버림받는다.

(10) 인수운(印綬運), 혹은 정인운(正印運)

정인은 달리 인수라고 부르기도 하는데 인수라고 쓰는 경우가 더 많은 것도 사실이다. 그러나 정인이나 인수는 같은 의미이다. 정인은 친 어머니와 같은 존재이다. 나를 지원하고 도와주며 매사에 살펴주는 길신이다. 이런 운이 인수운이다.

실천운이 높아진다. 무언가 하려하면 주위에 도움이 있거나 매사 방법이 생겨난다. 투자하고 매진하면 발전하여 생각했던 바를 이루니 애초에 뜻과 같이 되는 일이 많다. 공직자는 도와주고 끌어주는 사람이 있어 명예와 권세도 누릴수 있고 승진, 진급, 영전의 기회가 생긴다. 말년운이라고도하는데 곧 퇴직할 사람이지만 이 운이 마지막에 걸려 직급이 올라가거나 영전하여 더 오래도록 근무할 수 있는 자격이 주어지기도 한다. 직장인은 뜻하지 않게 진급하거나 그동안 계속 진급에서 누락이었지만 이 운에 진급이 되기도 하고 성과를 내어서 월급이 올라간다. 오래도록 직장이 없어 헤매던 무직자는 취직이 되기도 한다. 사업인은 사업이 활발해지고 여러 업체나 외국에서의 초청이나 초대가 있다. 이는 기업 도약이나 사업 확대의 기반이 되고 이 때문에 교육 받을 일이 생기기도 한다. 부모로부터 지원받지 못했던 사람도 이 시기에는 상속이나 물려받을 일 등도 생긴다.

정인은 친어머니의 운이다. 따라서 주위의 사람들이 모두 부모라도 된 듯 나를 도와준다. 오래도록 매매되지 않던 땅도 매매가 되어 짐을 벗는다. 매매가 어렵던 가옥과 토지가 매매에 이르러 마음이 놓이고 여유가 피어난다. 그야말로 매사에 행운이 있고 만사형통한다.

인수운에는 모든 것이 좋지만 단 한 가지, 부부간에는 파탄이 있을 수 있으니 부부관계는 매사에 심사숙고하고 조심해야 한다. 여성에게 인수운은 소박당하는 불행하고도 조심스러운 운이다. 불현 듯 다른 남자를 보면 반드시 들켜 소박당하고 이혼 당한다. 바람을 피우지 않아도 남편이 속을 썩인다. 남편의 여자 문제나 돈 문제로 감정이 상하며 말썽으로 속이 상하며, 때로 해결할 수 없는 일로 인해 가출할 일도 생긴다. 그 바탕에는 애정운이 작용할 가능성이 많다. 남녀 모두에게 여자가 생기고 남자가 생김으로써 감정의 변화가 크게 일어난다. 남녀가 이성을 만난다는 사실이 불륜을 의미하지만 그러나 미혼자는 좋은 배필을 만날 수 있다. 인수운은 문서를 만지고 좋은 지도자를 만나며 도움을 주는 사람을 만나는 격이니 학생은 시험의 운이 있어 좋은 결과를 기대할 수 있다. 산모는 고생을 하지 않고 순산하지만 대부분 딸이 많다. 남녀평등시대에 의미는 없지만 꼭 아들을 바란다면 임신의 시기를 조절할 수도 있다. 남성에게 인수운은 귀인의 도움이 생기니 열심히 노력하고 투자하라.

살다보면 당혹스러운 일이 있기 마련이다. 혹 전혀 예기치 못한 생소한 일에 부딪히게 되지만 당황하지 않아도 된다. 인수운은 갑작스러운 일이 행운으로 연결되는 경우가 많다. 인수운에 만나는 사람 대부분은 나의 친구가 된다. 고난에 처했다가도 중요한 위치나 직책에 초대되어 새로운 삶을 살아 보기도 한다. 이전 운이 편관이라면 나락에 떨어지더라도 인수운이 되어 더욱 상승의 기운에 놓이기도 한다. 인수운이라 하면 대체로 도움을 주는 사람이 있어 명예와 지위가 상승하고 경영이나 일반 사회생활에서도 재물운이 좋은 때가 된다.

☯ 정인의 희신 작용

도움을 주는 사람이 나타나는 것이 가장 기쁜 일이다. 새롭게 만나는 사람 대부분이 좋은 사람이고 나를 도와주는 사람들이다.

사람관계에서 원만한 대인 관계가 형성되고 도움을 주는 사람들을 많이 만난다.

말썽을 부리던 아이들이 안정을 찾아가고 남편도 일정한 수입이 보장되는 것으로 가정이 양호하고 가정의 안정으로 교육환경이 좋다.

열심히 일하라. 손위 사람들로부터 신망을 얻어 일이 순리대로 잘 풀려나간다.

학생은 열심히 공부만 하면 미래가 보장된다. 학문, 책, 서류 등 인연이 좋아 잘 배우고 관리도 잘 된다. 고등학교 3학년이라면 좋은 성적이 기대되고 좋은 대학의 인연이 기대된다.

기업에 종사하거나 관공서에 종사하는 사람은 진급의 기회가 있을 것이다. 위 사람이 이끌어주는 관계가 이어져 진급이 보장된다. 아울러 주변 사람들과의 관계에서 좋은 인연들이 펼쳐진다.

☯ 정인의 기신 작용

정인은 문서의 운이 내포되어 있다. 그 동안 추진하는 모든 일이 대부분 적체되거나 소통이 어려워 신경 쓸 일이 생기고 스트레스가 증가한다. 서류나 계약서를 쓰지 않으면 꼭 손해보는 일이 생기므로 면밀하게 검토하여 계약서와 서류에 서명할 것.

추진하는 일이 자꾸만 제자리걸음을 한다. 일에 반복이 생겨 한 번에 성사되는 일이 없다.

좋은 인연들이 등을 돌린다.

평소 관계가 원만했지만 위 사람이나 원조자들과 갈등관계가 형성된다.

3. 월운(月運)

1) 월운이란?

월운이란 한마디로 그 달의 운세이다. 흔히 해운, 년운이라 하여 세운을 가장 중요하게 여긴다. 월운은 세운의 부속적인 의미를 가진다. 년운을 보는 것은 그 해의 길흉을 총체적으로 판단하는 것이다. 흔히 신년 초에 많이 보니 신년운세를 본다고 하는데 사실은 입춘을 기준으로 보는 것이다. 그리고 토정비결이 신년 운세로 생각하는 사람도 있는데 전혀 다른 것이다. 년운이란 일간을 기둥으로 삼아 육친을 적용하고 용신과 기신을 적용하여 길흉을 파악하는 것이다.

월운도 역시 육친을 적용하여 길한 달과 흉한 달을 찾아내는 것이고 이 길한 달과 흉한 달을 찾아 어느 달이 좋고 나쁜가를 가늠하는 것이다. 월운을 살피는 것은 일종의 간명술(看命術)에 해당한다. 역시 월운을 살핌에도 십신을 적용함에는 별반 다르지 않다.

2) 월운 파악하는 법

월운 보는 방법은 여러 가지가 있다. 각각 특화된 방법으로 푸는 것이 타당하다고 볼 수 있는데 반드시 어느 방법이 좋다고 말하기는 어렵다. 각각의 공부한 방향과 공부의 깊이에 따라 풀이가 달라지고 적용의 심도가 달라지기 때문이다. 가장 많이 사용하는 것이 역시 육친을 적용하는 방법이다. 그러나 육친 적용의 실례에서 반드시 생각해야 하는 것은 세운의 적용 후에 월운을 파악하여야 한다는 것이다. 즉, 세운을 적용하여 십신의 어느 운이라는 판정 하에 그 달의 운을 적용하여 상관관계를 보는 법이다. 그 밖에도 여러 가지가 있는 대표적인 것으로 하역수리로 푸는 방법이 있다.

많은 학자들이나 생업에 종사하는 분들, 그리고 명리학을 배우는 학생들에게 당신의 선생들에게 어떤 방식의 월운 푸는 법을 배웠는가 하고 물으면 답이 요상하다. 결론을 먼저 말하자면 월운은 말할 게 별로 없다는 것이다. 심지어는 월운을 풀어야 하는가 하고 묻기도 한다. 만약 월운을 풀지 못한다면 누군가 "이동수가 있나요? 몇 월 달이죠?" 라고 물었을 때, 무엇이라 대답을 할 수 있겠는가? 그러나 분명 월운은 존재하고 푸는 방식도 다변하다.

혹자는 자평명리학이 세운(1년의 운)을 보는 방법도 제대로 정립된 게 없다고 말한다. 그러나 이는 지나친 말이다. 한국의 명리학 연구에서 명리학이 자평명리학을 기본으로 삼고 있다는 것이 필자의 생각이다. 그렇다면 무엇으로 세운을 푸는가? 분명 자평명리학의 육친을 대입하여 풀 수 있다. 자평 명리학이 세운조차 풀어내지 못한다면 폐기해야 할 학문이다. 그런 말이 세상에 어디 있다는 말인가?

어쨌든 자평 명리학에서 세운은 육친 대입이 가장 중요하다. 이미 그것만으로 상승의 경지에 나아갈 수 있음도 사실이다. 그밖에 격국이나 신살을 적용할 수 있다. 흔히 대운을 중심으로 이론이 전개되는 것 아니냐고 말한다면 이는 자평 명리를 잘못 알고 있는 것이 아닌가 주장하고 싶다.

세운에 대한 해석도 가지각색이다. 따라서 기본을 익히고 나서는 자신에게 특화된 방법을 사용하는 수밖에 없다. 여러 학자들이 나름대로 1년운을 보는 방법을 모색하고 나름의 방법을 제시하고 있지만 여러 학자들이 각각의 방법으로 반론을 한다. 그러나 아직 확실하다고 할 만한 수준이 아니라고 주장하는 학자들도 있다. 각자의 생각이 다르니 아직 발전할 가망성이 많다고 결론을 내릴 수밖에 없는 실정이다. 실제로 주위에서 그 해의 운이 좋다는 역술인의 말을 믿고 사업에 투자했다가 낭패 본 사람들을 심심치 않게 본다.

누가 풀어주는가에 따라 달라지는 것은 나름의 기준이 없기 때문이라고 볼 수 있는데 자신의 특화된 기법이 필요한 것도 사실이다. 그래서 가장 중요하게 대비되는 것이 육친의 적용이다. 육친의 적용도 다양하다. 기본은 같으나 푸는 사람의 사상이나 지식, 경험, 지혜에 따라 풀이가 달라질 것이다. 이왕이면 지식이 있고 지혜가 많으며 경험이 많은 명리학자에게서 도움을 구하라고 말해주고 싶다.

혹자는 말한다. 세운조차 맞히기 어려운데 월운은 말해 무엇 하겠습니까? 정말 그런가? 그래서 많은 사람들에게 물어보았다. 월운은 어찌 살피는 것이 좋습니까? 학문을 하는 사람이건, 혹은 현장에서 밥벌이로 하는 사람이건 약간의 차이가 있었지만 몇 가지 공통점도 있었다. 12신살로 보거나, 12운성으로 보는 방법을 많이 활용한다는 것이다. 더불어 간지의 오행이나 십신을 참고하기도 한다.

가장 많이 사용하는 방법이 간지를 파악하고 오행과 지지의 육친을 적용하는 방법이다. 사실 간지의 대입이 대운이나 세운과 달리 어려운 점이 있는 것은 사실이다. 그럼에도 간지와 지지의 대입으로 오행을 찾아 적용하고 육친을 적용하는 방법은 실효성이 있다.

　대운과 세운에서 간지와 지지를 적용해 보면 오행의 운행은 실제 계절의 운행과 상관이 없다. 즉 대운이나 세운이 목국(木局)으로 흐른다고 우리가 살고 있는 세상이 봄이 되지는 않는다는 것이다. 그럼에도 이에 오행을 적용하고 육친을 적용하는데 그 경우 육친의 작용이 크다. 그러나 월은 실제 계절의 변화를 반영한다. 그러니 대세운과는 성격이 다르게 적용되는 것이 사실이다.

　예를 들어 보면 더욱 확연하게 드러나는 것이 월운이다. 목(木)이 용희신인 사람은 봄에는 항상 좋고, 가을에는 항상 나쁘다 라고 푼다면 이는 어이없는 일이다. 그러면 남는 것은 천간인데 천간 한 글자를 가지고 파악할 수 있는 것이 얼마나 되겠는가? 이 모든 것을 감안할 수 없지만 지지의 오행과 천간의 육친 또한 무시할 수 없다.

　따라서 천간지지의 적응과 대응력에서 대운과 비교해 보면 대운의 작용력은 현저한 차이가 있는데, 대운의 작용력은 세운에 비해 현저히 낮은데다가 대운 말기일 경우 존재감이 더욱 미미해진다. 기신이라고 미리 떨고 있을 필요는 없는 이유가 존재하니 사주에 기신을 막아줄 희신이 있을 수도 있겠고, 삼합이나 충이 있어 깨줄 수도 있기 때문이다. 지나치게 적용을 하다보면 흐지부지 되어 버리는 수가 있으므로 신중에 신중을 기해야 한다. 그에 비교해 월운을 파악하고 적용해 보면 천지우주간의 작용이 인간의 변덕처럼 월 단위로 죽이 끓는 듯 변화하지는 않으니 결과로는 역시 참고만 하면 되겠다. 무엇보다 세운을 감안하지 않은 운세는 허상에 불과하니 월운의 변화라는 것은 세운을 바탕으로 하는 것이다.

크게 보아 대운과 세운의 작용력은 30 : 70 정도로 세운이 강하다. 그래서 대운은 느낌이며 흐름에 불과하고 진정한 변화와 작용력은 세운에 있다고 한다. 때에 따라서는 작용력이 드러나지 않으므로 대운이라는 것이 과연 있거나 작용을 하는 것인지 실체를 의심받는 대상이기도 하다.

월운도 세운과 마찬가지로 적용하되 세운에 나온 풀이와 적용 측면을 바탕으로 삼고 그에 따르는 변화로 인식해야 하는데 다음과 같은 이론을 적용할 수 있다. 이는 세운을 살피는 방법이나 크게 다르지 않다는 것을 알 수 있다.

(1). 근묘화실

(2). 형충합

(3). 월운간

(4). 세운지와 월운간과 월운지

(5). 세운간과 월운지

(6). 포태법

기타 이와 같은 것을 종합적으로 사용하면 비교적 유용하고 어울리는 풀이가 가능하다. 다른 학자들은 어쩌면 다른 방법을 사용하고 있을 것이다. 어쩌면 월운은 이미 점술학과 운명학의 선상에 놓인 것이 아닌가 의심이 들기도 한다.

4. 일운(日運)

1) 일운이란?

흔히 일진(日辰)이라 말하는데 각각 해당하는 그 날의 간지를 파악하여 적용하는 것이다. 일진은 태양력과 태음력으로 이루어지고 천간과 지지의 글자로써 파악한다. 많은 사람이 천간과 지지를 활용하는 이 사주팔자에서 사용하는 달력이 양력이다 음력이다 주장이 많은 듯하다. 사실 명리에서 사용하는 력(曆)은 태음태양력(太陰太陽歷)이다.

일진의 판단은 음양오행설에 따라 인간의 일상생활에서 하루하루를 따져 흉한 것을 피하고 길한 것을 택하기 위한 수단으로 발달한 것이다. 중국, 한국, 일본에서 쓰이던 태음태양력에서는 역일마다 간지 1개씩을 꼭꼭 배당하여 일진이라고 말한다. 즉 하루하루마다 간지와 지지가 있어 이를 이루는 기둥이 생긴다. 이를 따지니 일진이라 한다.

일진을 파악하는 일간의 적용은 그 역사가 아주 오랜 것으로 보여진다. 현상학적인 이유 말고도 실례가 존재하기 때문이다. 예를 들면 1972년 7월에 발굴된 백제 무령왕릉의 지석(誌石)에 왕의 죽은 날이 '계묘년 5월 병술삭 7일 임진'이라고 새겨졌다고 한다. 이 자료는 두산백과에 명맥하게 기록으로 남아 있다. 참으로 명백하고 확연한 자료이다.

이 글자를 풀어보면 백제의 무녕왕이 계묘년에 죽었다는 것이다. 물론 죽은 년만 아니라 삭(朔)이라는 글씨도 기록되어 있다. 왕이 죽은 날이 초이레이고 그 날의 일진이 임진이라는 기록이다. 임진은 일진을 기록한 것이다. 결국 지금처럼 그 당대에서 이미 각각의 날에 간지와 지지로 이루어진 기둥이 성립되어 적용되었다는 의미이다. 일간과 일지로 기록하는 일진이 짧은 기간에 이루어진 것이 아니라는 것을 보여주는 실례인 것이다. 간지의 적용이 얼마나 오래된 것인지 보여주는 사례라 할 것이다. 따라서 육십갑자를 배치하고 거꾸로 따라가 보면 그 달의 초하루의 일진은 병술이라는 뜻이다. 즉, 초하루인 병술에서부터 날짜를 세어 가니 정해, 무자, 기축, 경인, 신묘, 임진이라는 순서가 성립되는 것이다. 즉 7일이 되는 날의 간지가 임진이라는 기록이 된다.

일진이란 천간과 지지로 이루어진 하나의 기둥이다. 이 천간을 파악하는 기초는 우주생성의 원리를 태극(太極)에 두고 있다. 결국 음양오행의 기화론에 그 바탕을 둔 것이다. 혼돈의 유시무종인 태극에서 음과 양으로 분리하고 그것이 다시 목, 호, 토, 금, 수의 다섯 가지의 원소로 나누어지니 비로소 우주 만물을 구별하고 해석하는 부호가 만들어진 것이다. 이 부호가 결국 우주의 이치를 담은 것이다. 이 부호를 이용하여 사물을 해석하고 풀어가니 이를 오행론이라고 하고 이전의 음양과 함께 명리학의 중요한 기둥을 형성하고 있다.

오행은 기의 흐름이다. 이 오행이 점차 분화하여 가지가지 기운을 내포한 기호로 표시되는 바, 하늘에는 '갑, 을, 병, 정, 무, 기, 경, 신, 임, 계'의 십간을 이루니 기의 흐름을 의미하고 분위기를 결정짓는 부호로서 작용한다. 따라서 사주를 간명할 때, 천간은 행위를 뒷받침하는 분위기이며 기의 현상이다.

음양이 다시 오행으로 발전하고, 오행이 다시 분화하여 모든 사물에 그 영향을 미치니 땅에서는 '자, 축, 인, 묘, 진, 사, 오, 미, 신, 유, 술, 해'의 십이지가 되어 모든 사물이 기운에 따른 영역을 배정당했다. 명리학에서는 활동, 움직임, 역동성의 실체로 나타난다. 지지는 행동력이며 현상으로 나타는 것이다.

이 십간과 십이지를 순차적으로 맞추어 가면 각각 음은 음끼리 합하고 양은 양끼리 합해지는데 이는 천간의 양이며 첫 자인 갑(甲)과 지지의 첫 자이며 양인 자(子)가 만나 갑자(甲子)라는 기둥을 만드는 것과 같다. 두 번째는 하늘이며 음의 천간인 을(乙)과 지지의 둘째이며 음인 축(丑)을 만나 을축(乙丑)이 이루어지는 것이다. 어떤 경우도 양이 음을 만나 합해져 기둥을 만들지 않고 음도 양을 만나 기둥을 만들지 않고 양은 양끼리 음은 음끼리 만난다.

결국 제1번인 갑자(甲子)에서 시작하여 60번인 계해(癸亥)의 간지가 만들어지니 이들이 모두 60개인 관계로 60간지라 부른다. 이처럼 60개의 간지가 만들어지게 되는데 이것을 60갑자라고 부른다.

60갑자는 계속해 일정한 순환 틀에 계속해 반복적으로 흘러가는 형식을 취한다. 즉 천간의 10자와 지지의 12자로 짝을 맞추니 계속해 60개의 기둥이 나타나고 이를 날짜별로 차례로 배정하니 이를 일진의 운행이라 부른다. 따라서 모두 60개의 기둥이 있고 60개의 일진이 있다. 어떤 경우도 60개 이상의 기둥이나 일진이 만들어 지는 일은 없다.

일진은 천간과 지지로 이루어진 이 60갑자를 하루하루 배속하는데 이를 분속(分屬:나누어서 별러 붙임)이라고 한다. 따라서 하루의 변화는 배정된 그 일진의 변화에 따라 움직이는 것으로 본다. 이 일진을 파악하여 길흉을 판단하는 기준으로 삼은 것이다. 상세히 구분하면 일진은 일(日)과 진(辰)을 합친 것으로 그 날의 천간을 일이라 하고 그 날의 지지를 일진이라 한다. 이 일진은 오래 전부터 우리의 일상생활과 밀접한 관계를 맺어왔다.

좋은 표현은 아니지만 "병신 육갑한다"라는 말이 있다. 여기서 말하는 육갑이 바로 일진이다. 60개의 일진이다. 즉 올바로 배우지 않거나 잘못 적용하면 행위를 잘못하거나 오판을 하기에 이런 말이 생겨난 것은 아닌가 생각할 수 있다. 사실 일진을 알아보거나 점을 치기 위해서는 태어난 년, 월, 일, 시에 해당하는 육갑을 알아봐야 한다. 그래서 점치는 것을 '육갑 짚는다'라고 했다. 왜 '짚는다'라고 하는가 하면 점쟁이들의 행위를 살펴보면 간혹 보면 손가락 짚어 가며 계산하는 모습을 많이 볼 수 있다. 손가락으로 짚어가며 계산하는 이 방법은 수지법(手支法)이라 한다. 따라서 병신이 육갑한다는 말이란 좋은 말은 아니지만, 대략 해석하면 제대로 알지도 못하면서 설쳐댄다는 뜻으로 보인다.

일진은 곧 길흉과 통한다. 혹자는 일을 시작하기 전에, 혹은 어딘가 길을 떠나기 전에 일진을 살피기도 한다. 옛날에는 어떠한 일을 하기 전에 먼저 일진부터 보아야 한다고 생각했다. 이러한 사상은 지나침이 있기도 하지만 모든 일에 해당하는 길일을 잡아야 한다고 생각하는 사고로 발전했다. 이처럼 일찍이 통념으로 굳어진 것이 일진이다.

일진은 단순히 움직이는 상황을 판단하는데 그치지 않고 어떤 일을 하고자 하면 적당한 날을 고르는 방식으로 사용되었다. 이건 하루아침에 이루어진 것이 아니고 오랜 세월 시대가 바뀌며 경험을 하고 실험되어진 것이 사람의 인지(人智)로 모아지고 정착된다는 사실이다. 이를 택일(擇日)이라고 부른다. 일을 하거나 행사를 하는 날짜에는 때로 나이가 적용되고 이름이 적용되고, 혹은 그 사람의 사주가 적용되었다. 또한, 이 일진은 일을 하려는 사람의 연령(年齡)이 기본적인 대입의 자료가 됨은 물론이다.

일진은 좋은 날을 가리고자 사용한다. 좋은 날을 가리기 위해서는 우선 생기(生氣)와 맞는 날을 가려야 한다. 각각의 사람에게 해당되는 좋은 날이 있지만 전체적으로 적용할 수 있는 날도 있다. 이를 모은 것이 폭 넓게 이용되었다.

각각의 날을 길일과 흉일로 나누어 풀어 가는데 그 가지의 수는 8개이다. 8가지로 나눈 것은 아무래도 팔괘(八卦)의 사상에 기인한 것이 아닌가 한다. 이를 각각 생기, 천의(天醫), 절체(絶體), 유혼(遊魂), 화해(禍害), 복덕(福德), 절명(絶命), 귀혼(歸魂)의 여덟 가지가 있다. 생기, 천의, 복덕은 최상의 길일이고 절명과 화해는 흉일이므로 쓸 수가 없다. 그 밖에 절체, 유혼, 귀혼은 평길로 무방하다. 이러한 택일법을 정리한 책이 바로 ≪천기대요(天氣大要)≫이다. 이 중 생기, 복덕은 남자와 여자에 따라 다르고 연령에 따라 달라진다.

일진을 통해 택일을 하는데 택일의 종류는 실로 다양하다. 따라서 이는 철저한 경험과 일진을 바탕으로 할 수밖에 없다. 혼인(婚姻), 출행(出行), 이사(移徙), 고사(告祀)는 물론이고 국가의 큰 행사에도 당연히 날을 잡았다. 개개인은 집을 지을 때도 각각 그 행위에 맞추어 사용했는데 동토(動土), 상량(上樑), 개옥(蓋屋), 수조(修造), 개기(開基) 등이 그것이다. 땅을 다지는 날, 주춧돌을 놓는 날, 기둥을 세우는 날, 서까래를 놓는 날, 지붕을 덮는 날 등으로 세분화되어 있다.

일진에 흉신과 길신을 대입하여 길일을 찾아낸다. 일진에 길신(吉神)이 겹치면 대길(大吉)하고 흉신(凶神)이 있으면 대흉(大凶)하다. 길흉을 가리는 방법이 여럿 있으므로 겹쳐서 사용하거나, 여러 방면에서 파악하여 길신이 겹치는 날을 좋은 날로 선택하여 사용하기도 한다. 이와 같이 정해진 방법에 따라 희신(喜神), 천록(天祿), 암록(暗祿), 문성(文星), 천은(天恩), 복성귀인(福星貴人), 천관귀인(天官貴人), 천덕(天德), 월덕(月德), 세덕(歲德), 용덕(龍德), 천희(天喜), 생기, 천부(天富), 복덕, 역마(驛馬), 천마(天馬) 등과 삼합(三合), 육합(六合), 생(生), 왕(旺) 등은 길신으로 혼례와 출행, 이장과 장례, 가옥 수리, 길을 내는 날 등을 비롯하여 다양하게 사용하고 있다.

천구(天狗), 상문(喪門), 멸문(滅門), 사신(死神), 사살(死煞), 염대(厭對), 조객(弔客), 천화(天火), 겁살(劫煞), 대패(大敗), 상거(喪車), 월염(月厭), 병부(病符), 오귀(五鬼), 왕망(往亡), 천귀(天鬼), 묘(墓), 형(刑), 충(沖), 파(破), 해(害)는 흉신이므로 피하고 있다.

다양한 용어들은 ≪천기대요≫는 물론이고 주역과 명리학에서 사용하는 모든 단어들이 동원되고 있다. 아울러 일주의 천간 지지와 일진을 대비하여 합과 형충파해를 대비하는 방법도 적절하게 이용되고 있다.

2) 보는 법

자기의 일주에서 간지를 찾아보고 싶은 날의 간지를 찾아 대조하는 것으로 그 날의 일진을 알 수 있다. 가장 일반적인 방법이다. 즉 먼저 사주팔자에서 일주를 뽑는다. 자신의 사주에서 일주를 뽑는 방법은 만세력을 참조하면 편하다. 그리고 뽑아진 일주의 간(干)을 확인한다. 일간은 '갑을병정무기경신임계'의 열 자 중 하나일 것이다. 그리고 해당하는 날의 간(干)을 보고 일어날 징조를 파악하는 것이다.

그 날의 일간을 사주원국의 일주와 비교하는 것이 보편적인데 비평도 있다. 일간이 사주에 직접 대입하기에는 무리가 있다는 비판이다. 그러나 아직은 이 방법이 가장 많이 쓰이는 것도 사실이다. 즉 그 날의 일진을 알고자 하면 사주원국 일주의 일지와 보고자 하는 날의 지(支)를 대조하여야 한다. 합과 형충파해를 따져 어떤 결과가 나오는 가를 살펴

정한다. 간단하게 생각하면 합이 나타나면 징조가 좋은 것이고 형충파해가 나타나면 흉한 암시로 푼다. 특히 합과 충파는 매우 중요하게 다룬다. 특별한 징조가 나타나지 않는다면 무덤덤한 날로 보면 된다. 아울러 각각의 일진이 사주의 기둥과 다르지 않으므로 그 날의 일진이 보여주는 기둥으로 일간에 대입하는 경우도 있지만 흔한 방법은 아니다. 이 방법으로 육친을 대입하는 방법을 사용하기도 하는데 약간의 비판이 있는 것도 사실이다.

또 다른 방법도 적용된다. 이 경우는 일일이 육친을 적용하지 않는다. 일진을 사주원국의 일주에 대입하는 것만으로 분석한다면 모든 것이 합과 형충파해로 나타나지는 않는다. 그야말로 유야무야, 혹은 이도저도 아닌 경우가 있다는 것이다. 신살 적용도 사용한다. 이 때는 사주 원국의 강약에 따라 다르다. 즉 신강사주인가? 신약사주인가를 따져야 한다. 이것도 저것도 아닌 경우에는 신강사주일 경우 길한 것으로 풀고, 신약사주인 경우는 좋지 않은 것으로 풀 때가 많다. 대부분 일진이 한신에 해당하는 경우에는 유야무야에 해당한다. 즉 신약사주인 경우에는 길한 일진이라 해도 길하게 나타내기에 힘이 든다. 또한 흉한 경우에는 지나치게 흉하게 나타낼 때가 많다. 그래서 신약사주보다는 신강사주가 좋다는 말을 한다.

예시를 들어보자 원국의 일주가 기축(己丑)이라고 하자. 그런데 따져보아야 할 날은 계유(癸酉)라 하자. (己)를 일간으로 삼아 살피면 살펴보아야 할 날의 천간은 계(癸)이다.

계(癸)는 기(己)의 편재가 된다. 편재는 돈과 재물을 의미하니 돈과 관련 있음은 분명하다. 그 후에는 지지를 살펴야 한다. 축(丑)과 유(酉)는 반합이다. 그렇다면 이 날은 돈에 관련 있는 날이고 합이니 돈이 들어오는 날이다. 따라서 이 날은 편안한 마음으로 사업의 계약(契約)을 하거나 일을 해도 좋을 것이다. 따라서 합과 형충파해의 분석이 반드시 필요하다.

	子	丑	寅	卯	辰	巳	午	未	申	酉	戌	亥
子		합		형	삼합		충	해	삼합	파		
丑	합				파	삼합	해	충형		삼합	형	
寅						형해	삼합		충형	삼합		합파
卯	형				해		파	삼합		충	합	삼합
辰	삼합	파		해	자형				삼합	합	충	
巳		삼합	형해						합파	삼합		충
午	해	해	삼합	파			자형	합		삼합		
未	해	충형		삼합			합				파형	삼합
申	삼합		충형		삼합	합파						해
酉	파	삼합		충	합	삼합				자형	해	
戌		형	삼합	합	충		삼합	파형		해		
亥			합파	삼합		충			삼합	해		자형

제16장.

격국

1. 격국이란?

명리를 배우는 사람이 일정한 단계에 오르면 다음 단계를 익히기 시작한다. 이 과정에서 한동안 가장 어려운 것이 격국이다. 아울러 신살이다. 신살은 찾아 적용하면 그만이지만 격국은 상황이 다르다.

격국론은 현대 사주 명리학에 있어서 용신론과 더불어 양대산맥이라고 할 수 있다. 이 격국론이란 청나라시대의 심효첨이 쓴 영원한 명리학의 고전 ≪자평진전(子平眞詮)≫이란 책에서 잘 설명되어 있다. ≪자평진전≫은 ≪궁통보감(窮通寶鑑)≫, ≪적천수(滴天髓)≫와 더불어 역학의 3대 기본서이자 사주 판단을 할 때 가장 기본이 되는 책으로, 명리학을 공부하는 사람이라면 누구나 읽어야 하는 고전이다. 자평진전에 통달하지 않고는 명리학을 이야기할 수 없다고 해도 과언이 아닐 정도로 명리학의 기초를 논리적이고 체계적으로 설명한 책이다. 격국은 이 책에 의탁하여 설명코자 한다.

어찌 보면 격국론은 용신론으로 부족한 것을 보충하고자 만들어낸 이론은 아닐까 생각이 든다. 또한 깊이 생각해 보면 명리학자들의 몸부림이라는 생각이 든다. 사실 격국론은 많은 명리학자들에게 지대한 영향을 미쳐 왔으며 계속 영향을 미치고 있는 것도 사실이다. 용신론으로 해결하지 못하는 것은 격국을 적용하여 푼다는 이야기도 있다. 심지어 격국을 할 줄 아는가의 경계가 초급 명리인가? 중급 명리인가 하고 주장하는 학자들도 있을 정도로 격국이란 명리학의 격을 정하는 한 단계로 인식된다.

지금까지 명리의 꽃은 용신이라는 사고를 가지게 되었을 것이다. 틀린 말이 아니다. 용신을 모른다면 간명은 물 건너 간 것이다. 그런데 정말 화가 나는 일이 발생한다. 지금까지 익힌 용신이 헛갈릴 수 있으니 바로 격국론 때문이다.

격국론에서도 용신의 개념을 설명하고 있으나 지금까지 공부한 개념과는 매우 다르다. 즉, 지금까지 공부한 병약용신, 조후용신, 혹은 억부용신의 개념과는 다른 개념의 용신이 나타난다. 이는 철저히 격국 때문이다. 이전의 용신법과는 전연 다른 내용이라 혼돈의 소지가 짙으며 실제로 용신론과의 갈등으로 헤매는 사람이 적지 않다. 따라서 격국에서의 용신법은 조심스럽게 접근해야 한다.

사실 사주에서 어느 용신이 옳다고 볼 수는 없다. 어느 한부분만 옳다는 말도 되지 않는 소리이다. 형충파해는 옳고 합은 틀리다고 말할 수 없듯 억부용신은 맞고 격국은 틀리다고 말할 수 없다.어느 용신을 활용하는가는 바로 풀어가는 사람의 생각이다. 각각 기능이 달라 적용도 다르고 활용측면도 다르기 때문이다. 누구는 소총으로 잘 싸우지만 누군가는 대포를 잘 사용한다. 사용하는 무기가 다르다고 나무랄 수 없듯 용신론을 잘 적용하든 격국을 잘 적용하든 쓰기 나름인 것이다. 결국 억부를 비롯한 다양한 용신법은 물론이고 격국도 무시할 수 없는 것이다. 최근의 추세는 혼합이거나 혹은 복합이라고 볼 수 있다.

최근 사주학은 다양한 학설이 난무하며 지난 반세기와

달리 매우 발달하고 있다. 요즘 사주 풀이하는 많은 명리학자나 술사들은 오래도록 주장하거나 땅콩껍질 속처럼 주장했던 사고의 틀을 깨고 있다. 과거에는 한 가지 방법만을 주로 사용했던 것이다. 그러나 지금은 풀이나 적용이 달라지고 있다. 복합적인 사고를 가지고 발전하고 있는 것이다.

이는 적용측면에서 볼 수 있다. 최근의 명리학자들은 용신법을 주로 사용하며 아울러 격국론을 따져 혼용하는 경우가 많다. 아울러 오주괘(五柱卦)나 기문둔갑(奇門遁甲), 매화역수(梅花易數) 등의 다양한 역서와 점술학을 적용하고 있다. 이러한 적용법이 새로운 것은 아니다. 전에 없었던 것이 아니라 두드러지고 있을 뿐이다. 결국 중요한 것은 어떠한 방법을 쓰든지 사주의 본체가 원하는 오행은 있기 마련이니 어떻게든 용신을 뽑아내어 적용하고 적극 대입하여야 하기 때문이다.

명리학은 하나의 줄기처럼 보이지만 속을 들여다보면 그 속을 알 수 없다. [적천수(滴天髓)]시대처럼 적용하는 방법도 아직 통용되고 있거니와 일본이나 중국에서 더욱 발전한 새로운 명리의 대입법들도 적극 수용되어 적용되고 있다. 그 대표적인 것 중 하나가 [오주괘]이다.

더불어 새로운 이론들도 모습을 드러내어 명리학이란 학문 체계에서는 군웅할거에 들어가 있는 모습이다. 마치 제자백가(諸子百家)의 시대를 연상시킨다. 이 나라의 대표적인 명리학자들의 이론들을 살펴보면 여기저기에서 상충(相沖)을 하고 있음을 느낄 수 있다. 그런 측면에서 보면 격국론과 용신론은 이미 오래전에 천하 통일을 경험한 백전노장이며 천하에 꺼릴 것 없는 노장의 모습이다.

우리 나라의 경우만 보더라도 그렇다. 지방마다 특색이 있듯 명리학도 풀이 방법이 제각각 특색을 지니고 있는 것을 볼 수 있다. 학문은 한 뿌리일 수 있으나 가지는 벌어지는 법이다. 즉 격국론도 명리학의 여타 이론과 마찬가지로 적용시켜 해석하는 방법이나 일일이 분할하여 격국을 나누는 방법 등에 대해서도 한 가지 이론이 아니라 다양하고 적용이 가능한 여러 가지 이론이 상존하고 있음을 볼 수 있다.

2. 격국론의 이해

격국과 용신은 초학자들에게 매우 어려운 부분일 수밖에 없다. 그러나 반드시 돌파해야 할 관문이다. 그래서 부언하자면 보다 정확하게 오행의 흐름을 파악하여 파고들 수밖에 없다는 것이다. 오행을 이해하지 못한다면 명리학의 바탕은 흔들리고 무너질 수밖에 없다. 오행의 이해속에 용신론과 격국법이 있다. 이 중 용신은 꽃잎 중 밖의 꽃잎이고 격국은 속의 꽃잎에 해당할 것이다.

흔히 격국은 정격(正格)과 외격(外格)이라 구분한다. 이는 어찌 보면 구별법에 불과할 수도 있다. 그러나 예로부터 이리 불러왔고 이렇게 구분되어 왔으니 우선은 정법을 따를 수밖에 없다.

격국의 종류에 따르면 격국을 나누는 방법도 여러 가지

가 있으나 일반적으로 크게 내격과 외격으로 나누며 외격
또한 전왕격(專旺格), 종격(從格), 종화격(從和格), 화기격
(化氣格) 등으로 크게 나누고 그 외에 여러 가지 특수한 격
으로 나누기도 한다.

깊이 들어가면 격국도 끝이 없다. 적용하기에 따라 일행
득기격(一行得氣格), 종약격(從弱格), 종세격(從勢格), 가종
격(假從格), 화격(化格), 괴강격(魁罡格), 잡기격(雜氣格),
시묘격(時墓格, 月上雜氣格), 사위순전격(四位純全格), 양기
성상격(兩神成象格), 전천일기격(天全一氣格) 등 깊이가 한
이 없다. 따라서 모두 설명하기에는 부족하므로 정격을 포
함한 몇 가지만 다루어 보고자 한다.

격국론은 이름부터가 지나치게 강하고 이해하기 어려운
구조이다. 사실 격국론을 단순하게 분류하여 설명을 한다면
사주의 월지를 살펴 월지와 일간과의 관계를 살펴 격을 정
하는 것이다. 그리 생각하면 단순하고 쉽게 느껴지지만 파
고들면 이 또한 쉬운 것은 아니다.

격국은 정격과 외격으로 구분한다. 정격은 달리 내격(內
格)이라고 말하기도 한다. 정격은 8개가 있어 팔정격(八正
格)이라 부르는데 이에 비교하여 외격은 달리 보아야 한다.
즉 정격으로 구분하기 어려운 것을 외격이라 부르는 것이
니 한두 가지가 아니어서 골이 아프다. 굳이 그 숫자를 따지
면 700가지나 된다고 하니 외우기 전에 한숨이 나오고 적용
을 생각하면 또다시 한숨만 나오니 없는 손자 부랄 만지기
다. 그래서 처음부터 외격을 달달 외우다가는 지쳐 재미를

잃어버릴 것이다. 차라리 이해하는 것으로 만족을 하고 적용을 자연스럽게 해야 하는데 시간이 요구된다.

따라서 격국을 공부할 때는 우선 정격을 공부하는 것으로 시작을 하는 것이 좋다. 정격은 이름 그대로 정해진 모습이 단순하여 익히기 쉽다. 정격을 공부하고 나면 격을 세우는 방법을 깨우치게 될 것이며 그 후에 반드시 필요한 몇 가지의 외격을 공부하는 것이 도움이 될 것이다. 모든 격을 익히고 깨우칠 수 없으며 적용이 모두 올바르다고도 여겨지지 않는다. 정격을 익히는 것이 가장 빠른 방법이다. 그후에야 외격의 격국이 왜 그리도 다양하게 발전하고 분석되는지 원리를 깨닫게 될 것이다.

3. 팔정격(八正格)

팔정격은 달리 내격이라 한다. 가장 단순하게 판단하는 것이 빨리 익히는 지름길이다. 일반적으로 적용하는 방법은 단순하다. 월지에 인성이 있으면 인수격이라 하고, 정재가 있으면 정재격, 편관이 있으면 편관격 등으로 격을 만든다. 여기서도 월지의 지장간 중에서 천간으로 투출한 오행을 격으로 잡는 것을 볼 수 있는데 결국 이것은 그 사주에서 가장 힘이 센 오행을 찾는 것이라 여겨진다. 격국의 문제점은 획일성이다. 성국이 되었기에 이런 성격이고 무엇을 이를 수 있다는 판단이 때로 문제가 되기도 한다.

월지에서 운용보다 오로지 격국이나 용신을 구하고, 그

사주가 올바른 성격(成格)이 되었느냐 파격(破格)이 되었느냐를 따져서 사주의 주인공의 사회에서의 성공 여부를 가리는 경우가 대부분인데, 이는 격국의 올바른 해석인지 생각해 보아야 할 것이다. 이는 월지를 사회성을 나타내는 곳이라 일리는 있으나 그 외 개인의 운에 따른 길흉이나 건강 또는 구체적 사안의 통변에는 약간의 한계를 보이고 있음도 부인 할 수 없다.

정격을 살펴보면 육친의 이름에 격을 붙인 것이라 볼 수 있다. 다만 특징이라면 통합과 분할의 묘미이다. 편재와 정재로 구분하지 않고 재성으로 묶고 정인도 편인과 구분하지 않고 인성격이라 부른다. 비겁이라는 용어는 비견과 비겁을 모두 포함하는 것이다. 그러나 어디에도 비견격이라는 말은 없다. 언뜻 보아서는 일정한 기준을 벗어난 것으로 보인다. 어쨌든 비겁격이라는 격국이 없는 대신 녹겁격(祿劫格)이나 이름 붙였다. 이는 달리 비겁에 대한 격과 건록격으로 구분하는 이론도 있다고 하지만 그냥 녹겁격으로 정한 이론에 따르기로 한다. 따라서 일정한 해석에 들어서는 분리할 이유가 있다면 분리할 것이다.

내격의 8가지 격국 중 4가지는 좋은 격국이고 나머지 4개는 나쁜 격국으로 표현한다. 좋고 나쁘다는 표현은 어울리지 않는 것일 수 있다. 그러나 길신이나 흉신으로 표현하면 그런 내용이 된다. 육신 중 재성, 정관, 인성, 식신을 재관인식(財官印食)이라고 표현하며 좋은 역할이나 영향을 주는 것으로 보아 이를 사길신(四吉神)이라고 표현한다. 그와 비교하여 칠살, 상관, 겁재, 양인을 살상겁인(殺償劫印)이라고 표현하며 이를 사흉신이라고 표현한다. 이밖에도 비겁과 양인, 건록에 대한 부분이 있지만 사길신과 사흉신을 일러 팔정격이라 한다.

내격에는 월지에 따라서 인수격, 편인격, 건록격, 양인격, 식신격, 상관격, 정재격, 편재격, 정관격, 편관격의 십성에 따라서 격을 정한다고 보면 된다. 여기서 인수격이란 정인격을 말하며, 건록격은 비견격이라고 보면 되고, 양인격이란 겁재격으로 보면 십성(육친)과 연결이 된다. 8정격이라고 하는데 8가지 이상의 다양한 이름이 나타나는 것은 아직도 격국이란 발전의 단계에 있는 것이 아닌가 생각이 든다.

격국론에 있어서는 재격(정재, 편재), 정관격, 정인격, 식신격은 사길격이라하며 순용(順用)한다고 하고, 칠살격(편관격), 상관격, 편인격, 양인격은 사흉격이라하여 역용(逆用)한다고 한다. 순용과 역용이라는 단어에 용신이 들어 있다. 즉 결국 이 상황에서는 격국에서도 억부의 기능이 중요하게 다루어진다는 의미를 지닌다.

순용이란 사주를 분석하여 상황에 따라 격국을 이룬 오행을 돕거나 설기시키는 오행을 용신으로 잡는다는 뜻이며, 역용이란 격국을 이룬 오행을 극하는 것으로 용신을 삼는다는 뜻이다. 결국 억부의 의미가 사라지는 것은 아니다. 따라서 사길격에서 격을 극하는 오행을 용신으로 한다던가, 사흉격에서 격을 생조하는 오행을 용신으로 삼으면 파격이 된다.

1) 재성격(財星格)

(1) 정재격

정재격은 월지에 정재가 있다. 일간에서 보아 월지가 정재인 것이다. 육친에서 풀이하는 정재의 성격이 적용된다. 재물과 관련이 깊음을 알겠다. 사회성은 정재의 성분이 그대로 적용되어 나타난다. 즉 근면 성실하게 재물을 모으는 일이야말로 정재격의 특징이다. 따라서 안정적인 직장이나 금융업(金融業), 신용업(信用業)을 비롯하여 바르고 역동적이지 않지만 안정적인 사업에 종사할 가능성이 많다.

丁 庚 己 乙
丑 辰 卯 亥

(2) 편재격

편재는 정재와 같이 재물과 관련이 있다. 편재격은 정재와 같은 재격이나 일간과 음양이 서로 같다. 일부 이론에는 정재격와 편재격을 나주지 않는 경우도 있다. 이 경우 월지에 재성이 자리한다면 재격이 되는 형상이다. 그러나 현장에서는 나누어 판단하는 경우가 많다.

편재격의 사회성은 일정하지 않은 돈을 의미한다. 따라서 일정한 급여가 주어지는 회사에 근무할 가능성은 적다. 즉 자기 사업의 의미가 강하다는 것이다. 따라서 장사나 무역, 유통업, 부동산, 증권처럼 투기성 있는 사업이나 불규칙한 재물이 주어지는 일에 종사할 가능성도 많다. 급여도 일정하지 않을 가능성이 있다.

　일정하지 않은 재물이라 나의 재산이나 유산이 아니라 남의 재물을 이용하여 사업을 할 가능성이 많다는 것도 이 편재격의 특징이다. 은행으로부터 빚을 내어 투기하는 경우가 있는데 바로 이 격국이 지니는 특징이다. 정재격보다는 큰 사업을 할 가능성이 많아 큰 기업을 운영하는 사람들에게 많이 나타나는 격국이다.

　편재격은 월지(月支)의 지장간 중에서 본기(本氣)가 천간으로 투출한 것으로 격을 삼는다. 본기의 투출이란 점에 주목해야 한다. 예를 들어보자. 만일 사주의 월지가 인월(寅月)일 경우에 인목(寅木)속의 본기인 갑목(甲木)이 일간 외의 다른 3개의 천간에 투출하였는가를 살펴서 투출하고 있으면 격국으로 잡는 방법이다. 년천간, 일천간, 시천간 어디든 투출이 되어야 한다. 만약 이 경우에 다른 3개의 천간에 인목이 투출하고 있지 않으면 편재격이 성립되지 않는다.

　辛 甲 丙 甲
　未 戌 寅 子

2) 정관격(正官格)

　정관격은 월지에 정관이 있을 경우에 정관격이라 한다. 정관은 안정적이고 지배적인 사회성이다. 가장 안정적인 격국 중 하나이다. 즉 국가가 시민을 지배한다는 의미를 주는 것과 유사하다. 정관격의 사회성은 사회적으로 인정받는 직업성이다. 공무원(公務員)이나 법조인(法曹人)과 같은 직업에 종사할 가능성이 많은데 이는 근무하는 곳이 국가 기관이나 큰 기업을 의미한다.

정관격을 지닌 사주의 주인은 일반 기업에 종사하더라도 기업의 기획실이나 감사실 등과 같이 기본적인 원리와 원칙이 강조되는 업무에 종사할 가능성이 많다. 큰 그룹에 종사하고 있다면 다른 어느 부서보다 부서의 인허가, 특허, 법정대리를 담당하는 법무실(法務室)에 근무할 가능성도 배제할 수 없다.

庚 丁 丁 乙
寅 未 亥 卯

정관격의 경우 위의 사주명식처럼 신왕인왕(身旺印旺)하다. 이처럼 비겁의 도움으로 일간이 강하고 인성이 강하면 식상운(食傷運)이 와도 설기가 되지 않으며 본기가 버텨주니 나쁘지 않다. 단 관살혼잡을 살필 때는 월지를 유심히 살펴야 한다.

일반적으로 정관격은 극(剋)의 과정으로 겁재를 공격하여 부친을 구하고 정인(正印)을 생조하니 부모에 효도하는 명이다. 재물을 파하는 비겁을 제하여 정재를 지키고 자식을 끔찍하게 위하니 가정적이며 보수적이다. 따라서 여자라면 현모양처(賢母良妻)라는 말을 들을 수 있을 것이다. 돈을 중하게 여기고 숨기는 속성이라 정치인이라면 뒤가 구리다는 말을 들을 수도 있으며 원국의 구성에 따라서도 부정축재(不正蓄財)로 결과가 좋지 않을 수 있으니 조심해야 한다. 즉 재산에 대한 애착이 강하고 재산을 탕진하고 새어 나가도록 조절하는 비겁을 두드리고 핍박하여 돈의 흐름이 이어지니 부정축재자가 많다는 이야기다.

관이 높아지면 상관(像官)을 피하여 자식들을 외국으로 유학 보낸다. 명식에서 상관은 여론공포에 해당한다. 간혹 정치인들의 모습이 생각나는 이유가 바로 여기에 있다. 간혹 정치인들 자식이 외국의 유명한 대학에 특혜를 받거나 실력이 있어 입학하는 것을 보아왔기 때문이다. 실력이 있어 유학한 경우도 정치인이나 고위 행정가의 자제는 도피성으로 보이는 것은 바로 이 정관성 때문이다.

정관격의 경우에는 형제나 친구격인 비겁을 두려워하지 않으니 이 또한 문제이다. 정관격의 사주 주인은 친구들을 친구로 생각하는 것이 아니라 자신이 부리는 부하로 생각하기 쉬워 친하고 헌신적인 친구들이 없다. 정관격은 자신이 지배자적인 위치로 생각하고 행동한다. 관이 중첩하면 형제 중에 잘못되거나 일찍 죽을 수도 있다.

정관격은 때로 겉과 속이 다른 인품을 지니게 한다. 바로 정치인의 모습이다. 정치인의 경우 얼굴과 속이 다른 경우가 아주 많다. 밖에서는 올바름을 논하지만 안에서는 불합리한 타협을 일삼는 격이다. 때때로 정관격의 소유자는 지나치게 보수적인 성격을 드러내는데 이는 가부장적인 모습이다. 때로는 괴팍하고 성질을 잘 낸다. 인면수심(人面獸心)

이라는 말이 떠오르는 경우도 바로 이 정관격이다. 즉 겉으로는 도덕적으로 보이나 내실은 부도덕한 모습으로 이는 정관격의 전형에 속한다.

정관격은 상관이 가장 무섭다. 정관격은 상관대운(傷官大運)을 맞이하면 바로 죽음의 고통이나 다름 없다. 상관운이 돌아오면 극이 되므로 몸 사리고 가능한 자라목이 되어야 길하다. 상관운이 들어오면 정관을 극하여 위기가 닥친다. 재판이 걸리고 소송에 시간 낭비하며 툭하면 병원에 간다. 그러나 항상 이런 모양이면 살 수 없다. 그러므로 사주 원국에 정인(正印)이 있으면 상관을 극해 그 역할을 하지 못하도록 하므로 어쨌든 무사히 넘어간다.

정관은 행정조직을 의미한다. 나를 지배하는 것이다. 그래서 정관격의 사주는 국가기관(國家機關)에 근무하면 잘 적응하고 출세할 수 있다. 전형적인 공무원 사주라고 할 수 있다. 기업과 같이 국가 기관이 아니라면 인사관리에 적합하고 기획을 하는 부서가 어울린다. 법 질서, 윤리, 도덕 등의 업무나 사고를 가지고 있다.

정관은 아들이기도 하다. 남자 정관격은 자식이 잘되며 자식 낳고 출세한다. 만약 정관이 공망이면 자식과의 인연이 멀다. 여자 정관격은 남편 출세시키며 남편 잘 만난다. 정관격은 여자사주 중 최고다.

정관과 칠살이 혼합되면 관살혼잡이다. 여자의 사주에서 관살이 혼잡된 명은 여러 남자 상대하는 직업을 가져야 괜찮다. 관이 있는 명은 돈을 모으고 산다. 재산을 지키는 힘이 강하다. 인생관은 실력으로 얻은 관이니 수명이 길고 재생관은 돈 주고 산 관이니 명예직이라 수명이 짧다. 관은 인성이 없으면 허관이다. 또한 살로 변한다.

3) 인성격(印星格)

(1) 인수격

인성격은 달리 인수격(印綬格)이라 부른다. 일부에서는 인성격을 인수격과 편인격으로 나누기도 한다. 이 중 인수격이란 월지에 정인이 있을 경우에 한하여 부르는 것으로 정인격 또는 인수격이라 한다. 보통의 경우 인성격이라 하는데 인수격과 편인격을 분리하는 경우도 있다.

갑목(甲木) 일간의 경우 자월(子月)에 태어나면 인수격이 된다. 병화(丙火) 일간이라면 월지는 묘월(卯月)이 될 것이다. 즉 월지가 인성이어야 한다. 월지는 사회성을 보는 궁이다. 따라서 월지를 통해 사회적 활동과 그 범위를 파악할 수 있다. 인수는 교육(敎育)과 육성(育成)에 매우 적합하다.

월지에 인수가 자리하여 이루어진 인수격의 사주는 교육, 언론, 행정, 번역, 기획과 같은 업무에 적합하거나 근무할 가능성이 높고 서점 등과 같은 업무에도 인연이 많다.

丙 庚 己 乙
午 寅 未 巳

위의 사주를 눈여겨 볼 필요가 있다. 이 사주의 월지를 유심히 살펴야 한다. 미월(未月)의 본기(本氣)인 기토(己土)가 천간에 투출되었음을 볼 수 있다. 아울러 토생금의 이치로 정인이 월지를 장악하고 있다.

정인격의 특징을 살펴보면 지나치게 고리타분하고 보수적이다. 그러나 사주에 인(印)이 있으면 남한테 무조건 인정받는다. 인성은 선비의 성분이고 배움의 별이니 학자(學者)의 성분이다. 배운 것을 기억해서 옮기는 재주가 있다. 그래서 교사와 교수의 별이다.

식신은 창출성이며 상관은 행동력이다. 그럼에도 인성이 없으면 공부는 하지만 벼슬하지는 못한다. 글자의 배열에 따라 그 명식이 달라지고 결과도 달라진다. 똑같이 정인과 관성이 있어도 배치에 따라 결과는 달리 나타나기 마련이다.

정인격에 관을 쓰면 벼슬을 하지만 정관격에 인을 쓰면 학자의 명이다. 같은 인과 관이 있지만 자리에 앉은 모습에 따라 달리 나타나는 경우이다. 혹 학자의 길을 갔다고 하더라도 정인격은 돈 몇 푼 먹고 잘리므로 절대로 뇌물을 먹으면 안 된다. 관료직(官僚職)으로 진출하였다가 적은 양의 뇌물에 뿌리 채 잘리는 경우는 정인격이 많다.

정인격은 길신이라 극을 두려워하고 인성의 극을 파하는 것은 정재이다. 정인격 사주는 어머니와의 인연 때문에 결혼하면 마누라하고 갈등 많으니 분가해야 한다. 즉, 모친과 아내가 싸우니 부부 불화도 일어난다. 인성이 강하거나 인성을 지지에 깔거나 인성격인 경우는 아들이 입장에서 어머니의 입김을 벗어나기 어려우니 분가(分家)가 가장 이상적인 판단이다.

남명(男命)에 정인이 시(時)에 있으면 자녀에게 효양(孝養)을 받으며 말년을 편하게 보낼 수 있다. 정인이 년월주(年月柱)에 있으면 부모와 윗사람의 자애와 덕을 받는다. 정인격은 인격적으로 부모에 효도하는 마음이 강해 재(財)가 많으면 인을 때려 나쁘다. 결국 아내와 다툴 수밖에 없어진다. 인성격은 비겁(比劫)이 많으면 정인의 기를 감해 두려워한다. 즉 비겁이 정인의 기를 설기하는 것이니 두렵다.

정인격은 돈을 알면 치사해진다. 여명(女命)에 정인이나 편인이 많으면 자식이 귀하다. 부모를 모셔야 하니 자식을 낳기 어렵거나 거두기 힘들다는 의미가 된다. 여자 사주에서 정인격의 년지에 정인이나 정관이 있으면 공부 잘 한다. 이는 부모나 조상이 돌보는 격이나 초년운에 공부를 잘 할 수 있는 운이 조성되는 것이다.

남자 사주 정인격은 여자나 재물을 멀리할 것 같지만 오히려 무질서하게 밝힌다. 체면과 명분을 중시하나 이는 표면적인 말이고 실상은 자기 말이 법이다. 남자 정인격은 장사하면 망한다. 어쩔 수 없는 상황이라 장사를 하려면 문화사업이나 생산성이 있는 제조업을 해야 한다. 남자 사주의 정인격은 관과 인이 있으면 명망이 높고 영달한다.

인이 많다는 것은 후원자가 많다는 것이니 백그라운드가 튼튼하다는 것이다. 나를 위해 물불을 가리지 않는 어머니가 뒷받침을 하는 것이나 같다. 도장을 써서 계약하고 매매가 발동하여 문서 받는다.

정인격들은 책을 쌓아두고 읽지 않아도 폼 잡는다. 정인격들은 재운을 만나면 어떤 경우라도 공부를 하지 않는다. 따라서 대입시(大入時)에 재운을 만나면 돈을 쓰고 놀기 바쁘며 게임에 몰두하지 공부를 하지 않는다. 인성운에 공망이면 잠깐 연구 하거나 글을 쓰기도 한다.

정인격들은 나름 자존심이 있어 체면 깎이는 일은 하지 않으려하고 남들한테 베풀려는 마음도 없다.

(2) 편인격

편인격을 인정하느냐 마느냐의 결정은 본인이 판단할 노릇이다. 편인격은 일간을 생해 주는 오행이 반드시 월지에 자리하고 있어야 한다. 예를 들어 일간이 화(火)의 오행을 지닌 일간이라고 한다면 월지에는 화의 오행을 생하는 목의 오행을 지닌 지지가 자리하고 있어야 하는 것이다. 이는 편인의 역할이다. 그런데 같은 오행을 지녔다 해도 인수가 아닌 편인이다. 즉 일간과 음양이 다른 편인이 자리하고 있을 경우에 이를 인수격과 달리 편인격이라 한다.

월지는 사회성을 나타내는 것이므로 편인의 특성이 나타나는 직업을 가지는 경우가 다변하다. 이 계통의 사회성으로는 편인은 병원(病院)이다. 따라서 의사(醫師)가 가장 어울리는 직업이다. 그 밖에 역술인(曆術人), 종교인(宗敎人), 예술인(藝術人), 언론인(言論人) 등이 포함되며 특히 예술 계통의 업무에 종사할 가능성이 많다.

편인격의 특징은 매우 불길하다. 단순하게 판단하면 의붓

어머니다. 즉 계모이니 따스할 리가 없다. 편인은 식신(食神)을 치니 효신살(梟神殺)이다. 즉 자식을 잡아먹는다. 자식을 잡아먹는 부모가 있겠는가 마는 현실적으로도 그러한 부모가 적지 않다.

도식살(倒食殺)은 밥그릇을 엎는다 한다. 편인은 흉신이나 합이나 충이 일어나면 기운이 길로 바뀐다. 공망도 편인을 좋은 길성으로 바꾼다. 편인은 기술성분이다. 정인은 문과이고 편인은 이과(理科)에 해당한다고 보겠다. 따라서 이 편인격의 사주는 이과가 많이 나온다. 대학도 이과를 가고 이공계통의 일에 종사한다.

편인격에 식신이 오면 일거리가 생긴다. 반대로 식신격에 편인이 오면 매우 나쁘다. 같은 글자들이 나열되어도 어느 것이 주인이고 어느 것이 객인가에 따라 다르다. 편인의 성질은 대단히 조급하지만 내심은 완고하다. 편인격 스스로는 완고함을 자존심이라 표현한다. 음일주(陰日主)로 재성과 간합(干合) 할 때는 편인이 정인의 작용을 한다. 사주의 명식 중에 편인이 지나치게 많이 범할 때는 식구들을 모두 극하여 생이별 또는 사별하여 마침내 고독해진다. 이는 편인이 아들격인 식신 상관을 극하기 때문인데 편인이 지나치게 많으면 자식이 극을 당해 깨어날 수 없다.

음일생이 편인격일 때 상관에 간합하면 평생토록 길명이 된다. 편인격은 나름의 재치와 요령이 있고 매우 활동적이다. 여자 편인격은 자식이 잘 안된다. 시주에 편인이 있거나 편인대운과 세운에 편인이 오면 자식 낳을 때 고생을 많이 한다.

편인은 관성과 재성을 봐야 좋다. 흉신이 길신 보는 건 좋지만 길신이 흉신 보는 건 나쁘다. 대운이 좋고 세운 나빠도 별 해로운 일은 일어나지 않는다. 격의 공망이나 시지의 공망은 거의 딸이다. 식신이 아들이면 상관은 딸이다. 습하면 딸이고 건하면 아들이다. 편인격을 다른 말로 단순과라고도 한다.

4) 식신격(食神格)

월지에 식신이 있을 경우에 식신격이라 한다. 식신은 먹는 것이니 의식주와 관계된 사회성이다. 식신격은 굶어죽지 않는다. 따라서 식신격의 사주 명식을 지닌 자는 음식이나 먹는 음식을 취급하는 행위 등과 같은 직업, 혹은 식당 운영 등의 사회성을 지닌다. 식신격이 나타내는 사회성은 의식주와 관련된 모든 사업이 해당된다. 그 밖에 기술(技術), 예능(藝能) 등 다양한 분야에 종사하고 실력을 발휘할 수 있다. 식신격은 다양한 재능을 지님으로서 예술성을 발휘할 수 있다.

식신격의 특징은 아무래도 식복(食福)일 것이다. 식신은 건강신(健康神)이다. 식신격은 체격이 좋고 먹는 식생활을 즐긴다. 식신격은 재가 있어야 한다. 편재가 길신이다. 식신과 정관도 길신이다. 식신격이 재성으로 빠지면 생산직(生産職)으로 많이 간다.

식신은 생식기(生殖器)와 언어(言語)와도 연관이 있다.

여자 화토식신격(火土食神格)은 자궁암(子宮癌)이나 유방암(乳房癌)에 걸릴 수가 많다. 여명의 식신격에 본신을 쓰고 나가는 명은 서비스업 종사자나 몸을 파는 창녀가 많다.

사주 원국에 식신이 많으면 좋지 않다. 식신은 편인이 흉신이다. 식신격의 사주는 선생, 즉 교사직(敎師職)의 진출이 많다. 여명은 교대(敎大)로 많이 진출 한다. 아울러 사범대(師範大)도 추천할 만하다. 식신과 관성이 가까이 있으면 의대, 약대, 보건계통, 공무원이 많고 식신과 인성은 공무원이다. 식신은 연구성(研究性)과 창출성(創出性)이 있다.

여자 식신격은 남편덕은 없고 자식들은 잘 가르친다. 식신이 충이 되는 사람은 말을 잘 하고 합이면 말이 묶어지는 격이니 입술 열 일이 없어지고 공망이면 지나치게 헛소리를 잘 한다. 여자의 사주에서 식신이 공망이면 상상 임신이 일어난다. 식신격은 조직에 들어가는 것을 극히 싫어하고 자유주의적인 성격에 남에게 베푸는 성분이 강하다. 약한 자에게 측은지심을 지니고 있다. 식신과 상관은 드러남의 차이도 있다. 식신은 절도 있게 베푸나 상관은 무질서하게 베푼다. 식신격 사주에서는 정재로 흘러가면 고생이다. 식신격은 사업하지 말아야 한다.

인성은 식상을 때리므로 자식 자리에 있으면 난산(難産)을 하게 되는데, 이처럼 사주는 위치가 중요하다. 식신격에 재성이 있으면 편인운에도 괜찮다. 실력이 아무리 좋아도 식신이 없으면 부하와 제자가 없다. 식신이 고장지에 빠지면 유산될 확률이 높고 편인운에는 병원에 가는 질병이 발생할 확률이 높다. 식신격은 정재 대운에 마음이 안정되지 못하고 마음이 헛돌아 가슴이 답답해한다. 남자 식상격은 자식이 잘 안된다. 식신격은 좀 낮고 상관이 월지에 자리하면 심하다.

식신은 활동성을 의미하기도 한다. 일종의 역마다. 한번 동하면 타국에 돈 벌러 많이 간다. 식신격은 관청에 가야 하는 일을 절대로 하지 않는다. 남자 식신격은 결혼하면서 서서히 운이 풀린다.

5) 칠살격(七殺格)

편관격은 달리 칠살격이라고도 하며 월지에 편관이 자리하고 있을 경우에 해당한다. 칠살격은 정관과 함께 관성을 이루는 것으로 달리 편관격이라 부르기도 하지만 칠살격이라 부르는 것은 그 살기 때문이다. 정관격과 유사하나 그 성정이 매우 강하다. 거칠고 저돌적이며 안하무인에 뒤를 돌아보지 않는다. 칠살격의 사회성은 법관(法官), 군경(軍警), 세관(稅官) 등에 해당하는데 하나같이 칼을 사용하는 직업이다. 지금의 세관은 칼을 사용하지 않지만 과거의 세관, 즉 세리(稅吏)는 칼을 차는 직업이었다. 강하고 무기를 사용하는 직업에 어울린다. 칠살격은 강하고 남을 베는 성정이라 직업을 선택하여도 사회의 질서를 유지하는 업무를 하고 그와 관련된 직업을 선택할 가능성이 아주 높다.

편관격의 특징은 거칠다는 것을 그 전제로 한다. 편관은 사흉신인 관계로 제(制)해야 좋고 또한 인수에 생화(生化)

되어야 좋다. 십신 중에서 편관을 제하는 것은 식신이다. 관성은 질병이라 제한 명은 의약회사나 약국, 한의사, 보건 쪽에 종사 한다. 정관격이든 칠살격이든 관격은 무조건 인(印)이 있어야 하며 없으면 살(殺)로 변한다. 예로부터 관이라 함은 무자비하게 양민을 짓밟는 성격이라 그런 것이다.

편관은 편인, 정관은 정인을 봐야한다. 편관격은 무관명인데 사주 명식에 칼과 총포를 의미하는 양인(羊刃)이 있으며 군자금과 군량미를 의미하는 재성이 있으면 군인으로 출세한다. 또한 편관격에 행동을 의미하는 상관을 쓰는 명은 경찰 쪽으로 간다.

칠살격은 성질이 급하고 주색을 좋아한다. 여명의 경우 편관에 12살 중의 겁살이 붙으면 남자에게 겁탈(劫奪)당할 확률이 높다. 관성이 많으면 신병(身病)이 있고 없으면 도리어 오만방자(傲慢放恣)하며 교만하고 무례하다. 편관이 편인을 쓰면 자신이 교주 노릇한다. 남자 편관격도 자식이 잘 된다. 여명사주에 인성이 없이 편관만 있으면 자식한테 얻어맞는다.

격이 둘 이상 난립하면 의중(意中)은 많으나 이루기 어렵다. 편관격이 공망이나 고장지에 걸리면 몸을 움직일 수 없어 흉하다. 외교, 통상, 건설, 교통, 경찰에 많이 종사한다. 편관은 편인과 상관을 써 먹는다. 편관도 길신으로 빠져나가면 좋다.

6) 상관격(傷官格)

상관격은 식신격과 같은 성질을 지니고 있으나 월지의 음양이 다른 것이다. 상관격은 지극히 총명하고 활동적이다. 상관격의 사회성은 문인(文人), 학자(學者), 예술(藝術), 변호사(辯護士), 종교인(宗敎人), 교육자(敎育者), 중개업(仲介業) 등이 해당되는데 이와 관련된 업무에 종사할 가능성이 많고 잘 어울리는 직업군이다.

상관격의 특징은 활동성이다. 그러나 상관은 좋은 길신이 아니다. 년간에 자리한 상관이 가장 나쁘다. 상관은 어디에 있든지 흉신이다.

남자 사주의 시주에 상관이 있으면 자식이 귀하다. 시주의 상관보다 월지의 상관이 자식이 더 안 된다. 따라서 상관격은 자식이 잘 안된다. 상관이 많으면 자식과 떨어져 살아야 좋다. 일반적인 세운을 적용할 때도 상관대운을 만나면 이별(離別), 사별(死別)이 있고 몸이 아파서 수술한다. 또한 소송이나 송사건이 생긴다. 상관대운에는 집을 못 짓는다. 집을 지으면 사람이 다친다. 사람을 헤친다. 잘못 하면 경찰서에 끌려간다. 상관격은 중고매매, 고물상, 이사를 헌집으로 가야 해가 없다.

상관격은 한번 인연을 맺으면 한군데 오래 있어야 된다. 경찰, 병원, 언론계, 피디 등이 어울리는 직업이다. 강하고 예술성이 부가된다. 상관은 재(財)로 흘러야 좋다. 재운이 올 때 가장 좋다. 상관은 정관을 만나면 흉신이다. 상관격이 정관을 만나면 화(禍)가 백가지나 발생한다. 따라서 정관대운이나 정관 세운을 만나면 몸을 사리고 입조심을 해야 한다.

상관격 사주를 지닌 여자들은 연애하면 대부분 실패할 확률이 높다. 남자 복이 없는 것이 아니라 남자를 우습게 여긴다. 남자가 배겨나지 못하는 것이다. 상관이 천간에서 합이 되면 활동을 못한다. 여자의 명식에서 년간의 상관자는 자식은 잘되고 남편은 안 된다. 상관격의 여자는 성질이 더럽다. 다른 사람이 적응하기 어렵다. 내지르는 성격으로 참을성이 없다. 여자 상관격이나 년간에 상관이 있는 여자는 헌신랑이 좋고 안정감이 있다. 경찰 등 강한 직업을 가진 자와 만나야 좋다.

상관은 정치성분이 강하다. 정치꾼이라는 말이 어울린다. 무대포적인 사고를 지니고 밀어붙인다. 초지일관(初志一貫)으로 밀고 나간다. 그들에게 체면이란 없다. 상관은 정인이 최고의 약이다. 정인을 통한 상관의 제극이 필요하다. 상관은 재성이 있으면 정관을 치지 못한다.

여명의 상관격은 교육계로 많이 진출한다. 상관은 방송, 신문, 여론이다. 상관이 천간에 뜨면 정치성분이고 지지에 있으면 기술성분이다. 상관도 살아 있어야 한다. 탐생망극(貪生忘剋)이라 하니 고여 있으면 다른 오행을 치고 나간다. 상관과 정인이 있으면 영웅주의, 경찰, 기술로 인정받는다. 상관격이 정관을 보면 의사, 경찰, 군인에 어울린다.

상관격이 천을귀인(天乙貴人)에 해당하며 공망이면 연예인으로 진출하여 성공한다. 상관격에 인성을 쓰면 교사이며 특히 정치학교수이다. 상관격은 인테리어 사업이 맞지 않는다. 즉 새로운 것은 어울리지 않는다. 중고 물품을 취급하는 것이 좋다. 상관과 식신이 시주에서 공망이면 상상임신이 일어난다.

상관격에 양인에 정인까지 있으면 의사인데 단 사주가 맑아야 한다. 여자상관격일 경우 상관대운과 상관세운에 자식 낳으면 남편이 망하던가 심하면 죽는다. 자식이 원수가 되는 격이다. 일지상관은 재성이나 인성이 없으면 과부로서 아들 낳고 남편과 이별한다. 딸은 괜찮다.

남자 상관격은 재성이 있어야 좋으니 결혼을 빨리해야 한다. 재성은 여자이기 때문이다. 재성은 아내이기 때문이다. 상관대운에 들면 자식을 잃기 쉽다. 상관격이 인성운이 오면 타인에게 인정받는다. 남자가 여자 상관격에 장가가면 몸이 아프거나 사시사철 늘 빌빌거린다. 일지는 가택궁(家宅宮)이라 상관에 해당하면 새집 지으면 안 된다. 특히 상관대운에는 어떤 경우라도 집을 짓는 일을 피해야 한다. 동토(動土)가 발동 한다. 년주의 간지 상관은 고향을 일찍 떠나야 하는데 그렇지 못하면 늘 구설을 탄다. 상관격은 흉터 많고 삶의 중심이 없다.

여자는 상관대운이 들어오면 가슴이 뛰어 이혼을 생각하고 늘 주변에 애인이 많다. 상관격이 편관과 합하면 바람을 핀다. 음일주는 남들이 보기에는 약하게 보이지만 내성적으로는 강하다. 외유내강형이라 부를 만하다. 양일주는 겉보기에는 강해 보이지만 내실은 약하다. 비견과 겁재운에는 월급생활만 하면 된다. 대운이 상관을 써먹는다 해도 상관은 시끄럽다. 상관이 있어야 재주가 있다. 상관격들은 칭찬 많이 해줘야 좋아 한다. 정격들은 원리 원칙 따져서 피곤하다.

7) 녹겁격(祿劫格)

녹겁격은 건록격(建祿格)과 월겁격(月劫格)을 묶은 것이다. 이 중 건록격은 월지가 비견일 경우에 해당한다. 달리 비견격이라고 부르지는 않는다. 건록격의 사회성은 매우 독립적이다. 따라서 독립된 사업을 먼저 생각해야 한다. 가능한 혼자 하는 사업을 구상하는 것이 좋다. 또한 부득이할 때는 합작사업(合作事業)도 가능하다. 개인 사업이 힘들거나 합작 사업이 힘들 경우가 있다. 이 때는 다른 대기업의 영업소(營業所)나 출장소(出張所) 등의 업무에 종사할 가능성이 많다. 다른 사람 밑이나 기업의 일을 해도 독립적인 일이 어울린다는 것이다. 그러나 비견은 월간에 투간해도 쓸 수 없는 것이므로 월겁격과 혼합해 쓰고 나눌 필요 없다는 주장이 많다.

```
庚 庚 庚 癸
辰 申 申 酉
```

녹겁격의 용신은 우선적으로 관살(官殺)이다. 관살이 없으면 다음 재화를 쓰고, 재화도 없다면 다음으로 식상을 쓴다. 녹겁용관격(祿劫用官格)은 정관격으로 보고 푼다. 사주 원국의 왕쇠판단(旺衰判斷)은 비겁과 식상을 합친 것과 재관을 합친 것을 파악한다. 신약하면 일주가 강해야 하고 신강하면 정관이 강해져야 한다. 정관이 용신이면 상관으로부터 보호해야 하니 재성과 인수가 있으면 더욱 길하다. 단 재화와 인수가 모두 투간하면 재성관 인수가 서로 싸울 수 있으니 좋지 않다. 싸우지 않는 것이 좋다.

건록격이나 월겁격에 재관이 사주에 없거나 칠살과 인수가 투출되면 파격(破格)이다. 원록이 건록이라 함은 건록의 성정을 지니게 되니 천성적으로 강하다. 월건록에서 재성은 반드시 식상과 같이 투출되어야 재성이 보호 된다. 월건록에서는 인성을 용신으로 쓸 수 없다. 건록, 월겁은 흉신인 칠살을 대적할 수 없다.

8) 양인격(羊刃格)

양인격은 달리 월겁격이라 한다. 정격에 비겁격이라고는 없는 데 사실 비겁격이라는 말은 양인격이나 같은 말이다 혹 누군가 비겁격이라 하면 이는 양인격을 말하는 것이다. 그러나 비겁을 월지에 깔면 비겁격이라 부르지 않고 양인격이라 부른다. 이와 유사한 격국으로는 월겁격이 있다. 월겁격은 월지가 겁재인 경우를 말한다. 그런데 특이하게도 토일주(土日柱)만은 월지가 정인이어야 한다.

월지의 겁재를 양일주는 양인이라고 하고 음일주는 겁재라 한다. 달리 월겁격을 제왕격(帝王格) 이라고도 하는데 이는 12운성의 제왕이 되기 때문이다. 때때로 녹겁격으로 분류되는 건록격과 월겁격은 내격의 범주를 벗어나 외격으로 분류하기도 하는데 별개의 재관살식상(財官殺食償) 등을 용신으로 택하기도 한다. 이 또한 전문직, 기술직, 언론, 정치, 역술 등 다양한 분야에 종사할 수 있다.

양인의 성질은 내강외유이다. 사물에 대하여 활발하지만 과단(果斷)하고 사물이나 인간에 대한 자애심은 적다. 과감함은 장점이나 지나친 과단은 인간성의 메마름을 의미한다. 행운에서나 사주원국에서나 재성을 보면 화를 초래 한다. 관 또는 살이 있으면 발달하고 충과 해가 없으면 복록이 후하다. 일간이 약하면 양인이 있어야 일간을 돕는다. 양인은 간합을 좋아하고 형충을 두려워한다. 겁재 양인은 조국(祖國) 또는 생가(生家)를 떠난다. 그야말로 고향을 떠나야만 성공한다는 그 사주다. 양인이 중첩하고 제신이 또한 있으면 일생 부귀하고 선업으로 생을 마친다.

양인은 관살이 있어서 반드시 제살할 때는 발달하고 부귀해진다. 비견과 겁재, 양인 등은 반드시 정관이나 편관의 제를 받아야 좋고 관살의 제가 없는 상태에서 비겁운에 오게 되면 막을 수 없는 화란(禍亂)이 생긴다. 명식 중에 형제운(兄弟運)이 있을 때 양성이 강하고 음성이 약하면 형강제약(兄强弟弱)하고 음성이 강하고 양성이 쇠하면 형승제할(兄昇弟割)하다. 천간과 지지가 같을 때에는 간여지동이라 하는데 손재하거나 처를 상하게 한다. 남명에 양인이 많으면 반드시 재혼(再婚)하는 명이 된다.

겁재와 양인이 중첩하면서 대운이나 세운에 재차 양인운이 들어오면 상관 등에 의하여 몸을 망친다. 겁재가 명중에 많은 상태인데 새로이 겁재운이 돌아오면 소성(小成)은 하

나 대성(大成)은 어렵다. 파일(火日)과 금일(金日)의 양인이
겹치면 높은 곳에서 추락사(墜落死) 할 수도 있다. 명식이
모두 양인이면 몸은 반드시 분사(焚死)의 화액(禍厄)을 당
한다.

양인이 삼사위 겹치면 불구자가 된다. 원국과 대운, 세운
을 포함해서이다. 겁재와 양인이 많고 재성 또는 관성이 있
어도 힘이 약한 사람은 단명(短命)한다. 양인과 살이 동일
장소에 합치면 출가(出家)한 명이고 군인이면 권세를 잡는
다. 양인의 특성상 강력함은 고집과 리더격인 경우도 있지
만 강한 직업이나 강한 직종, 혹은 강함을 요구받는 일이나
창칼을 써야하는 직종도 해당된다. 상관의 양인이 있고 귀
격(貴格)에 들면 반드시 명리가 있다

건록과 양인 등은 일간을 돕고 재관운이 오면 가운(家運)
이 좋다. 생월양인격(生月羊刃格)은 살의 운에 발달하고 재
운에는 실패하거나 지극히 빈한해진다. 신약할 때는 먼저
비견이 오고 뒤로 재성하면 선빈후부(先貧後富)한다. 이 때
먼저 비견이 온다는 것은 선비견이라고 말하는데 월지에
비견이 있는 걸 말한다. 양인이 중첩하고 다시 살을 볼 적에
는 대귀영달(大貴榮達)의 명이 된다. 살인이 상교하면 병권
을 잡는다.

4. 외격

1) 전왕격

전왕격이란 달리 일행득기격(一行得氣格)이라 한다. 일반적으로 사주를 이루는 목화토금수를 각각 오행, 또는 달리 불러 오기(五氣)라고 한다. 인간의 사주는 반드시 오행의 다섯 가지의 기운으로 이루어져 있다. 물론 모든 사주가 오행의 기운을 골고루 나누어 가졌다는 의미는 아니다. 사주 명식을 살펴보면 오행이 골고루 섞여 있거나 배열된 것이 아니라 간혹 하나의 오행으로 치우치거나 기울어 왕(旺)한 경우가 있다. 때때로 일간의 기운을 돕는 오행인 인성이나 일간과 같은 오행인 비겁과 겁재로 이루어져 있고 일간을 극하는 오행이 없을 때가 있다. 이 경우를 전왕격이라 한다.

강한 오행에 따라 각각 목(木)이 강하면 목일곡직격(木日曲直格), 화(火)가 강하면 화일염상격(火日炎上格), 토(土)일 경우는 토일가색격(土日稼穡格), 금(金)일 경우는 금일종혁격(金日從革格), 수(水)일 경우는 수일윤하격(水日潤下格)이라 한다. 달리 줄여서 곡직격(曲直格), 염상격(炎上格), 가색격(家穡格), 종혁격(從革格), 윤하격(潤下格)이라 부른다.

전왕격은 반드시 월령을 얻거나 생지에 자리하여야 한다. 생일이 왕 하여야 하며 일간을 극하는 오행이 단 하나도 없어야 한다. 만약 일간을 극하는 오행이 단 하나라도 있다면 전왕격은 성격(成格)이 이루어지지 않는다. 이러한 조건이 충족됨으로서 비로소 성격이 된다.

간명에서 살피면 대운이나 세운의 영역에서 변화를 보면 일간과 동일한 행운이 최대의 길운이다. 목직격의 경우, 목일간(木日干)이면 행운에서 목이 와야 만이 최대의 길격이다. 다음은 일간을 생하는 오행이 길격이다. 이는 희신과 간다. 전왕격은 일간이 가장 강하므로 일간과 같은 오행이 용신이다. 자연히 일간을 생하는 용신이 희신이다. 즉 목일간이면 수생목(水生木)이니 수를 의미하는 오행의 천간이 오는 해가 다음의 길운이다. 그러나 일간을 극하는 행운이 오면 최대의 흉운(凶運)이다. 사주원국에서 갑이 일간이고 갑이 전왕용신이라면 갑을 극하는 경(庚)의 천간이 오는 해가 가장 흉운이다. 만약 사주에 경이 있었다면 일주가 아무리 강했어도 전왕격이 아니거니와 용신은 경(庚)이 되엇을 것이다. 그러나 극을 하는 경이 없었기에 목직격이 되었다. 그리고 뒤이어 따라오는 식상운이나 재성의 운은 보통으로 본다.

(1) 곡직격(曲直格)

일주가 목일 경우 해당하는 전왕용신을 곡직격이라 한다. 천간은 두 개의 목이 있다. 따라서 이 목의 날에 태어난 것을 말한다. 갑(甲)일 출생, 혹은 을(乙)일 출생이다. 사주원국이 대부분 비견이나 인성으로 이루어진 형태를 지닌다. 대부분 목을 나타내는 비견 겁재의 오행이나 목을 생하는 수의 기운으로 이루어져 있다.

혹 다른 오행이 섞여 있다면 전왕용신이 이루어지 어렵지만 이러한 성분의 다른 오행들이 지지에서 삼합국(三合局)을 이루어 목국(木局)을 이루거나 동방목국(東方木局)이 이루어짐으로 인해 다른 지지가 모두 인성이나 비견, 혹은 겁재로 이루어진다면 이는 목국으로 본다. 반드시 사주 원국에 금 (金)의 오행이 없어야 한다.

곡직격의 소유자는 앞으로 내달리는 성격이다. 주변을 돌아보지 못하는 것은 약점이다. 천성이 인자하여 주변에 사람이 많고 순후하다. 특히 교육계통에서 두각을 나타낼 수 있고 교육 사업이나 사회사업으로 진출하면 크게 명성을 얻을 수 있다.

癸 乙 乙 癸
未 卯 卯 未

예를 들어본다면, 위의 사주는 일주가 을목으로 이루어져 있고 주변이 목이 강하다. 사주 원국을 이루는 8개의 글자 중에서 목은 4개이나 월지를 차지했으므로 5개로 본다. 또한 수생목하는 인성을 이루는 수의 기운이 2개이다. 주변의 간과 지가 목을 생하는 수가 많아 극강하다. 이 원국을 살펴보면 두 개의 토가 있으나 결국 목을 극하지 못한다. 금이 있어야만 극을 할 수 있다. 만약 목을 극하는 금의 성분이 있다면 이는 곡직격이 될 수 없으나 금의 오행이 없으므로 목의 오행이 극강하여 곡직격이다.

이와 같은 방식으로 용신을 찾는 방식으로는 병약용신, 조후용신, 억부용신, 통관용신과 더불어 사용하는 용신법에 해당한다. 이를 전왕용신이라 한다.

전왕격은 일반적으로 일간이 극강하므로 일간과 같은 오행을 용신으로 보며, 일간을 돕는 오행을 희신으로 본다. 경우에 따라서는 기신과 구신의 의미가 없을 때도 있다. 따라서 용신은 목이 되며 용신을 생조하는 희신은 수가 된다. 그러나 사주원국에 목을 극하는 금의 오행이 단 한자라도 있다면 이 때는 금을 용신으로 본다. 이는 극강한 목의 성분을 극하여 중화를 의도하려는 것이다.

전왕격은 비교적 사주의 운이 좋다. 사주 전체가 동일한 오행으로 둘러 쌓여 있으므로 용희신이 사주 독차지하니 운이 좋을 수밖에 없다. 따라서 예부터 이러한 전왕격은 좋은 사주로 간주해 왔다.

(2) 염상격(炎上格)

염상격은 화(火)의 기운이다. 병(丙)일생이나 정(丁)일생이어야 한다. 전체적으로 일간의 비견과 겁재격인 화의 오행이 강하거나 화를 생하는 인성의 기운인 목(木)의 기운이 많아야 한다. 혹 다른 오행을 나타내는 글자가 있다해도 지지에서 삼합을 이루어 화국(火局)이 되거나 남방화합(南方火合)을 이루어야 한다. 단 화를 극하는 수(水)가 단 한글자도 없어야 한다.

화는 불이다. 정열을 나타내는 것이며 때로 어디로 튈지 모르는 성향이다. 그럼에도 불이 타오르듯 성격이 급하면서도 사람에 대한 예의를 잊지 않는다. 정신문화와 관련 있는 사업이나 직업이 좋으며 법무계통(法務系統)도 좋다. 경찰이나 검찰도 좋다. 염상격과 연결되는 사업을 하면 크게 성공하고 명성을 얻을 수 있다.

乙 丙 丙 丁
卯 寅 午 卯

(3) 가색격(家穡格)

가색격은 토의 기운이 왕하다. 사주의 천간에 토를 나타
내는 글자는 두 자 뿐이다. 당연하게도 무일(戊日) 또는 기
일생(己日生)이다. 사주명식에 토의 기운이 강하거나 토를
생하는 화의 지원이 이루어진다. 즉 사주원국에 토의 기운
을 나타내는 글자나 인성인 화의 기운을 나타내는 글자가
많아야 한다. 혹 화나 토와는 다른 글자가 있을 수 있다. 이
러한 경우에도 삼합을 이루는 토가 이루어지거나 화의 삼
합이 이루어지는 것이라면 문제가 없다.

지지의 삼합이 이루어져 토국(土局)이 되거나 삼합을 이
루어 남방화합(南方化合)이 이루어지면 혹 다른 오행이 섞
여 있다해도 가색격의 성격에 방해를 주지 않는다. 특히 토
일주는 다른 오행의 일주와 달리 진술축미(辰戌丑未)중 반
드시 3개 이상이 있어야 하며 어느 것이라도 월지에는 반드
시 토가 자리해야 한다. 이 사주원국에도 반드시 토를 극하
는 목의 오행이 없어야 한다.

특히 무일주는 체격이 크고 풍만하며 행동도 나름의 무
게감이 있다. 종교가로 이름을 날릴 수 있으며 토의 성분이
강하므로 부동산(不動産) 등에 투자하거나 부동산 관계의
일을 하면 성공하고 이름을 얻을 가능성이 높다. 때로 법학
자들에도 이 사주가 아주 많다.

己 戊 丙 壬
未 午 辰 戌

(4) 종혁격(從革格)

종혁격은 금의 기운이 왕한 것이다. 일주가 경일생(庚日生) 또는 신일생(辛日生)이고 사주명식이 금의 기운이 왕하거나 금을 생하는 토의 오행이 많다. 지지에 삼합국(三合局)이 이루어져 금국(金局)을 이루거나 서방금합(西方金合)이 있어야 하고 금(金)을 극하는 화(火)가 없어야 한다.

대담하고 의리를 중히 여기니 검찰, 법관, 군인 등이 어울리는 직업이다. 특히 금의 성분인 쇠를 사용하는 직업이 좋은데 군인과 경찰의 경우에도 총칼을 사용하므로 크게 어울리고 좋은 직업이다. 혹 불의 기운인 사(巳)나 오(午)가 있어도 삼합을 이루어 금극으로 합이 되면 가색격을 이루는데 변함이 없다.

己 庚 己 辛
酉 丑 酉 巳

(5) 윤하격(潤下格)

윤하격은 수의 기운이 왕하다. 천간의 수는 두 개 뿐이다. 일간이 반드시 임일생(壬日生)이거나 계일생(癸日生)이어야 하고 수(水)의 오행이 왕해야 하거나 사주 명식에 수를 생하는 금(金)의 오행이 왕하다. 지지에서는 다른 오행이 있다 해도 삼합국으로 수국(水局)을 이루거나 방합으로 북방수국(北方水局)이 이루어져야 한다. 한두 개의 다른 오행이 있을 수 있으나 반드시 수를 극하는 토가 없어야 한다. 물론 토가 있어도 삼합으로 명식에 합으로 변하면 이상 없다. 그러나 삼합으로 수로 변하지 않는 토가 있다면 어떤 경우도 윤하격을 이루지 못한다. 이 경우 수국에 합류되지 못하는 토가 이 사주명식의 용신이 된다.

윤하격을 타고난 자는 지혜가 있고 영리하다. 따라서 대민 봉사직이나 물과 관련된 직업이 적격이다. 농림, 수산업도 좋고 상황에 따라서는 식음료업으로 종사하거나 사업을 해도 크게 성공하고 이름을 얻을 수 있다.

庚 壬 癸 丙
申 子 亥 辰

2. 종격(從格)

종격이란 사주원국에서 일간을 제외한 나머지 년주, 월주, 시주를 살펴보면 천간과 지지가 골고루 펼쳐져 있지 않고, 다양하게 분포되어 있지 않고 한 가지 오행에 편중이 되어 있을 때가 있다. 이 경우 일간이 그 강한 오행을 이길 수 없거나 거스를 수 없으므로 지나치게 편중된 하나의 오행을 따르게 되는 것이다. 결국 종격이란 사주원국 내에 동일한 오행이 많아 일주가 그 오행을 거스르기가 힘들 때에 어쩔 수 없이 그 오행을 따르게 될 경우에 종격이라고 한다.

사주에서 나를 의미하는 일간은 사주 속에서 홀로 존재하는 것이 아니다. 일간을 제외한 나머지 3개의 간(干)과 4개의 지(支)는 별도로 각각의 오행을 지닌다. 물론 일간도 오행을 지닌다. 이 오행들이 모이고 조화를 이루고, 비교되고 상호간에 여러 가지 작용을 하며 사주라는 하나의 형태를 이루는 것이다. 그런데 일간을 제외한 다른 7개의 간지가 목화토금수의 어느 한 오행에 지나치게 편중하면 일간은 혼자 버티기 어렵기 때문에 홀로서기를 포기하고 그 지나치게 강하고 왕한 오행의 세력을 따르게 된다. 이를 종격이라 부른다.

주변의 오행이 왕하다고 해서 일간이 무조건 따르는 것도 아니다. 각각의 간지가 형성하고 있는 방식에 따라 나름의 그 형태가 있는바, 따르는 형상에 의해서 다양한 형태가 드러난다. 일간을 생조하는 세력이 강한 경우도 있고 일간을 극하는 세력이 강한 경우도 있다. 일간과 동일한 오행에 세가 집중하는 것이 있는가 하면 그 반대의 경우도 있다. 즉 일간과 다른 별도의 오행에 세가 집중하는 것이 있다.

전자는 일간에 동조하는 세력이 강한 것으로 종왕격(從旺格)이라 하는데 이 것은 소위 강왕격(强旺格)의 종류에 속한다. 일간과 동일한 오행에 세가 집중되는 것이니 비견과 겁재가 많은 것이다. 일간을 생조하는 인성의 오행이 많은 경우도 해당한다.

종왕격에 비교해 반대의 경우도 나타난다. 일간이 지니는 오행과는 달리 반대되거나 다른 오행을 따라 세가 집중되는 경우가 있는데 이 것 역시 육친이 적용된다. 즉 식신, 상관에 따르는 것이 있는가 하면 재성에 따르는 것, 관성에 따르는 것의 3가지가 있다. 이를 각기 종아격(從兒格), 종재격(從財格), 종관격(從官格), 종살격(從殺格)의 4종류로 분류한다.

즉 종격에는 각기 이름을 붙이는데 무엇을 따라가는가가 중요하다. 따라가는 것의 육친이 또한 중요하다. 관살을 따를 경우에는 종살격, 재성을 따를 경우에는 종재격, 식신과 상관을 따를 경우는 종아격, 비견 겁재가 많을 경우는 종왕격이라고 이름을 붙인다. 어느 육친을 따라가는가에 따라 이름이 붙고 그 역할이나 행운에 영향을 미친다. 특히 이 중에 관성에 따르는 것은 정관과 칠살의 2종류로 나뉜다. 인성을 따르는 것은 인성이 일간을 생하는 신이므로 별도로 이름을 붙여 종인격이라고 하지 않는다. 즉 인성이 과다한 경우는 당연히 일간에 힘을 실어주는 것으로 보는 것이다. 이 경우에는 일간의 오행에 따르는 것으로 하여 강왕격에 넣는다.

1) 종왕격(從旺格)

종왕격이란 일간과 같은 오행인 비견과 겁재 위주로 이루어져 있어 지나치게 일간이 왕한 경우를 말한다. 사주명식이나 간명을 살피며 왕하다는 말을 많이 사용하는 것을 볼 수 있다. 왕(旺)하다는 말의 의미는 지나치게 강하다는 말이다. 강하다는 말과 비슷하다고 이해할 수 있다. 너무나 강하고 똘똘 뭉쳐있어 다른 무엇인가가 주변으로 다가가도 흔들거나 어찌해 볼 수 없을 정도라는 것이다.

강왕격의 경우에는 어떤 경우에도 일간이 지닌 강한 오행을 따르는 것이 순리이다. 받아들이지 못하고 버티는 세력만 다치기 때문이다. 이러한 종왕격은 군겁쟁재(群劫爭財)의 하나로 본다.

군겁쟁재라는 것은 무리를 이루는 비견과 겁재가 재성을 탈취하고자 하여 달려드는 형태를 이루고 있다는 의미다. 강왕격의 경우는 인성이 생조하는 경우도 많지만 아무리 살펴보아도 비견과 겁재가 지나치다. 이렇게 비견과 겁재가 지나치다 보면 육친의 관계에서 재성을 직접 극하게 된다. 이는 오행의 생극관계에 따라 이루어지는 것이다. 종왕격을 지닌 사람은 밖에서는 의리가 있고 좋은 사람으로 보이지만, 혹은 그렇게 보이기를 원하지만 가정으로 돌아가면 고집을 부리고 자존심이 강한 모습을 보인다.

2) 종아격(從兒格)

종아격이란 지나치게 식신과 상관이 강한 것이다. 식상은 각각 식신과 상관이니 일간에게서 힘을 받는 것이다. 달리 말하면 일간의 자식이 바로 식신과 상관이다. 부모는 자식을 생하고 돌봐주는 것이니 애정을 쏟지 않을 수 없다. 즉 일간이 생하는 것이 식신과 상관이라는 말이다. 지나치게 많은 식신과 상관은 일간의 힘을 빼는 것이다.

일간이 식상에게 애정을 가지고 있다고 해도 식신과 상관이 지나치게 많으면 식상이라 부르는 이 두 가지 성분을 따르는 것이 순리가 된다. 자식이 강하고 잘 나면 부모도 자식을 따르는 법이다. 사실 식상이 지나치게 많은 종아격은 식상다신약(食傷多身弱) 사주의 하나로 본다. 식상다신약이란 식신과 상관이 많고 나와 나의 형제를 의미하는 비견과 겁재가 적은 경우를 말한다. 만약 비견과 겁재가 많다면 아들격인 이들을 어느 정도는 제어할 수 있기에 일간이 항복하고 따를 이유가 없는 것이다.

이렇게 식상이 지나치게 많아서 이루어진 식상다신약은 말이 지나치게 많고 행동보다 말이 앞선다. 아울러 자기 주장을 고집하거나 과장하는 경우가 많다. 말은 많은데 실천이 느리거나 따르지 못한다. 이러한 경우에는 먼저 행동을 하고 뒤늦게 후회하는 경우가 많다고 할 수 있다. 지나친 행동력이 후회를 불러오는 것이다. 경우에 입을 앞세우고 실천력이 부족하니 따라서는 사기꾼 소리를 들을 수도 있는 것이다.

이와 같으니 사주가 종아격인 경우는 자신의 주장만을 내세우는 경우가 허다하다. 남의 말을 들을 줄 모르는 것이다. 자신이 앞서고 남의 의견을 무시하거나 자신의 주장에 빠져 주위를 살피지 않는 경우가 많아진다. 그런 관계로 적이 많아지고 도와주거나 이해해 주는 사람이 점차 줄어든다. 따라서 자신보다는 다른 사람을 배려하고 이해하는 연습을 해야 한다. 남의 말을 듣는 것을 게을리 해서는 안된다. 아울러 자신의 주장을 하기보다는 남의 말을 경청하는 자세가 필요하다.

종아격은 인성운과 비겁운을 꺼린다. 즉 식신과 상관을 극하는 운이기 때문이다. 특히 인성운이 두렵다. 대부분 인성운은 좋은 운이라 풀지만 종아격은 경우가 다르다. 일주가 식상에 종하였는데 어찌 인성이나 비겁을 좋아할 수 있는가? 더구나 관성운도 매우 두려워한다고 할 수 있다. 식신과 상관이 관성이 오면 충돌하여 대립하기 때문이다. 이 역시 오행의 상극관계로 이루어지는 결과이다. 종아격이 가장 좋은 운은 재운이다. 그 다음으로 식상운도 즐겨한다. 가장 꺼리기는 인성운이고 관성운도 꺼리고 비겁운도 꺼리지만 때로 구성의 형태에 따라 비겁운은 꺼리지 않는 경우도 있다.

3) 종재격(從財格)

종재격은 일간이 약하며 재성이 지나치게 많은 경우이다. 역시 사주의 구성상 인성과 비겁이 많으면 약하지 않다고 할 수 있으나 재성이 많으면 지나치게 약하다고 할 수 있다. 비겁과 인성이 많으면 종재격은 이루어지지지 않고 특히 비겁이 많으면 재성을 극하므로 종재격이 파격이 된다. 그러나 인성이나 비겁이 없어 재성이 극왕하면 당연히 재성을 따르게 되니 종재격이라 한다. 이 때는 재성을 따르는 것이 순리가 된다. 재성이 많으면 역시 재다신약(財多身弱)에 해당한다.

신약사주의 경우는 종재격 말고도 아주 다양하지만 주로

식상이나 재성, 관성이 많으면 신약사주에 해당한다. 즉 일간의 편인 인성이나 비겁이 없거나 적으면 신약사주에서도 재다신약이다.

종재격은 재성이 지나치게 많은 경우이므로 재다신약으로 신약사주에 해당한다. 재다신약이란 나를 극하는 재성이 많은 반면에 나를 생조하거나 돕는 인성과 비겁이 적은 것이다. 심지어는 인성과 비겁이 아예 없는 경우도 있다. 이처럼 재다신약인 경우에는 추진력이나 배짱이 적다. 이는 나를 돕는 오행이 없으므로 주변의 강한 힘을 지닌 식상과 재성, 관성의 눈치를 보아야 하기 때문이다. 아울러 자기 자신에 대한 자신감이 부족하므로 인해 추진력이 부족하고 전반적으로 융통성도 떨어지는 경우가 많다.

재다신약인 경우에는 호기심이 강하다. 호기심이 긍정정일 때는 연구와 학문으로 발전이 가능하다. 그러나 호기심이 부정적으로 발전할 때는 여러 가지 문제를 일으키게 된다. 호기심이 강하므로 새로운 것을 추구하는 마음이 강하므로 탐구심으로 드러나기도 하는데 때로는 부정적으로 흐르므로 도박이나 경마로 발전할 수도 있다. 신약하기 때문에 일어나는 현상이지만 부정적인 사고의 틀 때문에 더욱 강하게 드러나는 경우도 있다. 이처럼 도박으로 생각이 쏠려 생활이 어려우지거나 곤란한 상황에 처해지는 경우도 허다하다.

종재격을 지닌 사람은 생각이 자유롭고 탐구심을 지닌다. 따라서 직업을 구할 때도 고정된 틀에 박힌 국가기관이나 회사에 억매여 마음 고생을 하기 보다는 보다 자유롭고 구속력이 떨어지는 직업을 택하는 것이 행복하다. 즉 직장생활보다는 자유업에 종사하거나 자유로운 직종이며 특기를 살리는 예술계가 좋다. 그 밖에도 다양한 자유직업을 찾아 종사하면 행복을 느낀다.

종재격의 사주원국을 지닌 사람은 인성운과 비겁운이 매우 나쁘다. 그러나 재성운이나 관성운을 만나면 길하다. 힘이 넘쳐 왕신인 재성을 생조하는 식상운도 길하다.

4) 종관격(從官格)

관성이 지나치게 강하고 일간과 일간을 생조하는 인성, 비겁이 적기 때문에 관성을 따를 수밖에 없다. 관성을 따르기 때문에 종관격이다. 일간이 지나치게 약하고 관성이 지나치게 많거나 강한 사주이다. 이 때에는 일간과 일간을 도우는 세력이 지나치게 약하기 때문에 거스르지 말고 관성을 따르는 것이 순리가 된다. 일간이 지나치게 약하고 관성이 강하기 때문에 관다신약(官多身弱)의 사주로 본다.

관다신약의 경우는 대부분 사교성이 뛰어나다, 관성의 특징이 그대로 드러나는 것이다. 일간이 약하고 나를 지배하는 관성이 강하므로 자연적으로 동조하고 사교하는 성격이 드러나지만 때로 성격적인 불합리함도 나타난다. 쉽게 분노하여 상대방의 감정을 무시하며 괴팍한 성질도 드러나는데 이는 억압된 감정의 폭발처럼 보인다.

종관격은 가정 생활을 원만하게 유지하기 매우 곤란하다.

이는 종관격이 지배심리를 가진 격국이기 때문이다. 자신보다 강한 지배자에게는 고분고분하지만 자신보다 약한 대상은 지배하려 든다. 남편에게 아내는 약한 존재로 나타나기 때문에 지배욕이 드러나는 것이다. 심한 경우 아내를 향해 폭행을 행사하기도 한다. 물론 여자라고 해서 다소곳하다는 것은 아니다. 여자도 종관격을 타고 나는 법은 남자나 여자나 다를 바가 없다. 만약 남편을 폭행하는 아내가 있다면 종관격을 의심해 봐야 한다. 여명의 종관격은 남자를 지배하고자 하며 폭력적인 성향이 나타난다. 아울러 밖에서는 고분고분하여 칭송을 듣는다.

종관격의 경우 들어오는 재물도 많으나 새어 나가는 재물도 많다. 특히 정관이 많으면 덜하지만 칠살이 많으면 새어나가는 재물이 더욱 많아진다. 따라서 재물관리에 만전을 기해야 올바로 재물을 관리할 수 있다.

여명에서 관성은 남성이다. 종관격을 타고난 여명의 경우 이성 문제를 피해가기 어렵다. 여명의 경우 관성이 심한 것으로 인해 이성 문제가 생길 수 있으므로 주의가 필요하다. 여명에서 종관격이라 하면 대부분 관살혼잡(官殺混雜)을 벗어나기 어렵다. 이 경우는 종살격으로 푼다. 즉 여자에게 관성은 남자인데 관성이 많아 이루어지는 종관격은 주위에 수많은 남자들이 득실거리는 것과 다르지 않다. 더불어 이성적으로 관계를 맺는 남자가 생김으로써 이미 혼인한 여자의 명식에서는 문제가 발생한다.

관성이라는 지배이며 일이다. 또한 정부의 지배력이다.

여러 가지 이유가 있음에도 종관격의 특기는 일을 추진하는 것이라 할 것이다. 이것이 관성의 특징이다. 일을 추진하는 능력이나 추진력이 뛰어나므로 자신만의 독립된 직업을 가지고 활동한다면 매우 좋은 결과를 기대할 수 있다. 그러나 국가기관에서 일을 하거나 행정가(行政家)의 길도 좋다. 국가 기관에서 일을 하는 것을 강력하게 추천하고 싶다. 종관격의 경우 합작이나 동업도 그리 나쁘지 않은 것으로 본다. 즉 마음에 맞는 사람과 합작을 하거나 동업을 한다면 정관격이 가지고 있는 특징이 두드러지게 나타날 것이다.

5) 종살격(從殺格)

종살격은 종재격과 유사하다. 관성에 따르는 종격이다. 그러나 관성이라 해서 다 같은 관이 아니라 편관을 따르는 종격이다. 종관격과 종살격은 백지 한 장 차이이므로 유심하고 세밀하게 살펴야 한다. 편관을 달리 살이라고 부르니 역시 종살격이다. 강한 세력이 관성보다 편관으로 이루어져 있다는 의미가 된다.

흔히 일주가 무근(無根)이라는 말을 한다. 즉 일간을 받치는 뿌리가 있어야 한다는 말이다. 주로 월지에서 돕는 것이 가장 좋다. 즉 인성이나 비겁이 있어 일간의 뿌리가 되어주어야 한다는 말이다. 무근이라는 말은 일주와 월지는 물론이고 다른 여러 개의 기둥이 일주를 돕는 오행이 전혀 없다는 것이다. 이를 일주가 무근이라 하는데 생조하는 세력이 전혀 없어 무력하기만 하다. 자신의 몸 하나 지탱하기 어려운 일주이다. 이러한 사주에 칠살이 가득한 경우에는 버티기 보다 살길을 찾아야 한다. 살기 가득한 칠살에 대항하면 꺼꾸러지는 일 밖에는 없다. 따라서 자신을 포기하고 왕성한 세력에 항복한다. 때로는 칠살이 아니라도 관성이 지나치게 많으면 살로 푸는 경우도 있다.

종살격도 종재격과 마찬가지로 자신을 포기하고 세가 강한 살에 종하였기 때문에 행운에서도 어느 운을 만나는가가 매우 중요하다. 당연히 인성과 비겁이 적기 때문에 이러한 결과가 나타난 것이기에 인성운과 비겁운이 매우 불길다. 다른 대부분의 종격이 이루어진 것은 비겁과 인성이 모자라기 때문이므로 종격이 나타나면 대부분 비겁운과 인성운이 좋지 않다. 아울러 식상운을 만나도 역시 불안하고 대흉한데 오행의 생극에 따른 이치로 식상이 관을 극하기 때문이다. 재성운과 관성운을 반기는데 재성운은 관을 생조하기 때문이다. 특히 관성운과 살의 강한 힘을 생조하는 재성이 오면 가장 좋은 운이다.

6) 종왕격(從旺格)

종왕격을 달리 논하지 않고 종강격으로 합해 파악하는 경우도 많은 것으로 보이지만 참고삼아 살펴볼 필요는 있겠다. 흔히 종강격과 종왕격을 다른 표현 같은 의미로 보는 경우가 있음도 인지할 필요는 있다.

종강격이란 사주에서 일간을 기준으로 하여 인성 위주로 이루어진 사주 구성을 말한다. 때때로 인성이 강한 경우는 종강격의 범주로 삼아 일주편이라고 하는 경우도 있다. 그러나 달리 생각하면 강한 것이 일주는 아니므로 이 때에도 역시 강한 세력의 힘을 따르는 것이 순리가 된다.

이처럼 인성이 지나치게 강하여 이루어진 종강격은 인다신약(印多身弱)이라는 말을 하는데 흔히 쓰는 말은 아니다. 어머니가 많으면 내가 약해진다. 이말은 약간의 의구심이 일어난다. 그러나 어머니가 지나치게 많다는 것은 계모가 있을 것이고 참견이 많아진다는 뜻이고 내가 효자가 된다는 말이다. 결국 어머니의 품을 벗어나지 못하니 내가 약하다.

눈여겨 볼 것은 또 있다. 인성이 많아 나를 약하게 하는데 힘을 나눌 비견과 겁재는 적은 것이다. 비견과 겁재가 많아도 인성과다가 될 수 있다는 말이다. 일반적으로 인성이 많으면 나는 강해지는 것이 원칙이지만 반드시라는 말에는 의구심이 생긴다. 즉 인성이 지나치게 많으면 이 중에는 계모도 있고 힘을 겨루는 찬모도 있다. 즉, 황실의 후궁이 많은 격이라 왕자를 극하는 것이다. 인성이 많으면 일간인 나를 키우는 것이 아니라 인성끼리 편을 짜서 합치거나 서로 편을 갈라 다투므로 일간인 나를 기를 여유가 없다. 자신들의 싸움이 급한 까닭이다.

인다신약인 경우는 일반적으로 겉과 속이 다르며 생각이 지나치게 많다. 그렇다고 오해하거나 착각하면 안된다. 인면수심(人面獸心)이나 이중인격(二重人格)처럼 나쁘다는 의미가 아니다. 말과 행동이 정리가 안 되었다는 말이 어울린다. 마음 속에는 일이나 생각이 지나치게 많아 행동과 불일치를 이루는 경우에 해당한다.

인성이 지나치게 많으면 마마보이, 마마걸이다. 인성이 일지를 깔아도 마마보이의 성격이 나온다. 인성이 지나치게 많다는 것은 어머니가 많은 셈이고 어머니의 역량이 강한 것이다. 친모이건 계모이건 참견은 한다. 이것은 어머니 치마폭에 싸인 꼴이다. 이 사주의 특징은 나약함이다. 어머니의 과잉보호 때문이다. 따라서 일반적인 사업도 문제가 발생할 가능성이 높고 추진력이 요구되는 사업은 더욱 좋지 않다.

인다신약의 사주를 지닌 사람에게는 자립심과 나약함을 극복하는 도움을 주어야 한다. 어려서부터 작더라도 책임을 지는 일을 맡기거나 캠프와 같은 협동생활을 체험시킴으로서 나약함을 극복할 수 있도록 도움을 주어야 한다. 드러남은 마약하지만 내적으로는 욕심이 있으므로 반복적으로 경험하고 노력하면 결과가 있을 것이다.

3. 종화격

일간이 천간의 합에 의해 합화하는 오행으로 변할 경우에 종화격이라 한다. 천간의 합에 따라 갑기합토격(甲己合土格), 을경합금격(乙庚合金格), 병신합수격(丙申合水格), 정임합목격(丁壬合木格), 무계합화격(戊癸合火格)으로 나누어 진다.

이 경우에도 엄격한 기준이 있어 갑기합토격을 예로 들

면 갑이나 기토의 일간이 바로 옆에 기나 갑이 있어 합을 하면서 월지가 반드시 토의 오행이 있어야 되며, 토를 극하는 목의 오행이 없어야 된다.

그밖에도 다양한 격국이 있으나 이는 단시간에 배울 수 있는 것은 아니므로 오랜 시간 차분한 노력을 통해 얻어야 한다.

제17장.

신살

제17장. 신살론(神煞論)

1. 신살(神煞)이란?

신살(神煞)이란 한자에서 보듯이 신(神)과 살(煞)을 의미하는데 신(神)이란 길신(吉神)을 의미하고 살(煞)이란 흉살(凶煞)을 의미한다. 살은 살(殺)과 살(煞)을 병행한다. 신살론은 새롭게 생겨난 것이 아니다. 간명에서 살을 많이 사용하는 경우도 있고 적게 사용하는 경우도 있지만 이는 선택의 문제이다.

예전부터 많은 신살(神煞)이 있어 사주에 무슨 살(煞)이 있다느니 하여 사주의 길(吉)이나 흉(凶)을 판단하여 왔다. 명리에 속하지만 점술에 가깝게 사용하는 경향이 있다. 이러한 방법은 사주의 음양오행에 따른 종합적 분석이 아니라 일명 단식판단법(單式判斷法)이라고도 불리는 일종의 기법에 속한다. 그러나 간명에도 적절하게 사용된다. 현대에 와서는 신살이 적중률이 그리 높지 않고 여러 가지 이유로 논리성이 부족하다하여 많이 쓰여 지고 있지는 않으나 실제 간명에는 애용되기도 하는 분야다.

옛 기준으로 살피면 700여개에 이르는 정도로 많은 신살(神煞)이 있으나 최근 사용하는 신살은 200여개가 조금 넘는다. 그러나 이 모든 신살을 사용한다면 매일같이 신살이 들어오는 것이니 두려워 살 수도 없고 효용성도 떨어진다. 따라서 극히 필요하고 그 작용력이 큰 30여가지만 골라 사용하는 것이 간명의 기법이 되겠다.

2. 길신(吉神)

사주에서 오행의 분석은 필수에 해당한다. 사주 간명에서 적용하는 오행에 따라 길신은 식신, 편재, 정재, 정관, 인수, 의 5가지이다. 특히 편재가 길신이라는 것을 생각해야 한다. 일반적으로 편(偏)자가 붙으면 흉신으로 보기 때문이다.

재성은 정편(正偏)의 구별 없이 생활의 근본인 재물자원을 관장하므로 길신에 속한다. 정관은 사업, 사회적 명망, 록위(祿爲)를 관장하므로 길신이지만 편관은 길신에서 빠진다. 식신은 인명의 식록, 수복을 관장하고 인수는 조상, 부모, 상사 및 천부(天賦)의 복을 관장한다. 이들 5개의 육친은 길신으로 정한다. 간법(看法)에서 살펴보면 이들 길신은 인명에 좋은 영향을 미치므로 합과 생조는 좋으나 간합, 형충공파(刑冲空破)를 꺼린다.

1) 천을귀인(天乙貴人)

천을귀인(天乙貴人)은 각 일간을 대비하여 지지에 해당 오행이 있을 경우에 해당한다. 천을귀인이 사주에 있으면 인품이 공명정대하고 지혜가 뛰어나다. 천을귀인은 언제 어디서나 남의 도움을 얻을 수 있고 흉사에 당해도 길로 화(化)하는 덕이 있다.

천을귀인에 형충을 만나면 길이 사라진다. 길신 중에서 최고의 길신으로 보며, 어려움을 당할 때에도 무난히 해쳐 나갈 수 있는 힘을 준다. 천을귀인에는 양귀인과 음귀인 두 종류가 구별되어 있다. 양귀인은 양계절생, 음귀인은 음계

절생으로 귀인 특유의 성능이 한층 더 발휘되고 그 반대는
천을완만(天乙緩慢)이라 말하여 효능이 약하다.

일간(日干)	양귀인(陽貴人)	음귀인(陰貴人)
갑(甲)	미(未)	축(丑)
을(乙)	신(申)	자(子)
병(丙)	유(酉)	해(亥)
정(丁)	해(亥)	유(酉)
무(戊)	축(丑)	미(未)
기(己)	자(子)	신(申)
경(庚)	축(丑)	미(未)
신(辛)	인(寅)	오(午)
임(壬)	묘(卯)	사(巳)
계(癸)	사(巳)	묘(卯)

2) 천덕귀인(天德貴人)

천덕귀인(天德貴人)도 아래 각각의 월지에 해당 오행이
있을 경우에 해당한다. 사주에 천덕귀인이 있으면 조상의
도움이 있고 천우신조(天佑神助)의 행운이 있다.

남에게 알려지지 않은 덕이 있고 난관에 처하더라도 타
인의 도움을 받을 수 있다.

월지	인(寅)	묘(卯)	진(辰)	사(巳)	오(午)	미(未)	신(申)	유(酉)	술(戌)	해(亥)	자(子)	축(丑)
천덕귀인	정(丁)	신(申)	임(壬)	신(辛)	해(亥)	갑(甲)	계(癸)	인(寅)	병(丙)	을(乙)	사(巳)	경(庚)

3) 월덕귀인(月德貴人)

흉을 물리치고 선을 이루는 유덕(有德)한 오행으로 길성
으로 각각의 월지(월지)를 보아 해당 오행이 있는지를 살핀

다. 천을귀인(天乙貴人) 다음으로 길신으로 보며 재물이 풍부하고 재앙을 물리친다.

생월 지지	자(子)	축(丑)	인(寅)	묘(卯)	진(辰)	사(巳)	오(午)	미(未)	신(申)	유(酉)	술(戌)	해(亥)
월덕 귀인	임(壬)	경(庚)	병(丙)	갑(甲)	오(午)	진(辰)	병(丙)	갑(甲)	임(壬)	진(辰)	병(丙)	갑(甲)

4) 학당귀인(學堂貴人)

학당귀인은 문창(文昌)과 함께 학문의 별이다. 육친으로 보면 인수와 식신으로 구성되어 있다. 이 학당귀인은 일주에서 보아 장생궁이 되는데 사람이 총명하고 박사나 교수가 많으며 선비나 학자가 된다.

일간	甲	乙	丙	丁	戊	己	庚	辛	壬	癸
학당 귀인	亥	午	寅	酉	寅	酉	巳	子	申	卯

5) 관귀학관(官貴學館)

일간에서 볼 때 편관이 장생이 되는 곳이다. 관귀학관이 있는 사람은 관직에 나아가면 승진이 매우 빨라 그 벼슬이 산과 같이 높아진다는 것이다. 사회생활이나 직장에서 승진과 출세가 빠르고, 시험 운이 좋다.

관귀학관이 사주원명(四柱原命)에 있으므로 뭇사람으로부터 선망의 대상이 되거나 지혜가 총명하고 학문이 뛰어나 교육자등의 출세를 하여 이름을 떨친다. 일간을 기준하여 사주의 대운과 세운에서 지지를 비교한다.

일간	甲乙	丙丁	戊己	庚辛	壬癸
학관	巳巳	申申	亥亥	寅寅	申申

6) 화개(華蓋)

년지나 일지를 보아 해당 오행이 있을 경우에 해당된다. 화개살은 고독, 총명, 문필, 수도를 의미하는 살로 길신이 되면 좋으나 흉신이 되면 스님의 팔자가 된다거나 하여 나쁘다. 진술축미가 해당된다.

생월 지지	인 (寅)	묘 (卯)	진 (辰)	사 (巳)	오 (午)	미 (未)	신 (申)	유 (酉)	술 (戌)	해 (亥)	자 (子)	축 (丑)
화개	술 (戌)	미 (未)	진 (辰)	축 (丑)	술 (戌)	미 (未)	진 (辰)	축 (丑)	술 (戌)	미 (未)	진 (辰)	축 (丑)

7) 장성(將星)

신체가 건강하고 마음도 건강한 것을 의미하는데 문무를 겸비하여 큰 출세를 한다. 다른 살과 연계하여 생사여탈권을 가지기도 하고 국가 경제를 좌지우지한다. 때로 독선적이고 고집이 심해 주위의 호응을 얻기 힘들고 마음이 외롭다. 단 출생일에 장성살이 끼이면 흉성으로 변한다.

생월(生月)	중기 이전의 월장	중기 이후의 월장
자(子)	인(寅)	축(丑)
丑(축)	丑(축)	자(子)
인(寅)	자(子)	해(亥)
묘(卯)	해(亥)	술(戌)
진(辰)	술(戌)	유(酉)
사(巳)	유(酉)	신(辛)
오(午)	신(辛)	미(未)
미(未)	미(未)	오(午)
신(辛)	오(午)	사(巳)
유(酉)	사(巳)	진(辰)
술(戌)	진(辰)	묘(卯)
해(亥)	묘(卯)	인(寅)

8) 역마(驛馬)

역마살이란 일지와 년지를 기준으로 해당 오행이 있으면 역마살이 끼었다고 한다. 우리가 많이 듣는 살 중의 하나로 역마살이란 이리저리 분주하게 다니는 것이나 이동을 뜻한다.

역마살이라는 말을 역마와 살이 결합된 단어로 역마는 과거에 벼슬아치들에게 제공된 교통수단이고 살은 좋지 않은 뜻으로 역마처럼 이리저리 돌아다니면서 정착하지 못하고 사는 것을 역마살이라고 했다. 요즘에는 역마살이라는 뜻이 전 세계를 돌아다니면서 활동하는 전문직이나 직장인을 뜻하는 좋은 말로 변하고 있다.

日支	亥卯未	寅午戌	巳酉丑	申子辰
驛馬	巳	申	亥	寅

9) 천사(天赦)

병과 재난에 봉착해도 곧 사면되어 부귀를 얻는다. 처세가 원만하며 큰 병이나 대재난을 만나도 곧 치유되거나 사면된다는 吉神이다.

月支	寅卯辰	巳午未	申酉戌	亥子丑
天赦	戊寅	甲午	戊申	甲子

10) 복성귀인(福星貴人)

일반적으로 크게 다루어지지는 않는다. 재물과 건강을 타고 난다는 의미를 지닌다. 최근 들어오며 복성귀인을 강조하는 현상이 나타나고 있다. 이는 아마도 현대 사회가 재물을 탐하는 사회이기 때문인 것 같다.

연월일시를 두고 어느 자리에 있는가를 따진다. 년주는 조상과 어린 시절의 유복, 월지는 부모의 도움, 시지에 있으면 말년의 복과 돈이다. 복성귀인이 희신에 해당하면 작용이 극대화 된다.

甲寅	乙丑	丙子	丁酉	戊申	己未	庚午	辛巳	壬辰	癸卯

11) 문창귀인(文昌貴人)

문창귀인은 일간을 기준으로 하여 해당 오행이 있을 경우에 해당한다. 문창귀인은 학문이 뛰어나고 지혜와 예능에도 뛰어나다. 양일생(陽日生)은 12운의 병에 붙고 음일생(陰日生)은 12운의 장생이 붙는다.

이 신이 사주 중에 있을 때에는 그 사람은 매우 총명하고 재주가 출중하다. 흉에 대하면 길로 화(化)하며, 그 작용은 천을귀인이나 천월이덕과 유사한 것이다. 오행의 상관적(傷官的) 수기(秀氣) 발로(發露)의 신이며 문학, 기예 등 뛰어난 재능을 가진다. 다만, 이 경우에도 신왕하여 조화가 잘되어 있는 것이 첫째 요건이고, 신약이나 식상이 태과하거나 형충공망하는 것은 해당하지 않는다.

일간	문창귀인이 붙는 지지
갑(甲)	사(巳)
을(乙)	오(午)
병(丙)	신(申)
정(丁)	유(酉)
무(戊)	신(申)
기(己)	유(酉)
경(庚)	해(亥)
신(辛)	자(子)
임(壬)	인(寅)
계(癸)	묘(卯)

12) 금여록(金輿祿)

금으로 만든 수레라는 뜻으로 달리 금여(金輿) 금여록(金輿祿)이라고 하며 사주에 금여록(金輿祿)이 있으면 부귀공명(富貴功名)을 이룬다고 한다. 금여록은 온후, 유순, 절의, 음덕, 양연 등으로 행복을 받을 암시가 있다. 항상 얼굴에 화기애애한 기운이 있으며 몸가짐에 절도가 있고 세상 사람의 도움을 받는 수가 많다.

남자는 발명에 재간이 있고 처가의 도움이 있다. 여자는 대체로 미모이며 결혼운도 좋다. 배우자와 금슬화합의 행복을 얻으며 남녀 모두 상대로부터 힘을 얻을 수 있고 도움을 받는다. 일지와 시지에 있으면 말년에 편안하게 지내고 좋은 배우자를 만나며 자손도 번창하게 되는데 중국 황족(皇族)의 사주에 금여가 많이 있다고 전한다. 그러나 파, 해, 극이 있으면 그 효능은 약해진다.

日干	甲	乙	丙	丁	戊	己	庚	辛	壬	癸
金輿	辰	巳	未	申	未	申	戌	亥	丑	寅

13) 암록(暗祿)

총명한 두뇌에 재능이 있고 남이 모르는 음덕이 있으며 곤란에 처했을 때 타인의 도움을 받을 수 있는 길신이다. 단, 충, 형 하든가 공망이 있으면 그 효능은 없어진다.

평생 재물 걱정이 없다. 역경에 처하더라도 뜻하지 않는 행운과 도움이 있어 위험에서 벗어난다는 길신으로 평생의 숨은 복록과 재물이 있다. 영리하고 인덕이 있으니 성공이 쉽다.

日干	甲	乙	丙	丁	戊	己	庚	辛	壬	癸
暗綠	亥	戌	申	未	辛	未	巳	辰	寅	丑

14) 천의성(天醫星)

천의성이란 "하늘의 치료하는 별"이라는 의미를 지니니 사주에 이 별이 있으면 생명을 구하는 직업에 적합하다. 사주의 월지를 기준으로 해당 오행이 지지에 있을 때에 해당한다. 천의성이 있으면 남의 인명을 구해주는 의사, 한의사, 종교인, 약사, 간호인, 상담사 등의 인연이 있다.

生月	子	丑	寅	卯	辰	巳	午	未	申	酉	戌	亥
天醫星	亥	子	丑	寅	卯	辰	巳	午	未	申	酉	戌

15) 천주귀인(天廚貴人)

수복성이다. 평생 동안 재복이 많고 행복하게 산다. 곳간에 곡식을 가득 담아두는 길신(吉神)의 모습을 본 것으로 풀 수 있으니, 이 길성(吉星)이 비추는 사람은 일생(一生)동안 재복(財福)이 많고 근심이 없다

日干	갑	을	병	정	무	기	경	신	임	계
천주	사	오	사	오	신	유	해	사	인	묘

16) 문창성(文昌星)

문창성은 학문에 청명하고 공부를 잘 한다는 길신이다. 지혜가 출중하고 총명하며 문체가 있다. 풍류를 즐길 줄도 알며 흉이 길로 변하고 용모가 수려하다. 합이 되거나 충과 공망에 들면 그 작용이 사라진다.

日干	甲	乙	丙	丁	戊	己	庚	辛	壬	癸
文昌	巳	午	申	酉	申	酉	亥	子	寅	卯

3. 흉살(凶煞)

흉살은 귀살(鬼殺)이 되어 운명에 악영향을 미칠 뿐 아니라 심하면 단명(短命)할 정도의 흉해를 가져다주는 살성이다.

1) 공망(空亡)

공망은 일주를 위주로 보는데 60갑자의 시작이 갑자(甲子), 을축(乙丑)으로 나아가다가 계유(癸酉)에 이르면 천간 10개는 지지의 자(子)에서부터 유(酉)에서 끝나게 되고 지지의 나머지 술(戌)과 해(亥)는 천간과 짝이 없어 공망이라고 한다. 따라서 일주가 갑자(甲子), 을축(乙丑), 병인(丙寅), 정묘(丁卯), 무진(戊辰), 기사(己巳), 경오(庚午), 신미(辛未), 임신(壬申), 계유(癸酉)이면 사주 중의 지지에 술(戌)이나 해(亥)가 있으면 그것을 공망이라고 한다.

공망은 일주를 기준으로 보기에 공망의 기준은 다음과 같다.

☯ 日株가 甲子, 乙丑, 丙寅, 丁卯, 戊辰, 己巳, 庚午, 辛未, 壬申, 癸酉이면 戌亥가 공망이다.

☯ 日株가 甲戌, 乙亥, 丙子, 丁丑, 戊寅, 己卯, 庚辰, 辛巳, 壬午, 癸未이면 申酉가 공망이다.

☯ 日株가 甲申, 乙酉, 丙戌, 丁亥, 戊子, 己丑, 庚寅, 辛卯, 壬辰, 癸巳이면 午未가 공망이다.

☯ 日株가 甲午, 乙未, 丙申, 丁酉, 戊戌, 己亥, 庚子, 辛丑, 壬寅, 癸卯이면 辰巳가 공망이다.

☯ 日株가 甲辰, 乙巳, 丙午, 丁未, 戊申, 己酉, 庚戌, 辛亥, 壬子, 癸丑이면 寅卯가 공망이다.

☯ 日株가 甲寅, 乙卯, 丙辰, 丁巳, 戊午, 己未 , 庚申, 辛酉, 壬戌, 癸亥이면 子丑이 공망이다.

생일	甲子	甲戌	甲申	甲午	甲辰	甲寅
생일	乙丑	乙亥	乙酉	乙未	乙巳	乙卯
생일	丙寅	丙子	丙戌	丙申	丙午	丙辰
생일	丁卯	丁丑	丁亥	丁酉	丁未	丁巳
생일	戊辰	戊寅	戊子	戊戌	戊申	戊午
생일	己巳	己卯	己丑	己亥	己酉	己未
생일	庚午	庚辰	庚寅	庚子	庚戌	庚申
생일	辛未	辛巳	辛卯	辛丑	辛亥	辛酉
생일	壬申	壬午	壬辰	壬寅	壬子	壬戌
생일	癸酉	癸未	癸巳	癸卯	癸丑	癸亥
공망	戌亥	申酉	午未	辰巳	寅卯	子丑

2) 양인(羊刃)

신살의 하나이다. 인(刃)이라고도 한다. 양인(羊刃)은 물 (物)이 극(極)하면 도리어 악기(惡氣)를 생한다 라는 이치에 의해서 제정된 흉신으로 양일생(陽日生)은 건록의 후, 음일 생(陰日生)은 건록의 전에 붙는다. 이것을 록전록후(祿前祿 後)의 신이라 하고, 겁재를 닮은 성정(性情)이 있으며, 재해 를 관장하는 신이다. 양인은 하나의 기둥으로 판단한다.

생일	갑 (甲)	을 (乙)	병 (丙)	정 (丁)	무 (戊)	기 (己)	경 (庚)	신 (辛)	임 (壬)	계 (癸)
양인	묘 (卯)	진 (辰)	오 (午)	미 (未)	오 (午)	미 (未)	유 (酉)	술 (戌)	자 (子)	축 (丑)

☯ 연주에 양인이 있으면 조업불계승이고 조상을 파한다.

☯ 월주에 양인이 있으면 양일생은 양인격, 음일생은 월인격이 되고 사주 중 재관(財官)이 약하면 일생 고독하고 빈곤한 사주이다.

☯ 일주에 양인이 있으면 남녀 모두 배우자를 극하여 배우자의 인연이 수시로 변할 수 있다. 일지의 양인은 처에 병액이 많다. 병오(丙午), 무오(戊午), 임자(壬子)일 역량이 가장 강하다.

☯ 시주에 양인이 있으면 자녀를 극하고 만년에 고독하다.

☯ 양인과 겁재가 동궁(同宮)하는 것은 조상의 덕이 없는 사주이다.

☯ 양인이 건록과 함께 있는 것은 입신하여 부유한 사주이다.

☯양인은 형충회합을 좋아하지 않는다. 재물을 흩어지게 하고 처자식을 극하여 이별하게 된다.

☯ 양인이 공망하는 것은 해가 얕고 재물을 상함이 없다고 하나 형충 등으로 공망이 해체되면 흉해가 반드시 있다.

☯ 양인이 겹쳐 있어도 제(制)가 있으면 부귀하고 살(殺)을 보면 대귀(大貴)의 사주로 관직과 명예가 있다.

3) 괴강(魁綱)

괴강이란 경술(庚戌), 경진(庚辰), 임진(壬辰), 무술(戊戌)의 간지를 말한다. 이러한 괴강이 사주 중에 있으면 성격이 강하다. 특히 일주가 괴강이면 더욱 그러한 성정이 강하다. 사주에 있어서 괴강은 일간에서 지지를 보며 진(辰)과 술(戌)은 12지지 중 가장 위세가 강하고 진(辰)을 천라(天羅), 술(戌)을 지망(地網)이라 한다.

괴강은 그 세가 강하고 적극과 소극의 양극(兩極)을 관장하므로 길이 되면 최상이 되고 흉이 되면 최악의 흉을 뜻한다. 남자는 양이므로 천라를 여자는 음이므로 지망을 각기 싫어한다.

일간에서 보아 월지에 괴강을 띠는 것을 괴강격이라 하고 일지에 띠는 것을 괴강일생이라 하여 총명하고 재주가 출중하다. 괴강격은 대체로 운기가 강하여 사주에 2~3개가 있는 것은 후천운에서 비운(悲運)을 맞이하면 사망에 이르고 신왕운(身旺運)에 순(順)하면 오히려 비상한 발달을 꾀한다. 오래도록 경진, 임진, 경술, 무술만을 괴강으로 취급하였는데 최근 갑술과 갑진을 괴광으로 대입하거나 대입하고자 하는 시도가 있다.

庚辰	壬辰	庚戌	戊戌	甲戌	甲辰

4) 도화(桃花, 咸池, 敗地)

도화살이란 일지를 기준으로 해당 오행이 있을 경우에 도화살이 끼었다고 본다. 도화살이 있으면 색을 좋아하고 끼가 많으며 대체적으로 음란하다. 가끔 도화살은 년지를 함께 보기도 한다. 달리 최근에는 인기살의 일종으로 보기도 한다.

도화는 일명 도화살이라고 하며 남녀색정의 신이다. 양일생은 12운성에서 목욕(沐浴)의 신이고 음일생은 12운성에서 병(病)의 신이다. 본래 함지(咸池)는 자오묘유(子午卯酉)에 붙는다. 따라서 사주의 4지지가 전부 이것이 되는 것은 색정과 인연이 깊다고 본다.

생년/생일	申·子·辰	寅·午·戌	巳·酉·丑	亥·卯·未
桃花	酉	卯	午	子

5) 고진과숙(孤辰寡宿)

고진과숙도 일지를 위주로 보나 년지로도 보는 수가 있다. 일명 홀애비살, 혹은 과부살 이라고도 하며 꺼리게 되는 살이다. 고진은 홀애비살, 과숙은 과부살이다. 남자나 여자나 꺼리게 되는 살이다.

일지/월지	계절	고진(孤辰)	과숙(寡宿)
寅卯辰	春(봄)	巳	丑
巳午未	夏(여름)	申	辰
申酉戌	秋(가을)	亥	未
亥子丑	冬(겨울)	寅	戌

7) 격각(隔角)

격각살은 일지와 시지사이가 한 글자 띄워진 것을 말한다. 예를 들어 자일생(子日生) 인시(寅時)가 그렇다. 사주에 격각살이 있으면 형벌을 당한다. 격각살에 사전적인 의미로는 일과 시에만 해당한다고 하나 전반적으로 적용함이 옳다고 본다. 자식과 부모 사이가 나쁘다. 생일에서 생시를 살핀다. 허송세월을 보내며 운에서 만나면 액이 있다.

일	子	丑	寅	卯	辰	巳	午	未	申	酉	戌	亥
시	寅戌	卯亥	子辰	丑巳	寅午	卯未	辰申	巳酉	午戌	未亥	子申	丑酉

8) 상문조객(喪門弔客)

죽음으로 인해 발생하는 부정. 상문은 죽음으로 인한 부정함을 말하거나 '상문살(喪門煞)'이라는 표현에서 드러나듯 그러한 죽음의 부정한 기운을 말하는 것이 보통이다. 그러나 '상문각시 상문도령'이라는 말에서 나타나듯 죽음의 부정이 의인화된 존재를 가리키기도 한다.

상문은 남녀노소를 막론하고 죽은 달이 아직 경과하지 않은 사람의 넋을 말한다는 주장도 있지만 근거를 찾기가 어렵다. 이 살이 있으면 친인척간에 사별이 있고 집을 새로 짓거나 묘를 안장할 때, 혹은 이사를 할 때 화를 당한다. 사주에 상문이나 조객살이 있거나 운(運)에서 이 살이 들어오면 초상이 나거나 문상갈일이 생긴다는 것인데 실지로 그런 일이 발생할 수 있다. 그러나 애초의 뜻을 살피면 상문조객이라는 것은 그해에 좋지 않은 일들이 발생을 할 때 조문을 갔다 오면 오히려 살이 면제 되는 역할을 하는 것이라는 의미이다.

년지	子	丑	寅	卯	辰	巳	午	未	申	酉	戌	亥
喪門	寅	卯	辰	巳	午	未	申	酉	戌	亥	子	丑
弔客	술	해	자	축	인	묘	진	사	오	미	신	유

9) 원진(元辰)

원진살이란 서로 미워하거나 만나기를 꺼린다는 살로서 특히 부부간의 사이에 중요하게 여겨진다. 원진살은 안보면 미친 듯이 보고 싶어지고 바라보면 미워지는 신기한 살이다. 특히 첫사랑이 원진살이었으면 죽을 때까지 뼈에 사무치게 보고 싶고 그리워지는 수가 많다.

지지	자(子)	미(未)	축(丑)	오(午)	인(寅)	유(酉)	묘(卯)	신(申)	진(辰)	해(亥)	사(巳)	술(戌)
원진살	미(未)	자(子)	오(午)	축(丑)	유(酉)	인(寅)	신(申)	묘(卯)	해(亥)	진(辰)	술(戌)	사(巳)

☯ 서기양두각(鼠忌羊頭角, 쥐-쥐띠 자생子生-는 양-양띠 미생未生-의 머리가 모가 짐을 꺼린다)

☯ 우진마불경(牛嗔馬不耕, 소-소띠 축생丑生-는 말-말띠 오생午生-이 밭갈지 않음을 불평한다)

☯ 호증계취단(虎憎鷄嘴短, 범-범띠 인생寅生-은 닭-닭띠 유생酉生-의 짧은 부리를 미워한다)

☯ 토원후불평(兎怨猴不平, 토끼-토끼띠 묘생卯生-는 원숭이-잔나비띠 신생申生-가 종알종알함을 원망한다)

☯ 용혐저면흑(龍嫌猪面黑, 용-용띠 진생辰生-은 돼지-돼지띠 해생亥生-의 얼굴이 검음을 싫어한다)

☯ 사경견폐성(蛇驚犬吠聲, 뱀-뱀띠 사생巳生-은 개-개띠 술생戌生-가 짖는 소리에 놀란다) 등.

11) 홍염(紅艶)

이 살이 들면 남녀 모두 미인이다. 홍염살도 일간을 위주로 해당 오행이 있으면 해당된다. 홍염살이란 다정다감하고 주색을 좋아한다. 풍류적 기질이 있어 현대적 의미로는 연예인들에게 어울리는 살이다. 홍염살은 남자 여자 구별 없이 사람들에게 인기가 많고 미적 감각이 뛰어나며 화려한 것을 좋아하는 성향이 강하다.

귀엽고 사랑스럽고 애교가 많으며 어린 아이 같은 천진난만함이 많다. 홍염살은 외모와 상관없이 이성에 대한 매력을 지니고 있는 특성을 지니고 있으며 얼굴에 귀염성이 있고 다정다감한 인상이 많다. 반면에 허영과 사치가 심하다.

여성의 경우 남자의 노리개감이 되거나 남편과의 관계가 좋지 않아서 이혼 혹은 별거의 수가 강하고 원만한 가정에서 태어나도 나쁜 길로 빠지는 수가 많다, 홍염살 관상의 특징은 애교살이 두툼하고, 인디언 보조개(눈 밑 앞 광대)가 있으며 잘 웃는다.

日干	甲	乙	丙	丁	戊	己	庚	辛	壬	癸
홍염살	午	午	寅	未	辰	辰	戌	酉	申	申

12) 겁살(劫殺)

겁살은 살 중에 우두머리라 작용력이 강하다. 겁살은 외부로부터 겁탈과 강탈을 당하며 재화백출, 급질, 파재, 비명횡사, 교통 사고, 강제탄압, 강제 압류철거, 강탈, 횡사를 하게 된다. 급변이나 재난사고를 당하는 살이다. 자신은 물론 부모, 형제, 부부, 자녀 등도 해당한다. 남과 시비, 직장이나 단

체에서 실권을 잡기 위해 분쟁 시비, 부부지간도 불화, 대운 말에 교통 사고나 테러, 외과적 질환이 침범한다. 수술사고, 사망, 불안전한 건물에 산다. 철거 우려가 있는 곳에 산다.

이 살이 있으면 신체가 허약하며 위장병으로 고생한다. 이 비인후과 질환에 잘 걸리며 심하면 농아가 되기도 한다. 술을 절제하지 못하면 신용을 잃게 되므로 절주가 필요하다.

年支/日支	申子辰	巳酉丑	寅午戌	亥卯未
劫煞	巳	寅	亥	申

13) 백호살(白虎殺)

사주에 아래의 일곱 개의 간지 즉 갑진(甲辰), 을미(乙未), 병술(丙戌), 정축(丁丑), 무진(戊辰), 임술(壬戌), 계축(癸丑)이 있을 경우 백호살이다. 이 일곱 개의 간지가 년주, 월주, 일주, 시주 중의 어느 곳이나 있으면 백호살이 끼었다고 한다.

애초의 의미는 호랑이에게 물려 피를 흘린다는 뜻으로서 현대적 의미는 교통 사고 등과 같은 불의의 사고를 나타낸다고 볼 수 있다.

甲辰	乙未	丙戌	丁丑	戊辰	壬戌	癸丑

14) 귀문관살(鬼門關煞)

귀문관살은 사주 중에 아래의 지지가 있을 경우에 해당한다. 귀기문관살이 있으면 한 가지 일에 몰두하는 편집증적인 현상이나 신경쇠약이나 정신이상에 잘 걸린다고도 하고 의처증이나 의부증이 있다고도 한다.

기문관살을 실전에 적용하는 사례가 많아졌는데 기문관살이 좋게 쓰이면 상상력이 뛰어나다. 머리가 비상하여 천재 소리를 듣는다. 눈치, 직감력이 매우 빠르다. 이에 비해 나쁘게 쓰이면 과대망상, 의심, 중독, 스트레스, 정신분열, 신경과민과 같은 정신질환이 발생하기 쉽다. 원진살(怨眞殺)에 자유(子酉), 인미(寅未)를 포함시켜 기문관살이라 한다.

| 子未 | 午丑 | 寅酉 | 卯申 | 辰亥 | 巳戌 | 子酉 | 寅未 |

15) 탕화살(湯火殺)

탕화살은 일지와 관련 지지를 본다. 사주원국에 탕화살이 낀 사람은 뜨거운 물이나 불에 데어서 큰 상처를 입거나 큰 흉터를 지닌다. 현대적인 의미로는 화상이나 총탄 등의 부상이나 얼굴에 반점이나 사마귀가 있다고도 한다. 탕화살은 음독, 중독, 비관, 화상, 폭발물, 화공약품, 총상, 파편상 등으로 응용하고 직업으로는 약사, 소방관, 독극물 또는 위험물 취급 등으로 응용한다.

日支	寅	午	丑
湯火殺	寅巳申	辰丑午	午戌未

16) 급각살(急脚煞)

급각살은 월지와 지지를 비교해서 판단한다. 급각살은 흉살의 하나로 다리를 절게 됨을 의미하는 살이라고 합니다. 급각살(急脚殺)은, 급할 급(急)자와, 다리 각(脚)자를 쓰며 다리를 절게 된다는 의미를 지닌 흉살 중에 하나이다. 갑자기 다리가 부러지거나 수술하여 다리에 이상이 생기는 살이다. 급각살이 있으면 다리에 이상이 있어 부러진다거나 신경통, 소아마비 등과 같이 사지에 이상이 있다.

生月	急脚殺
寅卯辰	亥 子
巳午未	卯 未
申酉戌	寅 戌
亥子丑	丑 辰

17) 효신(梟神)

사주에서 일지에 어머니격인 편인이 있는 것을 효신이라고 한다. 효신살이 있으면 부부관계가 원만하지 못하고 고부간의 갈등이 있다고 한다.

효신(梟神)은 편인으로 구성되어 있다. 모친과 인연이 없어 어린 시절에 생모를 조별(作別)하거나 전모(前母), 서모(庶母), 양모(養母), 계모(繼母)가 있게 된다.

효(梟)라는 글자는 올빼미를 말하는데 효조(梟鳥)는 자신이 부화되어 자기 몸이 능히 움직일 수가 있으며 자기의 어미를 잡아먹는다는 악조를 말한다.

효신살이 일주에 놓여 있으면 어려서 모친을 잃는다는 살이다.

甲子	乙亥	丙寅	丁卯	戊午	己巳	庚辰	庚戌	辛丑	辛未	壬申	癸酉

18) 12 신살

12신살은 년지나 일지와의 관계로 판단하며 12개의 신살
이 의미하는 바의 현대적 의미는 아래와 같다.

(1) 겁살

빼앗기거나 겁탈 당하는 살로서, 손재 도난 사기 질병
관재 좌천을 의미한다.

(2) 재살

수옥살이라고도 하는 재살은 해를 당하는 살로서, 관재나
감옥 감금 납치 구속을 의미한다.

(3) 천살

하늘의 재앙인 천살은 천재지변 홍수 화재 지진 또는 부
모님의 사망을 의미한다.

(4) 지살

땅의 재난인 재살은 모친의 사망 또는 농지의 피해 집터
로 부터의 피해를 의미한다.

(5) 연살

도화와 함지살과 같은 살로서, 주색 도박 풍류 호색 등을
의미한다.

(6) 월살

일명 고초살이라고하는 월살은 영양이 부실하여 몸이 마

르며, 무기력증이나 위축증이 온다.

(7) 망신살

망신살은 욕심을 부리다가 계획이 수포로 돌아가거나 손해나 실수를 하여 남들에게 망신을 당함을 뜻한다.

(8) 장성살

주체성이 강하다는 의미가 있으며, 문무를 겸비하여 일찍 출세한다는 뜻이 있다.

(9) 반안살

말의 안장에 앉는다는 뜻의 반안살은 높은 자리로 올라가 출세를 함을 뜻한다.

(10) 역마살

이동이나 원거리 여행이나 해외나들이 등을 뜻한다.

(11) 육해살

육해살은 신체와 육친과 관련이 많은 살로서, 병이나 부모나 가족간의 인연이 오래가지 않는다고 한다.

(12) 화개살

화개살은 귀인의 도움이나 스님과 같은 종교성을 의미한다.

부록,
실전

부록. 實戰

1. 삼재

1) 삼재의 뜻

삼재라는 말은 흔히 들을 수 있는 말이며 사람들이 무척이나 두려워하는 것으로 알려져 있다. 삼재란 천재(天災), 지재(地災), 인재(人災)의 세 가지 재앙을 말하는 것이니 사람이 살아가며 만날 수 있는 모든 종류의 재앙이라는 의미가 될 수 있다. 사람은 누구나 12년에 3년간 삼재가 들게 된다. 산재가 드는 기준은 태어난 해가 기준이 된다.

삼재가 드는 기준은 십이지(十二支)로 따지게 되는데, 사(巳)·유(酉)·축(丑)이 든 해에 태어난 사람은 해(亥)·자(子)·축(丑)이 되는 해에 삼재가 들고, 신(申)·자(子)·진(辰)이 든 해에 태어난 사람은 인(寅)·묘(卯)·진(辰)이 되는 해에 삼재가 들며, 해(亥)·묘(卯)·미(未)가 든 해에 출생한 사람은 사(巳)·오(午)·미(未)가 되는 해에 삼재가 들고, 인(寅)·오(午)·술(戌)이 든 해에 출생한 사람은 신(申)·유(酉)·술(戌)이 되는 해에 삼재가 든다.

많은 사람이 삼재에 대해 두려움을 가지고 있다. 경험으로 보면 삼재에 대해 그렇게 두려워할 것도 아니고 큰 비중을 둘 이유도 없다고 생각한다. 삼재살이란 일종의 살이고 명리학에서 분석하는 200여개의 살 중 하나에 불과하다. 이를 지나치게 과장하는 것은 이를 팔아 이익을 챙기려는 엉터리 술사들 때문이라는 생각이 든다. 가만히 들여다보면 삼재를 팔아 부적 등을 통해 이익을 챙기려는 자들이 많은 데 이는 능력 없는 술사들의 장난에 불과하다는 생각이 든다. 아니 악용하고 있는 것이다.

2) 삼재의 구분 및 내용

☯ 천재(天災) - 하늘로부터 받는 재앙을 말한다. 폭설, 가뭄, 번개 등의 재앙을 말한다. 최근 부쩍 늘어난 황사와 같은 자연 현상이 모두 천재에 포함된다. 천재지변(天災地變)이라는 말이 있지 않은가 말이다.

☯ 지재(地災) - 땅으로부터 받는 모든 재앙을 말한다. 지진, 화재, 풍해 등의 재앙이다. 하늘로부터의 재앙은 결국 땅의 재앙으로 마무리가 된다. 비가 오지 않으면 가뭄이 드는 형식이 바로 이런 경우이다.

☯ 인재(人災) - 인간이 살아가며 인간 사이에서 인간으로부터 받는 재앙이 이에 속한다. 질병, 손해, 사기, 죽음, 이혼, 망신, 구설수 등과 같은 문제들이 모두 인재에 해당한다.

삼재는 일정한 기간을 두고 들어온다. 9년마다 주기적으로 삼재를 맞이하게 되는데, 삼재운(三災運)이 든 첫해를 '들삼재', 둘째 해를 '눌삼재', 셋째 해를 '날삼재'라 한다. 가장 불길한 삼재년은 들삼재이고, 그 다음 불길한 삼재년은 눌삼재이다. 날삼재는 가장 나은 것이다.

3) 삼재조견표

삼재해 / 해당띠	들삼재	든삼재	날삼재	삼재의 기운
寅午戌生 火局	원숭이해(申)	닭해(酉)	개해(戌)	쇠의 기운
申子辰生 水局	호랑이해(寅)	토끼해(卯)	용해(辰)	나무의 기운
亥卯未生 木局	뱀해(巳)	말해(午)	양해(未)	불의 기운
巳酉丑生 金局	돼지해(亥)	쥐해(子)	소해(丑)	물의 기운

2. 삼살방(三煞方)

1) 삼살방의 뜻

세살(歲煞), 겁살(劫煞), 재살(災煞)이 낀 불길한 방위을 말한다. 겁살, 재살, 천살은 흉살로 그 방향에서 이러한 흉한 작용을 한다는 뜻에서 삼살방이라 하는 것이며 그렇기에 흉한 작용을 하는 방향을 가급적이면 피하라는 의미에서 전해 내려오는 것으로 보인다. 따라서 삼살이 있는 방향으로 이사, 여행, 사업, 출장 등을 하지 않는다는 속설이 생겼고 무속인이나 일반인들에게는 제법 훌륭한 상업적 무기이지만 조선의 택일법인 [천기대요]에는 100보만 넘으면 의미가 없다는 표현을 하고 있다. 즉 이사를 하거나 이동할 때 삼살방을 가리는데 100보를 넘으면 방향을 거가리지 않는다는 의미이다.

2) 삼살의 종류

☯ 겁살(劫煞) - 대살(大煞)이라고도 하며, 재살(災煞, 세살(歲煞)과 함께 삼살을 이룬다. 살 중에서 가장 으뜸으로 작용하여 흉살 중의 흉살로 꼽는다. 한 마디로, 자기의 의사와는 상관없이 빼앗기는 것이다. 이 살이 끼면 살해, 겁탈, 재물손실, 사고를 당할 수 있다. 또한 노력에 비해 결과가 미미하고, 관재구설에 말려들 수도 있다.

☯ 재살(災煞) - 수옥살이라고도 하며, 겁살(劫煞), 세살(歲煞)과 함께 삼살(三煞)을 이룬다. 재살은 형무소 생활이나 천재지변, 급변사고, 불구, 단명, 횡액을 당한다는 흉살에 해당한다.

☯ 세살(歲煞) - 삼살방의 하나로 인오술년(寅午戌年)에는 축방(丑方, 북북동), 사유축년(巳酉丑年)에는 진방(辰方, 동동남), 신자진년(申子辰年)에는 미방(未方, 남남서), 해묘미년(亥卯未年)에는 술방(戌方, 서서북)에 독한 음기(陰氣)의 살(煞)이 있다고 한다.

3) 삼살방위

삼살방은 일년에 한번씩 해당이 된다

해당되는 해	방위
亥卯未	寅卯辰(東方)
申子辰	亥子丑(北方)
巳酉丑	申酉戌(西方)
寅午戌	巳午未(南方)

3. 대장군(大將軍)

1) 대장군방의 뜻

대장군방은 3년마다 한번씩 바뀌는 것으로 方局을 기준으로 하여 올해가 戊子年이면 亥子丑 겨울의 方合이 시작되는 것이므로 이미 지난 申酉戌 가을의 방향이 大將軍方이 된다. 다시 말해 西쪽이 대장군방이 된다.

대장군방(大將軍方)과 삼살방(三殺方)은 거의 같은 뜻으로 쓴다. 그 방향으로 이사를 가지 말라, 사업을 하지 말라, 결혼까지 하지말라 등의 의미로 사용하고 있다.

2) 대장군방

☯ 인묘진(寅卯辰) - 띠로는 호랑이, 토끼, 용이다. 계절로는 봄에 해당하며 북쪽 방향을 피해야 한다.

☯ 사오미(巳午未) - 띠로는 뱀, 말, 양이다. 계절로는 여름에 해당하며 동쪽 방향을 피해야 한다.

☯ 신유술(申酉戌) - 띠로는 원숭이, 닭, 개다. 계절로는 가을에 해당하며 남쪽 방향을 피해야 한다.

☯ 해자축(亥子丑) - 띠로는 돼지, 쥐, 소이다. 계절로는 겨울에 해당하며 서쪽 방향을 피해야 한다.

4. 길일(吉日) 찾기

1) 길일이란?

황도길일(黃道吉日)이라는 말이 있다. 옛날에 별자리를 통해 길흉을 점칠 때, 청룡(靑龍), 명당(明堂), 금궤(金匱), 천덕(天德), 옥당(玉堂), 사명(司命)까지 여섯 개 별자리(星宿)를 길신(吉神)으로 간주했는데, 이 여섯 개의 별자리가 해의 경로와 같이하는 때는 모든 일이 뜻대로 풀리기 때문에 따로 기피해야 할 흉험한 것이 없다고 해서 '황도길일'이라고 불렀다. 일반적으로 이 말은 어떤 일을 처리하기에 좋은 날짜를 의미한다.

예로부터 길일을 따져 여러 가지 일을 하였는데 이 길일에 대해 자세히 기록된 책은 [천기대요(天氣大要)]이다. 이 천기대요에는 여러 가지 길일이 적혀 있는데 상황에 따라 다른 여러 가지 길일이 있지만 일반적으로 모든 상황에 적용 가능한 길일도 있다.

일반적으로 '손없는 날'이라 하여 택일을 하지만 길일이라는 의미는 아니다. '손 없는 날'은 현재 위치를 기준으로 하여 움직이고자 하는 방향에 대하여 '손' 있는 날을 제외한 날과 어느 방향에도 악귀가 활동하지 않는 음력으로 끝수가 9 · 0일인 날, 즉 9일과 10일, 19일과 20일, 29일과 30일이 해당된다.

2) 길일조견(天恩上吉日)

甲子	乙丑	丙寅	己巳	庚午	辛未	甲戌	乙亥	丙子
己卯	壬午	癸未	甲申	庚寅	辛卯	乙未	己亥	庚子
癸卯	丙午	壬子	甲寅	乙卯	乙未	庚申	辛酉	

5. 사업운(事業運)

1) 사업운이 풀리는 시기

◉ 신왕 사주라면 식상운이 드는 해나 달

◉ 신강 사주라면 재성운이나 관성운이 드는 해나 달

◉ 신약사주일 때는 비겁운이나 인성운이 드는 해나 달

◉ 정관운이나 정재운이 드는 해나 달

◉ 용신이나 희신이 드는 해나 달

2) 사업주가 택하는 길방향

◉ 사업주의 일지삼합으로 보아 재살방향

◉ 장성살은 피하는 것이 좋다. 단 장성살 반대방향은 좋다.

3) 출입문과 자리

◉ 풍수지리의 동서사택법에 따른다

◉ 북서쪽이나 남서쪽이 좋다. 풍수법에 따른다.

◉ 북동쪽 문은 피한다.

◕ 사무실의 중앙에서 보아 자신의 띠와 중첩되는 방향은 피한다.

띠	子	丑	寅	卯	辰	巳	午	未	申	酉	戌	亥
피할 방위	북	동북	동북	동쪽	동남	남동	남	남서	남서	서	북서	북서

4) 금고 방향

◕ 사업주의 반안살 방향에 놓는다.

6. 금전유통(金錢流通)

1) 돈이 오는 시기

◕ 사업적인 돈이라면 재성운이 드는 년, 월, 일

◕ 아랫사람에게 빌려준 돈은 식상운이 드는 년, 월, 일

◕ 친구와 동료에게 빌려준 돈은 비겁운이 드는 년, 월, 일

◕ 남편과 관련된 돈은 관성운이 드는 년, 월, 일

◕ 부모와 관련된 돈은 인성운이 드는 년, 월, 일

2) 급한 자금 융통법

◕ 오늘의 일지를 확인한다.

◕ 뒤로 네 번째 날의 일지를 확인한다(지나간 날이다).

☯ 네 번째 날의 일지에 해당하는 방향에서 거래자를 찾는다.

☯ 그 지지가 쓰여진 날의 글자만큼 빌린다.

7. 부동산 매매

1) 매매가 이루어지는 시기

☯ 정인운이 드는 년, 월, 일

☯ 일주와 합이 드는 날

☯ 일주와 형충파해가 되는 날은 피한다.

2) 매매 비방

☯ 안방 방문 위에 가위를 벌려 거꾸로 걸어 놓는다

☯ 말굽쇠를 사다 걸어 놓는다.

☯ 매일 새벽 대문과 출입문을 깨끗하게 청소한다.

☯ 집이 넓어 보이도록 불필요한 짐을 버리거나 치운다.

☯ 집 주위의 흙을 파서 대문 앞에 뿌린다.

☯ 돈 많은 사람의 명함을 구해 집 네 귀퉁이에 끼워 넣는다.

☯ 말 마(馬)자를 써서 집의 네 귀퉁이에 붙이거나 숨긴다.

8. 침실 방위 정하는 법

1) 동쪽

동쪽은 활력이 샘솟는 곳이다. 의욕적이며 충만한 기운이 솟는다. 젊은 부부들에게 좋은 방향이며 공부를 하는 어린 아이에게 좋다.

2) 동남쪽

모든 일이 순조롭다.

독신자의 방으로 사용하면 좋은 인연을 만날 수 있다. 특히 결혼 적령기의 여자가 이 방을 쓰면 혼인의 운이 넓어진다.

3) 남쪽

잠을 편히 잘 수 없어 침실로 부적당하다

단 두꺼운 천으로 빛을 가리면 25세 정도의 여자에게는 좋다. 그렇지 않고 다른 사람이 사용하면 늘 불안하고 심장, 혈압, 눈에 관한 병이 있을 수 있고 여자들이 잘못 사용하면 밖으로 나돈다.

4) 남서쪽

흔히 이 방향의 침실이 좋지 않다고 하는데 이는 일본 풍수의 전형이다. 한국의 풍수와는 관계없는 설이 파고든 결과다.

남서쪽은 돈이 모이고 새어나가지 않으며 생산이 좋은

땅의 기운이 가장 강한 곳이다.

5) 서쪽

헛된 소비가 일어난다. 돈 씀씀이가 헤퍼지고 돈이 모이지 않는다.

유흥을 즐기고 돈에 대한 집착력이 약해진다. 그러나 어린 소녀아이에게는 어울리는 공간이 된다.

6) 서북쪽

기가 강한 곳이다. 가장의 침실이나 집무실로 가장 좋다. 집안에 사법고시, 대입학력고사 등을 준비하는 자녀가 있다면 일정 기간 이 공간에서 공부하도록 하면 실력이 상승한다.

7) 북쪽

가장 편안하게 잘 수 있는 공간이다. 다만 냉기와 습기는 주의하여야 한다. 어른의 공간은 아니고 25세 전후의 남자 공간이다.

8) 북동쪽

변화의 장소이며 생장의 장소이기는 하지만 자금이 나가고 소비성이 증가되며 재산을 보존하기 힘든 방향이므로 어른의 방위로는 어울리지 않는다. 다만 생장의 기운이 있으므로 남자 어린아이의 공간으로 어울린다.

9. 시험운, 취업운, 이사운

1) 합격, 승진, 발령

☯ 합과 형충파해가 있는 년이나 달에 변화가 일어난다.

☯ 합격, 취업, 이사 모두 이동수로 보아 사주에 변화가 일어나는 년, 월, 일에 일어난다.

☯ 정인년, 관성년이나 월, 일에 이루어진다.

☯ 돈과 관련된 분야는 재성운이 드는 년, 월, 일에 이루어진다.

☯ 용신이나 희신의 년, 월, 일에 이루어진다.

2) 직장 이동, 사업장소 변동

☯ 합과 형충파해가 일어나면 변동운이다. 이동수이다.

☯ 일주에서 뒤로 네 번째 지(支)를 따져 같은 방향으로 옮겨라.

☯ 정인, 정관, 정재라면 좋다.

3) 움직이지 말아야 하는 날

☯ 東 방위에 손이 있는 날 -1. 2. 11. 12. 21. 22 일

☯ 西 방위에 손이있는 날 - 5. 6. 15. 16, 25. 26 일

☯ 南 방위에 손이 있는 날 -3. 4. 13. 14. 23. 24 일

☯ 北 방위에 손이 있는 날 -7. 8. 17. 18. 27. 28 일

10. 친족법

1) 부선망(父先亡)

◉ 재성이 약한데 비견 겁재가 많다.

◉ 비겁이 많은 사주는 부친의 인연이 박하다.

◉ 재성이나 관성이 많은 사주다.

◉ 월간이 충을 당한다.

◉ 사주원국에 편재가 없다.

◉ 편재가 충을 당한다

2) 모선망(母先亡)

◉ 인성이 약한 사주가 재성에 둘러싸여 있다.

◉ 인성이 충을 당한다 .

◉ 인성이 지나치게 많다

◉ 약한 인성이 비겁과 식상에 심한 설기를 당한다.

◉ 월지가 충을 당한다.

◉ 사주원국에 인성이 없다.

3) 형제자매

◉ 사주에 비견과 겁재가 많으면 형제자매가 많다

◉ 비견이 있어도 너무 약하면 사별하거나 멀리 떨어져 산다.

☯ 사주에 비견과 겁재가 없으면 형제가 없다.

☯ 비겁은 많은데 재성이 하나뿐이면 재물이 박하고 우애가 없다.

☯ 비겁은 많은데 식신이 1개면 식복이 약하다.

☯ 겁재가 희신이면 형제가 출세한다.

☯ 비겁이 간합을 하면 형제간에 의리가 없다.

☯ 비겁이 합이 많으면 염문이 많다.

☯ 비겁이 충을 당하면 형제운이 나쁘다

11. 여자 사주 간명

1) 남편

☯ 관성이 용신이거나 희신이면 남편복이 있다.

☯ 관성이 기신이거나 구신이면 남편복이 없다.

☯ 일지의 오행이 용신이거나 희신이면 남편복이 있다.

☯ 일지의 오행이 기신이거나 구신이면 남편복이 없다.

☯ 식상이 많아 관성을 극하면 남편복이 없다.

☯ 비겁과 인성이 많은데 관성이 없는 사주는 남편복이 없다.

☯ 관성이 없는 사주(무관사주라고 함)는 남편복이 없다.

☯ 관성이 지나치게 많아도 남편복이 없다.

☯ 정관은 없고 편관만 있는 사주는 남편복이 박하다.

☯ 약한 관성이 인성으로 인해 설기당하면 남편복이 없다.

2) 자식

☯ 식신이 왕한 사주는 자식복이 있다.

☯ 식신이 왕하고 재성이 있으면 자식이 똑똑하다.

☯ 식신이 하나뿐이지만 왕하면 자식이 건강하다.

☯ 식신이 지나치게 많으면 자식이 많아 모두 도움을 줄 수 없다.

☯ 식신은 약한데 인성이 왕하면 평생 신경써야 한다.

☯ 식신은 왕하고 관성이 없으면 자식 두기 어렵다.

☯ 식상을 설기시키는 재성이 많으면 자식 인연이 적다.

☯ 식상이 충을 당하면 자식을 잃을 수 있다.

☯ 일지에 식신을 깔면 자식을 끼고 산다.

3) 애인, 남자

☯ 식상은 많은데 관성이 약하면 정부를 둔다.

☯ 식상은 많은데 관성이 없으면 정부를 둔다.

☯ 비겁과 인성이 많으면 정부를 둔다.

☯ 관성은 많은데 인성이나 식상이 없으면 정부를 둔다.

☯ 정관과 편관이 섞인 관살혼잡은 정부를 둔다.

☯ 관성이 많으면 정부를 둔다.

☯ 편관이 기둥을 이루면 정부를 둔다.

12. 병을 찾는 법

1) 사주에서 병을 찾는 법

☯ 없는 오행이 병이다.

☯ 지나치게 많은 오행이 병이다.

☯ 병약용신을 찾는다.

☯ 고립된 용신도 병이다.

☯ 세운에서 충을 받으면 병이 들 가능성이 있다.

2) 병의 치료

☯ 목에 병이 오면 녹색 식물(곡물, 음식)을 섭취한다.

☯ 화에 병이 오면 붉은 식물(곡물, 음식)을 섭취한다.

☯ 토에 병이 오면 황토색 식물(곡물, 음식)을 섭취한다.

☯ 금에 병이 오면 백색 식물(곡물, 음식)을 섭취한다.

☯ 수에 병이 오면 검은색 식물(곡물, 음식)을 섭취한다.

13. 결혼운(결혼운)

1) 결혼

☯ 재성 있는 남자 사주는 연운에서 재성운과 관성운을 만날 때 결혼한다.

☯ 남자 사주가 일지가 재성에 해당되는 연운과 삼합을 이룰 때 결혼한다.

☯ 관성이 있는 여자 사주는 재성운이나 관성운의 년운에서 결혼한다.

☯ 일지가 삼합하면 결혼운이다.

☯ 여자 사주는 일지가 관성에 해당하는 연운에 삼합을 이르면 결혼한다.

☯ 남자 사주에 재성이 없으면 결혼이 늦거나 결혼운이 나쁘다.

☯ 여자 사주에 관성이 없으면 결혼이 늦거나 결혼운이 나쁘다.

☯ 남자 사주에 재성이 왕하면 연애결혼 운이다.

☯ 여자 사주에 관성이 왕하면 연애결혼 운이다.

☯ 용신이 희신이 되는 연운을 만나면 결혼운이다.

☯ 여자 사주는 관성이 없으면 결혼한다고 해도 남편복이 별로다.

☯ 남녀 모두 일지가 형충파해를 당하면 만혼이거나 배

우자 복이 없다.

☯ 남녀 모두 일지가 형충파해를 당하면 이혼수가 있거나 이별수가 생긴다.

☯ 여자 사주에 일지에 정관을 깔면 남편복이 있다.

☯ 남자 사주에 일지에 정재를 갈면 처복이 있다.

☯ 남녀 공히 초년운이나 청년운이 나쁘면 결혼이 늦다.

☯ 남녀 공히 비겁이 많거나 인성이 많으면 결혼이 늦다.

2) 택일

☯ 여자 사주에 맞추어 택일 한다.

☯ 여자의 일지에 삼합하는 날에 맞추면 대길이다.

☯ 신랑의 사주를 기본으로 삼아 반안살 방향에 예식장을 정한다.

☯ 결혼 날짜는 천기대요의 길일을 선택(오합일).

오합(五合)이란 해와 달이 합하는 날(日月合), 음양이 합하는 날(陰陽合), 백성이 합하는 날(人民合), 쇠와 돌이 합하는 날(金石合), 강과 하천이 합하는 날(江河合)이 각기 따로 있다.

따라서 60갑자일 중에서 인일(寅日)과 묘일(卯日)이 들어가는 날은 모두 오합일(五合日)에 해당된다.

이 날을 좋다고 하는 것은 음양불장길일(陰陽不將吉日)과 득합(得合)하면 다른 길흉성(吉凶星)은 일절(一切) 불문(不問)하고 영세대길(永世大吉)하다고 하기 때문이다.

일월합(日月合) : 갑인일(甲寅日), 을묘일(乙卯日)

음양합(陰陽合) : 병인일(丙寅日), 정묘일(丁卯日)

인민합(人民合) : 무인일(戊寅日), 기묘일(己卯日)

금석합(金石合) : 경인일(庚寅日), 신묘일(辛卯日)

강하합(江河合) : 임인일(壬寅日), 계묘일(癸卯日)

☯ 식신, 식상, 정인이 되는 월이나 날에 결혼하면 임신이 잘 된다.

☯ 관성이 합이 되는 연월일도 임신이 잘된다.

☯ 일지를 포함하여 삼합이나 방합이 되는 년, 월에는 임신이 잘 된다.

3) 궁합법(宮合法)

☯ 일주와 년주를 살펴 원진은 피한다.

☯ 두 사람이 태어난 달의 수를 합해 10이면 좋지 않다.

☯ 일지를 대조하여 합이 이루어지면 좋다.

☯ 용신이 같으면 생각이 같다.

☯ 월지를 파악해서 합이 되거나 생조하면 좋다.

☯ 일지의 비교에서 형충파해는 좋지 않다.

☯ 월지의 비교에서 형충파해는 좋지 않다.

☯ 대운비교에서 서로의 흐름이 현격한 차이가 나면 좋지 않다.

☯ 서로의 사주에서 없는 오행을 채워주면 좋다.

☯ 상대의 일주가 용신이 되면 좋다.

성보의 쉽게 배울 수 있는
명리학 교과서

인 쇄 일 : 2020년 9월 7일
발 행 일 : 2020년 9월 7일
저 　　자 : 안 종 선
발 행 처 : 뱅크북
신고번호 : 제2017-000055호
주 　소 : 서울시 금천구 가산동 시흥대로 123 다길
전 　　화 : (02) 866-9410
팩 　　스 : (02) 855-9411
이 메 일 : san2315@naver.com

＊ 지적 재산권 보호법에 따라 무단복제복사 엄금함.
＊ 책값과 바코드는 표지 뒷면에 있습니다.